北京文物与考古系列丛书

目　　录

第一章　绪论 …………………………………………………………………… (1)

第一节　自然地理状况 ……………………………………………………… (1)

第二节　平谷历史概况及建置沿革 ………………………………………… (2)

第三节　遗址概况及发掘工作过程 ………………………………………… (4)

第四节　资料整理与报告编排 ……………………………………………… (8)

第二章　西汉时期墓葬 ……………………………………………………… (9)

第一节　西汉墓葬概况 ……………………………………………………… (9)

第二节　墓葬资料介绍 ……………………………………………………… (10)

第三章　东汉时期墓葬 ……………………………………………………… (30)

第一节　东汉时期墓葬概况 ………………………………………………… (30)

第二节　墓葬资料介绍 ……………………………………………………… (32)

第四章　汉代窑址 …………………………………………………………… (68)

第一节　汉代窑址概况 ……………………………………………………… (68)

第二节　汉代窑址资料介绍 ………………………………………………… (69)

第五章　明代墓葬 …………………………………………………………… (85)

第一节　明代墓葬概况 ……………………………………………………… (85)

第二节　明代墓葬资料介绍 ………………………………………………… (86)

第六章　结语 ………………………………………………………………… (101)

第一节　遗址分期与年代 …………………………………………………… (101)

第二节　汉代墓葬形制和墓主身份 ………………………………………… (103)

第三节　东汉砖窑的相关问题 ……………………………………………… (104)

第四节　西汉平谷社会的初步考察 ………………………………………… (106)

附录 …………………………………………………………………………… (113)

附录一　北京地区汉代墓葬初步研究 ……………………………………… (113)

附录二　汉代窑炉略论 ……………………………………………………… (152)

附表 …………………………………………………………………………… (173)

附表一　平谷杜辛庄西汉墓葬统计表 ……………………………………… (173)

附表二　平谷杜辛庄东汉墓葬统计表 ……………………………………… (174)

附表三　平谷杜辛庄明代墓葬统计表 ……………………………………… (175)

附表四　平谷杜辛庄汉代砖窑统计表 ……………………………………… (176)

后记 …………………………………………………………………………… (177)

插图目录

图一　平谷区位置示意图 …………………………………………………………………………（1）
图二　西汉时期的平谷县及其周边区划 …………………………………………………………（3）
图三　东汉时期的平谷县及其周边区划 …………………………………………………………（4）
图四　杜辛庄遗址位置示意图 ……………………………………………………………………（5）
图五　杜辛庄遗址探方遗迹分布图 ………………………………………………………………（6）
图六　杜辛庄遗址东区全图 ………………………………………………………………………（7）
图七　杜辛庄遗址西区全图 ………………………………………………………………………（7）
图八　西汉时期墓葬布局 …………………………………………………………………………（9）
图九　M1 平、剖面图 ……………………………………………………………………………（11）
图一〇　M1 出土陶器 ……………………………………………………………………………（11）
图一一　M8 平、剖面图 …………………………………………………………………………（12）
图一二　西汉墓葬出土铜钱、铜印拓片 …………………………………………………………（13）
图一三　M8 出土陶器 ……………………………………………………………………………（14）
图一四　M11 平、剖面图 ………………………………………………………………………（15）
图一五　M11 出土陶器 …………………………………………………………………………（16）
图一六　M14 平、剖面图 ………………………………………………………………………（17）
图一七　M14 出土陶罐 …………………………………………………………………………（18）
图一八　M14 出土陶器 …………………………………………………………………………（19）
图一九　M14 出土陶器 …………………………………………………………………………（20）
图二〇　M15 平、剖面图 ………………………………………………………………………（21）
图二一　M21 平、剖面图 ………………………………………………………………………（22）
图二二　M21 出土陶器 …………………………………………………………………………（23）
图二三　M23 平、剖面图 ………………………………………………………………………（24）
图二四　M24 平、剖面图 ………………………………………………………………………（24）
图二五　M24 出土器物 …………………………………………………………………………（25）
图二六　M29 平、剖面图 ………………………………………………………………………（26）
图二七　M29 出土铜器 …………………………………………………………………………（27）
图二八　M29 出土陶器 …………………………………………………………………………（28）

图二九　M29 出土陶器 …… (29)
图三〇　东汉时期墓葬布局 …… (31)
图三一　M2 平、剖面图 …… (33)
图三二　东汉墓葬出土铜钱拓片 …… (34)
图三三　M2 出土陶器 …… (35)
图三四　M2 出土陶器 …… (36)
图三五　M3 平、剖面图 …… (38)
图三六　M4 平、剖面图 …… (39)
图三七　M5 平、剖面图 …… (41)
图三八　M5 出土陶耳杯 …… (42)
图三九　M5 出土陶器 …… (44)
图四〇　M5 出土陶器 …… (45)
图四一　M5 出土陶器 …… (46)
图四二　M5 出土陶器 …… (48)
图四三　M5 出土陶灯 …… (49)
图四四　M9 平、剖面图 …… (50)
图四五　M9 出土陶器 …… (51)
图四六　M9 出土陶器 …… (52)
图四七　M9 出土陶器 …… (53)
图四八　M10 平、剖面图 …… (55)
图四九　M10 出土陶器 …… (56)
图五〇　M10 出土陶灯 …… (57)
图五一　M10 出土陶灯 …… (58)
图五二　M10 出土陶仓 …… (59)
图五三　M12 平、剖面图 …… (60)
图五四　M12 出土陶器 …… (61)
图五五　M13 平、剖面图 …… (63)
图五六　M13 出土陶器 …… (65)
图五七　M13 出土陶器 …… (66)
图五八　M13 出土陶器 …… (67)
图五九　窑址布局 …… (68)
图六〇　半倒焰窑炉概念图 …… (69)
图六一　Y1 平、剖面图 …… (70)
图六二　Y2 平、剖面图 …… (71)
图六三　Y3 平、剖面图 …… (73)

图六四 Y4 平、剖面图 ……………………………………………………………………（74）
图六五 Y5 平、剖面图 ……………………………………………………………………（75）
图六六 Y6 平、剖面图 ……………………………………………………………………（76）
图六七 Y7 平、剖面图 ……………………………………………………………………（78）
图六八 Y8 平、剖面图 ……………………………………………………………………（79）
图六九 Y9 平、剖面图 ……………………………………………………………………（80）
图七〇 Y10 平、剖面图 …………………………………………………………………（81）
图七一 Y11 平、剖面图 …………………………………………………………………（82）
图七二 Y12 平、剖面图 …………………………………………………………………（84）
图七三 明代时期墓葬布局 …………………………………………………………………（85）
图七四 M6 平、剖面图 ……………………………………………………………………（86）
图七五 明代墓葬出土铜钱拓片 ……………………………………………………………（87）
图七六 M7 平、剖面图 ……………………………………………………………………（88）
图七七 M16 平、剖面图 …………………………………………………………………（89）
图七八 M17 平、剖面图 …………………………………………………………………（90）
图七九 M18 平、剖面图 …………………………………………………………………（90）
图八〇 M19 平、剖面图 …………………………………………………………………（91）
图八一 明代墓葬出土铜钱拓片 ……………………………………………………………（92）
图八二 M19 出土釉陶罐 …………………………………………………………………（93）
图八三 M20 平、剖面图 …………………………………………………………………（93）
图八四 M22 平、剖面图 …………………………………………………………………（94）
图八五 M25 平、剖面图 …………………………………………………………………（95）
图八六 M25 出土釉陶罐 …………………………………………………………………（95）
图八七 M26 平、剖面图 …………………………………………………………………（96）
图八八 M27 平、剖面图 …………………………………………………………………（97）
图八九 M28 平、剖面图 …………………………………………………………………（98）
图九〇 明代墓葬出土铜钱拓片 ……………………………………………………………（99）
图九一 M28 出土釉陶罐 …………………………………………………………………（100）
图九二 平谷汉代城址、聚落遗址、墓葬分布图 ……………………………………………（111）

彩版目录

彩版一　杜辛庄遗址及其周围环境
彩版二　杜辛庄遗址及其周围环境
彩版三　杜辛庄遗址发掘现场
彩版四　杜辛庄遗址西汉墓葬
彩版五　杜辛庄遗址西汉墓葬
彩版六　杜辛庄遗址西汉墓葬
彩版七　杜辛庄遗址西汉墓葬
彩版八　杜辛庄遗址东汉墓葬
彩版九　杜辛庄遗址东汉墓葬
彩版一〇　杜辛庄遗址东汉墓葬
彩版一一　杜辛庄遗址东汉墓葬
彩版一二　杜辛庄遗址东汉墓葬
彩版一三　东汉时期砖窑布局
彩版一四　东汉时期砖窑布局
彩版一五　东汉时期砖窑
彩版一六　东汉时期砖窑
彩版一七　东汉时期砖窑
彩版一八　东汉时期砖窑
彩版一九　西汉墓葬出土陶器
彩版二〇　西汉墓葬出土器物
彩版二一　汉代墓葬出土陶器
彩版二二　东汉墓葬出土陶灶
彩版二三　东汉墓葬出土陶器
彩版二四　东汉墓葬出土陶耳杯
彩版二五　东汉墓葬出土陶案
彩版二六　东汉墓葬出土陶器
彩版二七　东汉墓葬出土陶器
彩版二八　东汉墓葬出土陶灯

图版目录

图版一　杜辛庄遗址西汉墓葬
图版二　杜辛庄遗址西汉墓葬
图版三　杜辛庄遗址西汉墓葬
图版四　杜辛庄遗址西汉墓葬
图版五　杜辛庄遗址西汉墓葬
图版六　杜辛庄遗址东汉墓葬
图版七　杜辛庄遗址东汉墓葬
图版八　杜辛庄遗址东汉墓葬
图版九　杜辛庄遗址东汉墓葬
图版一〇　杜辛庄遗址东汉墓葬
图版一一　杜辛庄遗址东汉墓葬
图版一二　杜辛庄遗址东汉墓葬
图版一三　杜辛庄遗址东汉墓葬
图版一四　杜辛庄遗址东汉墓葬
图版一五　杜辛庄遗址东汉墓葬
图版一六　东汉砖窑窑炉结构
图版一七　东汉砖窑窑炉结构
图版一八　东汉砖窑窑炉结构
图版一九　东汉砖窑窑炉结构
图版二〇　东汉砖窑窑炉结构
图版二一　东汉砖窑窑炉结构
图版二二　东汉砖窑窑炉结构
图版二三　东汉砖窑窑炉结构
图版二四　东汉砖窑窑炉结构
图版二五　东汉砖窑窑炉结构
图版二六　东汉砖窑窑炉结构
图版二七　东汉砖窑窑炉结构
图版二八　东汉砖窑窑炉结构

图版二九　东汉砖窑窑炉结构
图版三〇　东汉砖窑窑炉结构
图版三一　东汉砖窑窑炉结构
图版三二　杜辛庄遗址明代墓葬
图版三三　杜辛庄遗址明代墓葬
图版三四　杜辛庄遗址明代墓葬
图版三五　西汉墓葬出土陶壶
图版三六　西汉墓葬出土陶器盖
图版三七　西汉墓葬出土陶罐
图版三八　西汉墓葬出土陶器
图版三九　西汉墓葬出土陶器
图版四〇　东汉墓葬出土陶耳杯
图版四一　东汉墓葬出土陶耳杯
图版四二　东汉墓葬出土陶器
图版四三　东汉墓葬出土陶器
图版四四　东汉墓葬出土陶器
图版四五　东汉墓葬出土陶盘
图版四六　东汉墓葬出土陶方盒
图版四七　东汉墓葬出土陶器
图版四八　东汉墓葬出土陶器
图版四九　东汉墓葬出土陶器
图版五〇　明代墓葬出土釉陶罐

第一章 绪　论

第一节　自然地理状况

平谷区是北京市郊区县之一，位于北京市东北部，西北与密云县、西与顺义区接壤，南与河北省三河市为邻，东南与天津市蓟县、东北与河北省兴隆县毗连，处在京、津、冀三省市的交汇处，境域东西长35.5公里，南北宽30.5公里，面积1075平方公里（图一）。

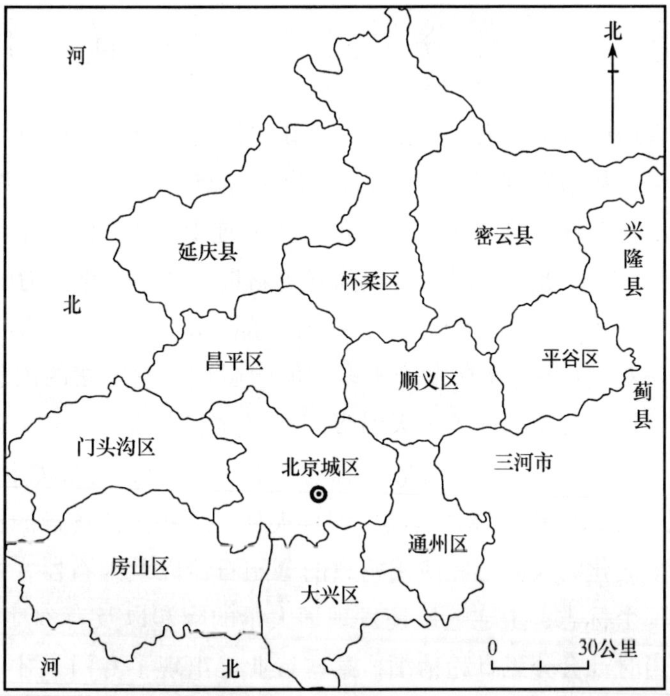

图一　平谷区位置示意图

平谷地处燕山南麓与华北平原北端的相交地带，东、南、北三面环山，中部为平原谷地。全区地貌由北部、东部、南部山地和中部、西南部平原两大地貌单元组成，山区、半山区占七分之四，平原占七分之三。地势由东北向西南倾斜，中间平缓。东北部的四座楼山周围为中山区，平均海拔在800米以上，面积15.07平方公里，有17座山峰超过千米，其中柳树湾山的主峰东纸壶达1234米，为最高峰；海拔150～800米的低山区面积456.19平方公里，呈“M”型分布于北、东、南部，相对高差300～400米，坡度15°～35°。岗台阶地分布于山前，呈环带状，面积131.13平方公里，由孤零突兀的剥蚀残山和黄土垄岗组成，海拔100～150米，相对高差50～100米，坡度8°～15°，大部分地区已成平坦的块状阶地，为果园分布带。平原分布于中部、西南部，面积344.94平方公里，为洪积冲积平原，地势平坦，海拔20～100米。

平谷属暖温带半湿润大陆性季风气候区，冬夏长，春秋短。春季干旱多风，夏季炎热多雨，秋季凉爽湿润，冬季寒冷干燥。冬季盛行西北风，夏季盛行西南风，年均降水量为644毫米。东北部山区有地区性小气候。

平谷是独立的山间盆地水文地质单元区。山区以基岩裂隙水为主，受降水入渗补给；平原区以第四系孔隙水为主，主要受降水入渗、河流渗漏、山区侧向及灌水回渗等因素补给。境内有河流20余条，属海河流域蓟运河水系，为北京市五大水系之一，自东、北流向西南。泃河是境内最大河流，由县域东部入境，于西南出境。洳河是泃河的最大支流，自县域西北部入境，于前芮营村南汇入泃河。

第二节　平谷历史概况及建置沿革

目前有关今天平谷地区最早的人类的活动，据说可以追溯至10万余年前，20世纪90年代初的调查，在今平谷区境域内发现了12处旧石器出土地点，其中的金海湖镇马家坟旧石器出土地点，发现于马家坟村东红石坎泉水河右岸的二级阶地上，“根据石制品的特征及石器出土地点的地层、地貌初步分析，此地质时代推测为晚更新世，考古学年代为旧石器时代中期”①。

距今7000～6000年前的新石器时代中期，平谷中部的泃河、洳河岸边出现了社会发展程度较高的“上宅文化”，这一文化的遗存发现不多，但已展现了它丰富的内涵和鲜明的特征。环境考古学的研究证明，这个时期气候较今天温暖潮湿，雨水丰沛，上宅文化的人们已经在这里垦殖耕作，他们居住在半地穴式的椭圆形或抹角方形房屋里，房屋规模一般不大，长宽在2.5～4米之间，使用一种深腹罐来烧煮食物并保存火种。这些生活场景的遗迹在大兴庄镇的北埝头村已有发现；这个文化的人们已经使用精致的磨制石器以及细石器，用火烧制陶器，是这个社会进入新时代的一个标志；上宅遗址还发现了大量的陶塑以及石刻动物模型，“这些陶制和石制的工艺品表明当时社会分工日趋精细，某些行业已出现了专门人才。这些作品正是映刻着他们敏锐的观察力和刻划动物造型及神态的惊人技术”②。

平谷地区夏、商、西周时期的遗存发现不多，唯有一处经过考古清理发掘，这就是著名的刘家河商代墓葬。这座墓葬中出土了典型的中原地区商文化的青铜礼器，据此可以较为明确地判定它的年代为商代中期；但是，同时墓葬中还出土了北方地区夏家店下层文化的典型的金质人体饰品，包括一对臂钏和一枚耳环，以至于对于墓葬的文化属性或者墓葬主人的族属问题至今还存在不少的争议。但是无论如何，至少可以肯定的是，商代中期的一段时间内，今天的平

① 北京市平谷区文化委员会：《平谷文物志》，民族出版社，2005年：50页。
② 北京市平谷区文化委员会：《平谷文物志》，民族出版社，2005年：13页。

谷境内生活着这样一位显赫的人物，或者还有他（她）所属的族群。据调查发现，今平谷境内大致有24处地点发现有商周时期遗存①，但目前为止，还没有西周时期的遗存见诸报道。周初封召公于北燕，即在今北京，那么西周时期今天的平谷地区与燕国有着怎么样的关系呢？

战国中晚期，燕昭王发奋图强，开拓北边，置上谷、渔阳、右北平、辽西、辽东等燕北五郡，后世推断，今平谷地区概属其时的渔阳郡，还有学者把平谷最初作为县级行政区划的年代推定于这个时期②，史无明证，但可备一说。今天平谷境内发现的东周时期遗存不多，出土于大辛寨、小辛寨村的青铜矛、剑等③，是为数不多的几例。今本《竹书纪年》记载，周显王十四年（公元前355年），“齐师及燕大战于泃水，齐师遁”，这或许是平谷地区见于史籍明文的最早的一次战争。

秦克蓟而置广阳郡，燕北五郡的建置或许保留了下来，这一时期，平谷地区应该属于当时的渔阳郡。

《汉书》卷二十八《地理志》记载，渔阳郡下属十二县中有平谷县，表明至少不晚于西汉平帝元始二年（公元2年），平谷作为县级行政区划的历史已经开始。明代人蒋一葵所著《长安客话》记载，“（平谷）本古渔阳郡地，汉初封卢绾于此，绾亡始置县”，陈平先生据此将平谷县初始建置的年代推定到汉高帝十二年④（公元前195年）。唯《长安客话》的记载所本不明，又不见于其他史籍的记载，故这一推定还是受到一些学者的质疑，但陈文的观点对平谷地区的学者影响较大（图二）。

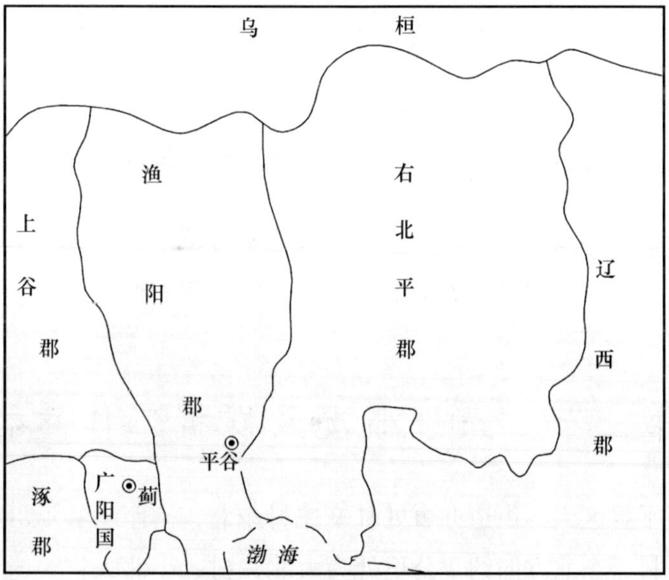

图二　西汉时期的平谷县及其周边区划

① 北京市平谷区文化委员会：《平谷文物志》，民族出版社，2005年：73、74、95页。

② 商志𩡝：《平谷县初置寻踪与舆志摭拾》，王宇信等主编：《北京平谷与华夏文明：国际学术研讨会论文集（2005）》，社会科学文献出版社，2006年。

③ 北京市平谷区文化委员会：《平谷文物志》，民族出版社，2005年。

④ 陈平：《平谷置县岁月考》，王宇信等主编：《北京平谷与华夏文明：国际学术研讨会论文集（2005）》，社会科学文献出版社，2006年。

东汉政府因袭了这一设置，《后汉书》志第二十三《郡国志》载渔阳郡下同样有平谷县（图三）。曹魏时期的情况不明，西晋初省平谷县，地属燕国潞县。十六国时期的后赵复置平谷县，县城移至今天北小营村，隶属于渔阳郡。北魏太平真郡七年并平谷县属潞县，复改入渔阳县；隋时平谷地区属无终县；唐时设平谷为大王镇，属檀州；后晋天福元年（公元936年），幽、燕十六州入契丹，大王镇属之；金大定二十七年（公元1187年）升大王镇为平峪县，属蓟州渔阳郡；元至元二年（公元1265年）省平谷入渔阳县，十三年（公元1276年）复置，曰平谷，仍属蓟州；明洪武十年（公元1377年）省平谷入三河，属通州，十三年（公元1380年）复置，属蓟州；清属顺天府。两千多年来，县有省并，域有变迁，但“平谷”一名延续至今不改，堪称中国最古老的县域建置之一。

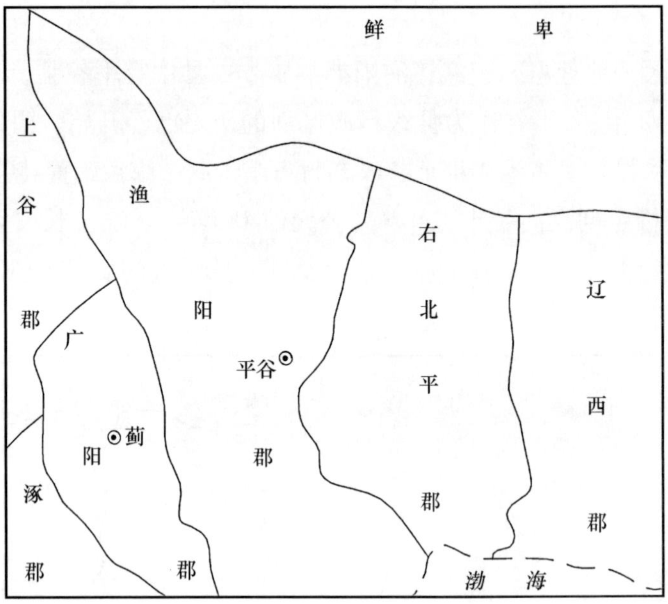

图三　东汉时期的平谷县及其周边区划

第三节　遗址概况及发掘工作过程

杜辛庄遗址位于平谷区兴谷街道办事处杜辛庄村东北，南距平谷城区约3公里，西、北邻中罗庄、中胡家务等村，东北方向约2公里处为大北关村、小北关村。遗址处于平谷盆地的中部，地势较为平坦，北面约6公里处东西向绵延着太后山、丫髻山等燕山余脉，举目可见，当地人俗称之为“北山”。西面约4公里处泇河自北蜿蜒南流，平谷区境内第一大河泃河则在遗址东南方向约2.5公里处自东北向西南方向流过，遗址中心位置地理坐标：北纬40°10′499″，东经117°07′864″，高程27米（图四；彩版一、彩版二）。

遗址所处位置原为农耕用地，发掘前，紧邻遗址的东、南两侧已经新修了防洪水渠，遗址原地表也在修建防洪水渠的时候破坏殆尽，西北侧据说原为一条旧的防洪排水渠，是否人工修

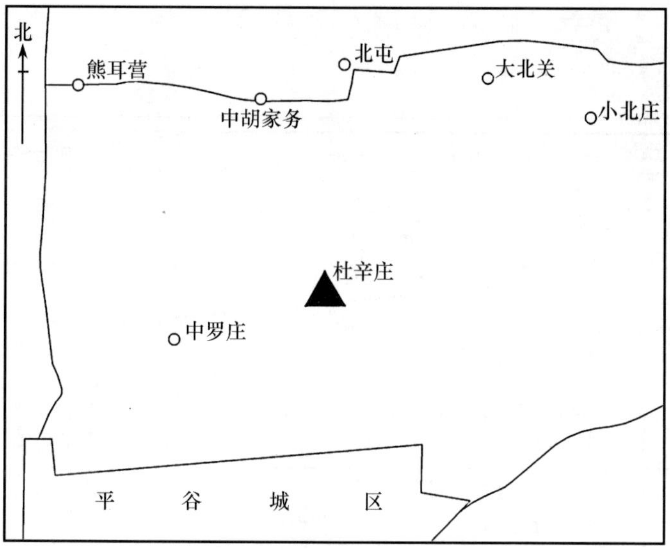

图四　杜辛庄遗址位置示意图

建不明，似乎早已废弃，1982年文物普查的时候紧邻遗址的河道已被开辟为鱼塘，后来河道干涸，再次被利用作为果园，本次发掘时果园也已废弃，局部很难看出原河道的痕迹，只在北距遗址约500米处以北上游部分还可以看到浅浅的河道，今紧邻杜辛庄村北也还残存一些干涸的河道，但很多部分为村民房屋占据或者填满了生活垃圾。

遗址早在1982年的文物普查中就已经发现。据《平谷文物志》记载，当时遗址东南至农田，西北至鱼塘。占地面积约6000平方米，东西长150米，南北宽40米，其中有一条长40米、宽8米的灰沟，包含物丰富。20世纪80年代，对遗址局部进行了清理，发现一处卵石铺成的圆形房基，出土、采集到大量石器、红色夹砂陶片及灰、褐色陶片，陶片多饰以细绳纹，当时根据出土器物的形制特征，将遗址的年代大致断定为商代。1985年，被县政府公布为县级文物保护单位①。2006年7月，为配合东、南侧防洪水渠的修建，北京市文物研究所、平谷区文物管理所在防洪水渠占地范围内进行了考古发掘，清理了一些汉代砖室墓和窑址，目前资料尚未发表，不知其详。

2007年11月，为配合平谷区企业建设工程，根据《中华人民共和国文物保护法》和《北京市实施〈中华人民共和国文物保护法〉办法》的相关规定，做好地下文物保护工作，并更好地了解该区域内地下文物埋藏的实际情况，北京市文物研究所、平谷区文物管理所组织勘探队伍对杜辛庄遗址进行了考古勘探，并根据勘探提供的翔实资料，于2006年12月6日至2007年1月11日，对该遗址进行了考古发掘工作。

发掘过程中，为了工作方便，根据遗址地形及遗迹分布情况将发掘区分为东、西两个区，东区布10米×10米的探方63个，西区布10米×10米的探方8个，布方面积7100平方米。在

① 北京市平谷区文化委员会：《平谷文物志》，民族出版社，2005年：50页。

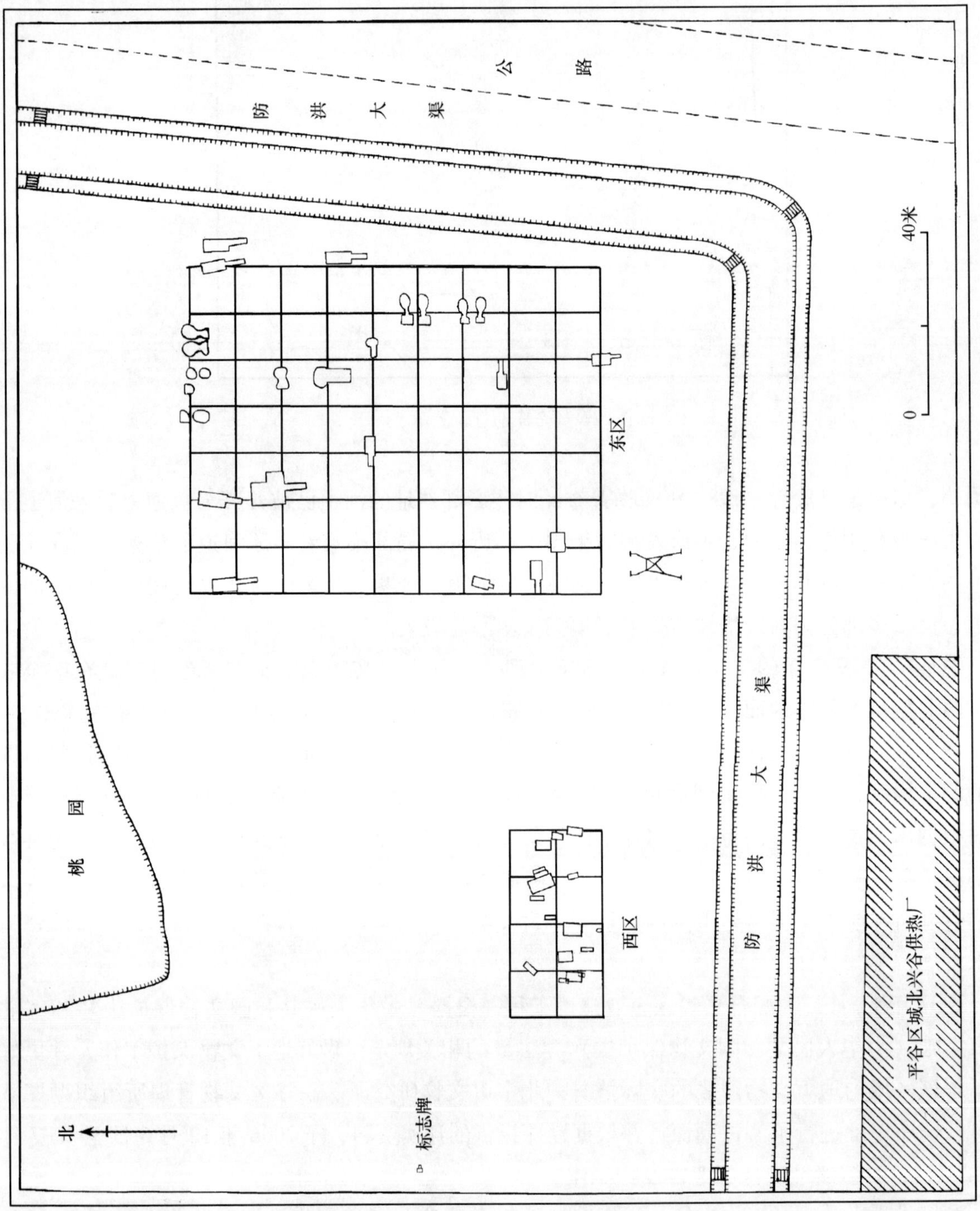

图五 杜辛庄遗址探方遗迹分布图

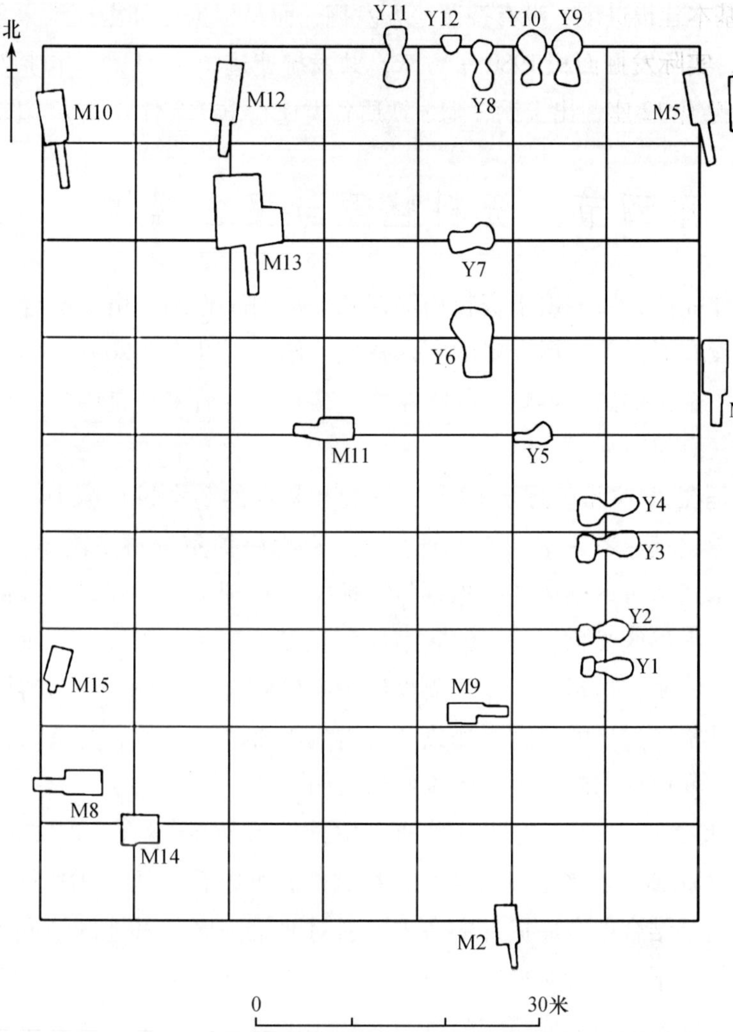

图六 杜辛庄遗址东区全图

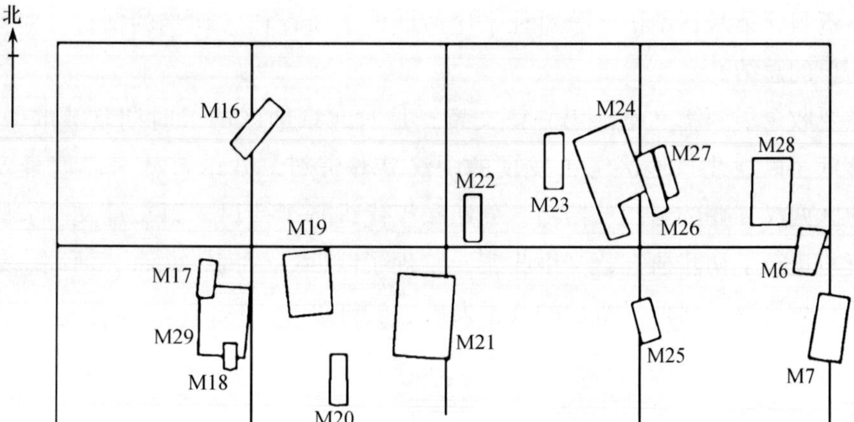

图七 杜辛庄遗址西区全图

发掘过程中，为配合基本建设进度，没有按照探方发掘，而是根据已知勘探结果采用了针对遗迹外扩的方法进行发掘，实际发掘面积1980平方米，共发掘遗迹单位41个，包括汉代墓葬17座、汉代砖窑12座、明代墓葬12座，出土铜、陶、铁质各类遗物160余件（图五至图七；彩版三）。

第四节　资料整理与报告编排

田野考古发掘工作完毕，所有出土资料均保存到琉璃河工作站。由于配合基本建设的考古发掘工作较多，一直没有时间来开展资料的室内整理工作，所以直到2008年的春天才开始整理这批资料，当时清洗了全部的出土器物，并将器物上架。不过后来还是因为配合基本建设的考古发掘工作繁忙，就又搁置下来。

集中的整理工作是在2008年7月至10月，发掘和整理的整个过程当中，自始至终都得到北京市文物研究所领导、基建考古室、考古研究室、文物保护室等科室同事们的关心、帮助。进驻工作现场之初，基建考古室刘风亮同志就与当地文物管理部门、建设工程部门做了良好的沟通；考古发掘期间，平谷区文物管理所的龚顺保所长多次到考古工地，管理所田小林、徐艳明、李建川等同志也多次来工地帮助工作。文物保护室的董育纲主任、刘乃涛同志对出土文物进行了妥善的保管。杜辛庄遗址的考古工作以及考古发掘报告的出版，是众多同志辛勤劳动的结晶，不能一一致谢，谨以此书献给关心此工作的人们。

本报告的编排，大致可以分为两部分，即正文部分和附录部分。正文部分主要是公布2006～2007年平谷杜辛庄遗址的考古发掘资料，在这部分可以看到杜辛庄遗址考古发现的全部遗存资料；附录部分则是结合杜辛庄遗址的考古资料对北京地区及其他区域同类考古遗存的一些研究，这部分主要是为了让读者对杜辛庄遗址出土的遗存资料能够有进一步的深入理解。

正文部分对于此次发掘资料的介绍，是按照时代顺序进行的：第二章介绍了西汉时期的墓葬资料，第三章介绍了东汉时期的墓葬资料，第四章介绍了东汉时期的砖窑资料，第五章介绍了明代的墓葬资料，第六章结语部分对杜辛庄遗址出土遗存作了初步的探讨，对其中所涉及的问题进行了简单的总结。

附录中主要收录了两篇文章。第一篇文章，是对北京地区两汉时期墓葬的一个初步研究，文中收集、整理了以往北京地区考古发现的两汉墓葬资料，并结合杜辛庄遗址发现的汉代墓葬，对北京地区两汉墓葬的形制、器物、分期和年代进行了探讨。第二篇文章，是对既往发现的汉代窑炉资料进行了初步研究，文中收集、整理了陕西、河南、北京、河北、辽宁等许多地区发现的汉代窑炉资料，对两汉窑炉的技术发展、演进进行了探讨。

第二章　西汉时期墓葬

第一节　西汉墓葬概况

杜辛庄遗址共发现9座西汉时期的墓葬，其中4座墓葬位于东区，5座墓葬位于西区（图八）。从东区最东北角的M11至西区最西南角的M29算起，这批墓葬大致分布于一个东西长120米、南北宽50米的范围内，东、西两区之间相距50余米，这50米的范围内属于空白地带，不见任何时期的遗存。从地势上来看，东区较西区也略高。东区M8、M14、M15距离较近，但方向差别较大，M11距离这3座墓葬较远；西区5座墓葬距离均较近，除M1之外的4座墓葬方向虽略有偏差，但也大致相近。西汉时期的墓葬布局大致如此，而这批墓葬在其下葬之初是否处于同一个墓地的规划之中，暂时无法判断。

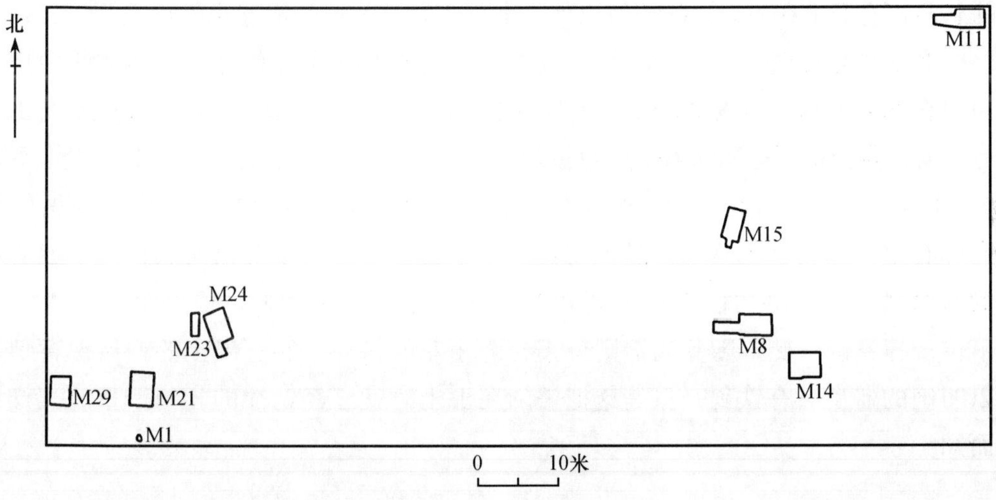

图八　西汉时期墓葬布局

9座西汉时期墓葬的构筑形式均为竖穴土坑墓，其中4座墓葬的平面形制近似长方形，而另外4座墓葬则为墓室前部挖出一条斜坡墓道或竖穴墓道的“刀”形墓，余下的1座形式较为简单，墓坑平面近似椭圆形。西汉时期的墓葬规模不大，与发掘的同时期的墓葬相比较，这批墓葬的规模属于中、小型的，最小的也是结构最简单的M1仅长0.93米，宽0.58米，其余墓葬长2.5～6.89米，宽0.95～4.12米，墓室的上部均受到不同程度的破坏，残存深度为0.2～1.6米。

9 座墓葬中有 3 座为单人葬；4 座墓葬的墓室中发现了并列合葬的二人，从以往的发现来看，这类墓葬一般为夫妇二人合葬；1 座墓葬中发现了并列合葬的三人，不过第三人下葬的时候对先葬的墓室造成了轻微的但是却很明显的破坏；还有 1 座墓葬（M15）的墓室中发现了与二人合葬墓内一样大小的木椁痕迹，但是却没有发现木棺和人骨架腐朽的痕迹，从墓室、木椁的空间来看，这个墓葬能够容得下两个人合葬，但是随葬的物品仅有一个陶罐，这与其他多人合葬的墓葬随葬品丰富或者每个死者均有各自配套的随葬品等现象相比，无疑简单了许多，所以关于这座墓葬是单人葬还是多人合葬，暂时只能存疑。

这批墓葬的葬具形式多样，最简单的 M1 使用了一个陶釜加一个无底的盆形器作为葬具，其余的墓葬中的 7 座墓室内发现了一重腐朽了的木椁痕迹，木椁内的墓主均各自葬于一重木棺中，只有一座墓葬（M23）的墓室中仅发现了一重木棺的板灰痕迹。

9 座西汉时期的墓葬，出土了数量较为丰富的随葬品，总计 51 件（各墓铜钱以 1 件计），主要包括铜器、陶器、铁器三类，清理过程中，个别墓葬中发现有漆器痕迹，遗憾的是，由于历时久远，这些漆器保存极差，均只残存少量红色朽痕。铜器器类包括铜盆、带钩、印章、铜钱等，其中以铜钱为大宗，多数墓葬中出土了铜钱，包括“五铢”铜钱和“大泉五十”铜钱，这些铜钱一般发现于墓室木棺内墓主身侧或骨架下面，部分铜钱表面在发现时可以看到用布包裹的痕迹，部分铜钱在发现时钱穿部均紧密地贴在一起，这有可能是下葬之初将这些铜钱用绳子一类的东西将它们串在一起。除铜钱以外，带钩、印章等这类铜器小件也发现于棺内墓主骨架身侧，根据以往的发现，带钩或印章一般置于墓主腰部，这与平时这类器物的使用方式相关，但 M29 的带钩和印章均发现于墓主头骨下部，这或许是下葬后墓室内进水从而导致两件铜器漂移造成的。陶器是所有随葬器类中数量最多的一类，包括鼎、盒、壶、罐、仓、井等，前 4 种器类一般认为为饮食器类，后 2 种器类可能是模仿现实生活中的日常用器而做的模型明器。在有椁有棺的二人合葬墓中，随葬陶器一般放置于椁室内单辟出的头箱内，或者放于并列合葬的双棺之间，但也均位于靠近死者头端的位置。在葬具为一椁一棺的单人葬墓 M29 中，木棺位于椁室的一侧，随葬陶器则位于与之相对的另外一侧。出土的铁器保存情况均不好，可以明确的器型只有铁剑，只是这把铁剑在出土时就已经锈蚀的相当严重，其详细情况已不得而知。

第二节　墓葬资料介绍

下文以墓葬编号顺序对各个墓葬发掘资料进行介绍。

1. M1

位于该发掘区的西部偏南，北邻 M20。方向 2°。开口于①层下。墓口距地表深 0. 55 米，墓坑平面近椭圆形，墓壁竖直，底近平，南北长 0. 93 米，宽 0. 58 米，深 0. 29 米。墓底距地表深 0. 84 米。葬具为瓮棺，由一个陶盆形器与一个深腹圜底釜组成。清理时陶盆形器位于墓坑南部，大口朝北，深腹圜底釜口部扣于陶盆形器的大口内，南北向平置。瓮棺外南部存有四块卵石，大小不一，附于瓮棺外侧，当系固定瓮棺所用。发掘时瓮棺葬具因损坏严重，均已成残片。墓主骨架已朽毁，仅残存少量骨屑。未见任何随葬品（图九）。所用葬具陶器情况如下：

红陶釜　1件，M1∶1，夹云母红陶，大口，宽折沿，沿面施三周凹弦纹，颈下有多周浅突棱，腹壁微鼓，底部残，据残存底片形态推测原本应为圜底。残高23.6厘米，口径33厘米（图一〇，2）。

陶盆形器　1件。M1∶2，圆台形，中空，宽折沿，方唇，唇面微凹，颈下施三周凹弦纹，斜直腹，底端边缘微凸起一道箍形突棱。通高21.8厘米，口径43.2厘米，底径14.4厘米（图一〇，1）。

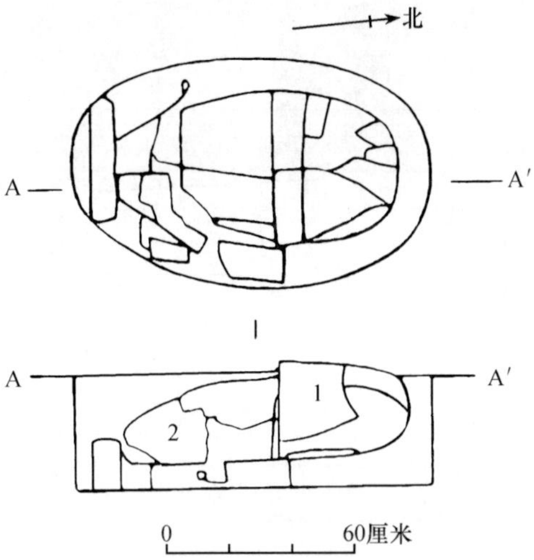

图九　M1平、剖面图
1. 红陶釜　2. 陶盆形器

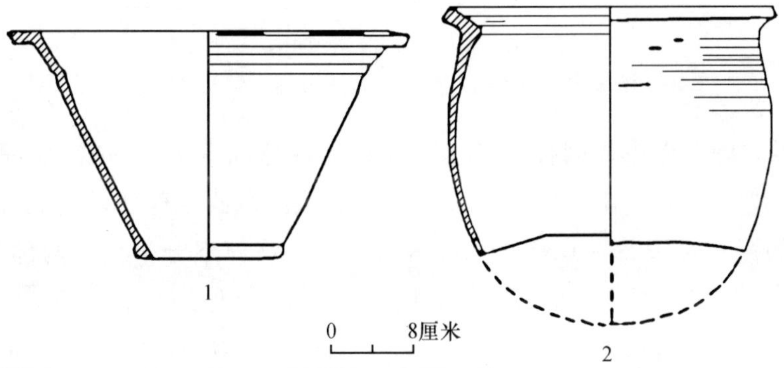

图一〇　M1出土陶器
1. 盆形器（M1∶2）　2. 红陶釜（M1∶1）

2. M8

位于该发掘区的东南部，南邻M14。方向280°。开口于①层下。墓口距地表深0.8米，墓底距地表深2.3米。“刀”形竖穴土坑墓，坐东朝西，通长6.87米，由墓道、墓室两部分组成（图一一；彩版四，1）。

墓道：位于墓室的西部，后端开口于墓室西壁偏南侧，平面近长方形，南北两壁竖直，底部为斜坡状。东西长2.99米，前端宽0.9米，后端宽1.32米，前端残深0.2米，后端接墓室处残深1.5米。墓道内填花土，土质较硬。

墓室：位于墓道的东部。平面呈长方形，东西长3.9米，宽2.7～2.76米，残深1.5米。墓室内填花土，土质较硬。墓内合葬二人，葬具为一椁两棺，均已腐朽，仅残存部分痕迹。据葬具残痕可知，椁室平面呈“日”形，东西长3.5米，宽2.09～2.2米，残高0.3米，椁壁残

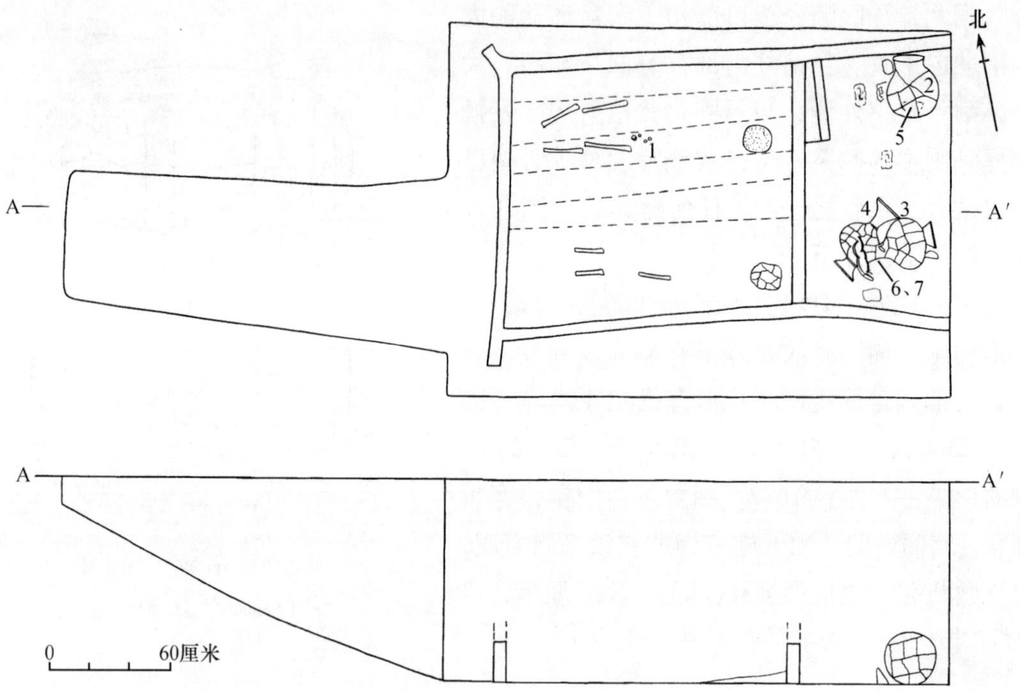

图一一　M8 平、剖面图

1. 铜钱　2. 陶罐　3、4. 陶壶　5. 铜盆　6、7. 陶鼎

痕宽约 0. 1 米，西、南两壁椁板因椁外填土挤压略向内弯曲变形，西壁椁板略宽于椁室宽度，其南北两端向两侧伸出约 0. 1 米（图版一，1）；椁底系由东西向椁底板南北并列组成，从残痕测得单块椁底板的宽度为 0. 22 ~ 0. 32 米。椁内有横隔，将椁室分为东西两部分，西部为棺室，东部为头箱。棺室长约 2. 24 米，宽 1. 78 ~ 1. 88 米，两棺南北并列于西部棺室内，由于腐朽严重，尺寸不清。棺内骨架仅残留肢骨和头骨，葬式不清。棺室内清理出铜钱 30 余枚，散落于两具骨架周围。头箱长约 1. 14 米，宽约 2 米，发掘时头箱东壁（亦即椁室东壁）已腐朽殆尽，头箱内摆放随葬品 6 件，包括陶罐 1 件、鼎 2 件、壶 2 件、铜盆 1 件，其中陶罐发现于头箱东北角，出土时口北底南斜放，铜盆置于陶罐腹中，出土时口上底下正置（彩版四，2）；陶壶、陶鼎发现于头箱的南部，出土时两件陶壶东西交错躺倒，壶盖以及两件陶鼎均发现于壶身碎片下方（图版一，2）。另外，头箱内发现 5 处红色漆皮痕迹，推测原本应该随葬有漆器，只是保存情况极差，已不能判明器型。随葬品情况如下：

铜钱　30 枚。M8∶1，多数锈蚀碎裂，存 2 枚完整，面文均为"五铢"。直径分别为 2. 5、2. 6 厘米（图一二，1、2）。

陶鼎　2 件。M8∶6，泥质灰褐陶，覆钵式盖，无耳，子母口，浅腹，腹部最大径靠近腹上部，下腹斜收，平底，三足较矮，略近蹄足形。通盖高 16 厘米，盖径 17. 8 厘米，口径 14. 5 厘米，最大腹径 19 厘米，底径 12. 8 厘米（图一三，2；彩版一九，1）。M8∶7，泥质灰褐陶，器体残碎，未能复原，从残片形态看其制与 M8∶6 近似，盖为覆钵式。高 4. 4 厘米，直径 18. 2 厘米（图一三，1；图版三六，1）。

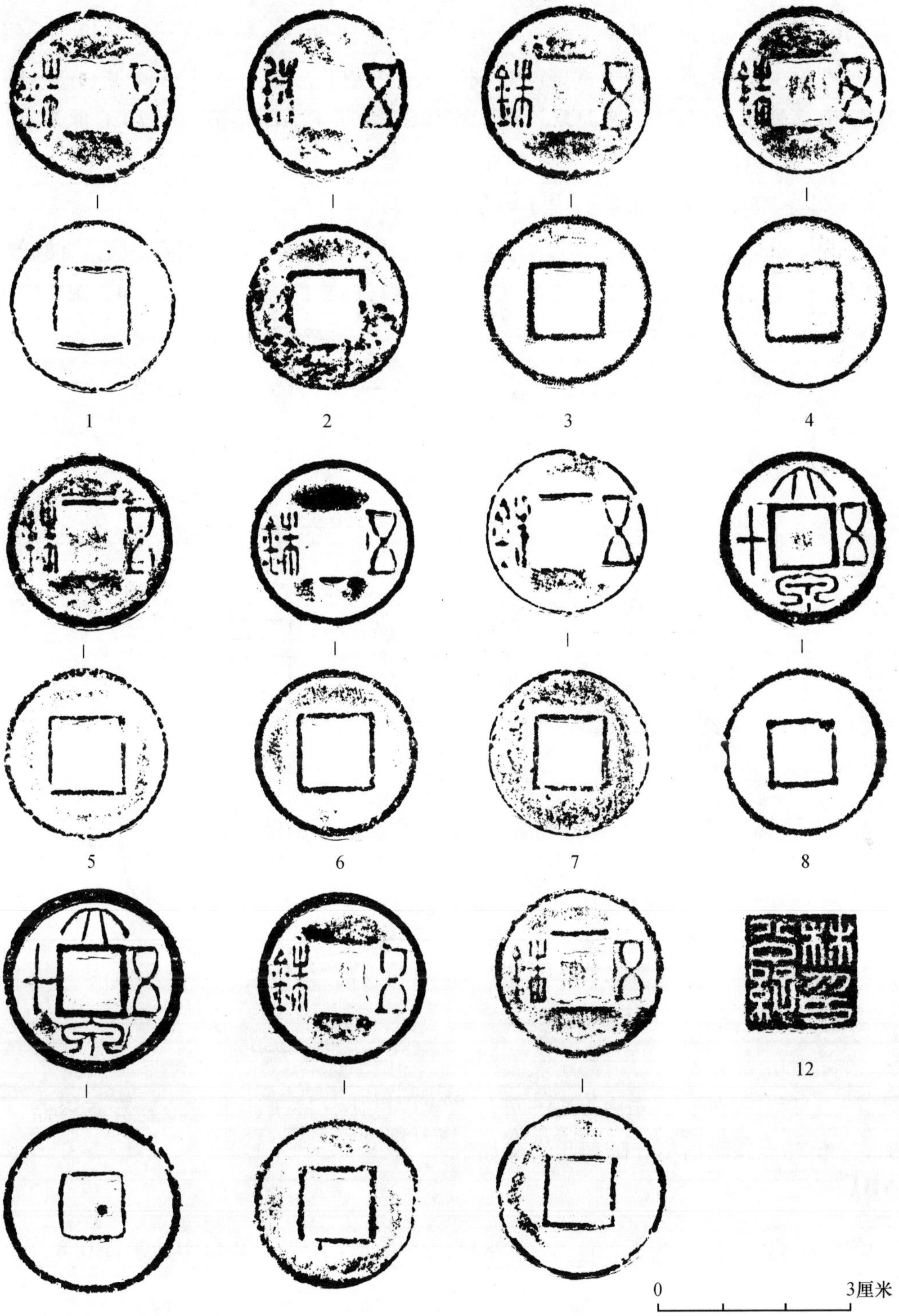

图一二　西汉墓葬出土铜钱、铜印拓片

1、2. M8∶1　3、4. M11∶1　5. M14∶1　6. M14∶2　7. M23∶1　8、9. M24∶2　10. M24∶6　11. M29∶1　12. M29∶13

陶壶　2件。均为夹砂灰褐陶，烧制火候较低，其中一件（3号）残碎较甚，未能复原。M8∶4，盖为博山式，盖高15厘米，直径21.6厘米，器体盘口，口斜直，颈略粗，圆肩，颈下肩上饰一周突棱，扁圆鼓腹，腹下部饰间断细绳纹，绳纹均较浅，喇叭形圈足较高，圈足下缘折壁。通高50.2厘米，口径21.8厘米，最大腹径31.8厘米，圈足最大径19.8厘米（图一三，3；彩版一九，5）。

铜盆　1件。M8∶5，器胎极薄，出土后很快碎裂。

陶罐　1件。M8∶2，泥质灰陶，侈口圆唇，束颈，颈中有一周突棱，溜肩，腹下部圆鼓，圜底，通体素面无纹饰。通高46厘米，口径27.6厘米，最大腹径44.4厘米（图一三，4；图版三八，1）。

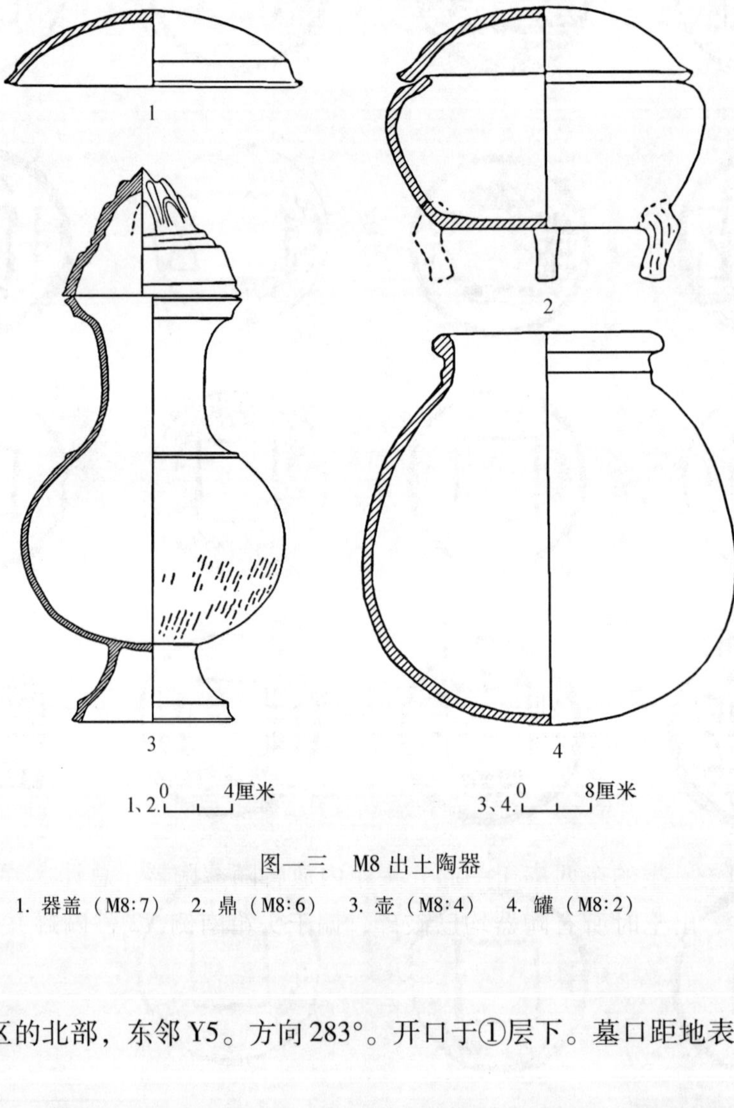

图一三　M8出土陶器

1. 器盖（M8∶7）　2. 鼎（M8∶6）　3. 壶（M8∶4）　4. 罐（M8∶2）

3. M11

位于该发掘区的北部，东邻Y5。方向283°。开口于①层下。墓口距地表深0.8米，墓底距地表深2.2米。

“刀”形竖穴土坑墓，坐东朝西，总长6.2米，由墓道、墓室两部分组成（图一四；彩版五，1）。

墓道：位于墓室的西部，东端开口于墓室西壁偏南侧，墓道南壁距墓室南壁约0.2米，平面近长方形，南北两壁竖直，底部呈斜坡状，斜度约为30°。东西长2.3米，西端宽0.8米，东端宽1米，东端底部与墓室底部相接，深1.4米。墓道内填花土，土质较硬。

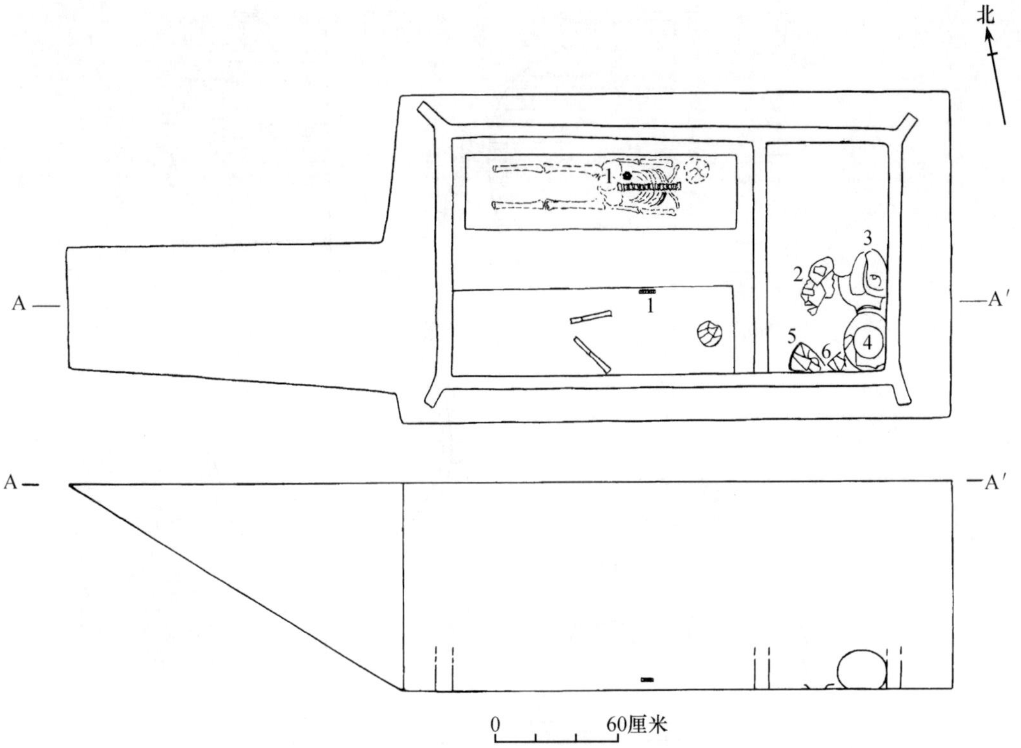

图一四 M11平、剖面图

1. 铜钱 2. 陶盒 3、4. 陶罐 5、6. 陶器盖

墓室：位于墓道的东部，平面呈长方形，东西长4米，南北宽2.2米，残深1.4米。墓内合葬二人，葬具为一椁两棺。椁室腐朽较甚，残存椁板灰痕，据残存痕迹可知，椁室平面呈“日”字形，长3.66米，宽1.74～1.88米，残高0.24～0.36米。椁室中部偏东有横隔将椁室一分为二，西部为棺室，东部为头箱。棺室内南北并列双棺，棺木亦腐朽仅存残痕。北棺长1.88米，宽0.5米，棺内墓主骨架保存较差，仰身直肢葬，性别、年龄不详。于骨架北侧清理出铜钱8枚，铜钱出土时锈在一起，表面有丝织品痕迹，推测原本应该用布之类的丝织品包裹（图版二，2）；南棺长1.96米，宽0.58～0.6米，棺内墓主骨架仅残留肢骨和少量头骨残块，葬式不清，于棺内中部紧贴棺北壁处清理出铜钱10枚，铜钱出土时钱穿部位整齐地贴于一起，推测原本应该用绳子一类的东西串于一起。头箱内放置随葬陶器，总计5件，包括陶盒1件、罐2件、器盖2件，出土时所有陶器均已破碎，偏于头箱南侧，2件陶罐并列靠近头箱东壁，一件口上底下正置，另一件口部向南侧倒落，陶盒及2件器盖的碎片均散落于2件陶罐的西侧（图版二，1）。墓室内填花土，土质稍松。随葬品情况如下：

铜钱 18枚。M11∶1，多数锈蚀碎裂，存2枚完整，面文均为“五铢”。直径分别为2.52、2.6厘米（图一二，3、4）。

陶盒 1件。M11∶2，泥质灰褐陶，火候较低，出土时已残碎较甚，未能复原，仅能看出其盖应为覆钵式。

陶罐 2件。M11∶3，近直口，窄折沿，矮直领，圆肩，鼓腹，最大腹径靠上，肩上饰两

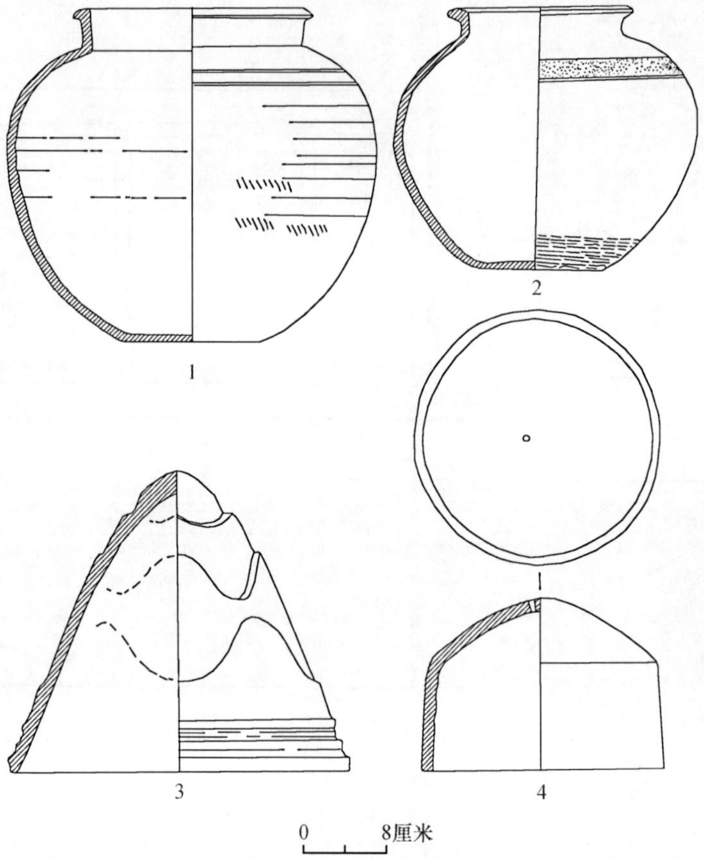

图一五　M11 出土陶器

1、2. 罐（M11∶3、M11∶4）　3、4. 器盖（M11∶5、M11∶6）

周弦纹，腹中部有明显的轮制痕迹及隐约的细绳纹，平底。通高 31.2 厘米，口径 23 厘米，最大腹径 35.6 厘米，底径 14 厘米（图一五，1；图版三七，1）。M11∶4，泥质灰陶，侈口，折沿，矮直领，圆鼓腹，平底略内凹，肩上部饰一周点纹带，腹底相接处施横向间断细绳纹。通高 24.8 厘米，口径 17.8 厘米，最大腹径 29 厘米，底径 12 厘米（图一五，2；图版三七，2）。

器盖　2 件。M11∶5，博山式盖。高 13.9 厘米，最大径 18.6 厘米（图一五，3；彩版一九，6）。M11∶6，圆体，上部为尖圆顶，靠近顶部中心有一个小孔，孔径约 0.4 厘米，盖下部直壁。通高 16、盖径 23.6 厘米（图一五，4；图版三九，1）。

4. M14

位于发掘区的东南部，北邻 M8。方向 10°。开口于①层下。墓口距地表深 0.8 米，长方形竖穴土坑墓，南北长 3.04 ~3.3 米，宽 4.12 米，深 2 米（图一六；彩版五，2）。

该墓为二次合葬墓，共葬三人，其中东部、中部两人为第一次同时下葬，西部一人为第二次下葬。以下分别叙述其埋葬情况。

第一次葬：合葬二人。葬具为一椁两棺，椁室平面近似长方形，西部为第二次葬的椁室所

图一六　M14平、剖面图

1、2. 铜钱　3、16. 陶罐　4、5、13、14. 陶壶　6、7、15. 陶盒　8、9、17. 器盖　10、11. 器座　12. 铁器

打破，由于椁外填土的挤压，东部和南部向内弯曲变形。东西残长2.86米，南北宽2.64～2.76米，残存高度约0.58米，椁壁板的残存厚度约0.12米，东侧椁壁板略长于椁室宽度，两端向南北两侧伸出约0.1米。从椁室底部残存板灰痕迹看，椁底残存底板横置，宽0.8～0.1米。椁内东西并列二棺，亦皆腐朽较甚，从残存棺痕测得，东棺长1.9米，宽0.5～0.68米，残高0.1米，棺内骨架保存较差，为仰身直肢葬，性别、年龄等不明，棺内墓主骨架胸部西侧清理出5枚铜钱；中棺长1.94米，宽0.56米，骨架仅存骨屑残痕，依稀可辨为仰身直肢葬，棺内墓主胸骨西侧清理出铜钱4枚，铜钱出土锈在一起，钱穿部位整齐地贴在一起，推测原本应该用绳子一类的东西串在一起，另外棺内中部紧贴棺西壁处清理出铁器1件，出土时锈蚀严

重，已经不能辨明器型。两棺之间留出1.22~1.32米的空间，其间放置随葬器物，发掘时器物皆堆放于两棺之间靠近椁室北壁处，距离中棺较近，去东棺较远。总计5件，包括陶罐1件、壶2件、盒2件，所有陶器出土时均已破碎，堆于一处，其中陶罐发现于器物堆最北端靠近椁室北壁处，陶壶、陶盒碎片堆于其南侧，壶盖、圈足与器体均已散落分离（图版三，1）。

第二次葬：葬一人。清理时，第二次葬的墓坑系依第一次葬的墓室西壁向西再挖出竖穴土坑，新挖墓坑北壁与第一次葬的墓室北壁齐平，在同一直线上，南壁则较第一次葬的墓室南壁向南突出，突出部分约0.06米，从而打断了第一次葬墓室的南壁，而第一次葬的墓室西壁则被破坏无余。第二次葬的墓坑底部亦较第一次葬的墓室底部深约0.18米，据以上分析，可以得出第二次葬的墓室南北长约3.28米，东西宽约1米，残深约1.36米。葬具为一椁一棺，椁平面近"日"字形，长3.2米，宽1米，残高0.78米；底部低于第一次葬椁底部约0.18米。椁室中间有东西向横隔将椁室一分为二，横隔位于椁室的中部偏北，距椁室北壁约0.72米，横隔的南部为棺室，北部为头箱。棺室，长2.24米，宽0.8米，内置木棺一具，腐朽较甚，仅存残痕，长2.02米，宽0.62~0.68米，棺内葬一人，骨架亦腐朽殆尽，据残存痕迹判断墓主葬式为仰身直肢葬，性别、年龄不详。头箱，长0.7米，宽0.82米，头箱内放置随葬陶器，总计4件，包括陶罐1件、壶2件、盒1件，陶器出土时均已残碎，两件陶壶位于紧贴头箱西壁处，陶盒位于头箱中部，陶罐在陶盒的北侧靠近头箱北壁处。随葬品情况如下：

铜钱　总计9枚。M14:1，4枚，面文均为"五铢"。直径2.52厘米（图一二，5）。M14:2，5枚，面文均为"五铢"。直径2.5厘米（图一二，6）。

陶罐　2件。M14:3，泥质灰陶，侈口，圆唇外缘微凸起一周尖圆棱，口沿内缘上部一周凹槽，矮直领，圆鼓腹，腹部隐约见拍印间断细绳纹，小平底近似圜底。通高42.2厘米，口径26.2厘米，最大腹径46.4厘米（图一七，1）。M14:16，近直口，翻折沿，矮直领，圆鼓腹，腹中部饰多周弦纹，平底略内凹，腹底相接处、底部饰间断细绳纹。通高31.8~32.8厘米，口径23.8厘米，最大腹径36.2厘米，底径16厘米（图一七，2；图版三七，3）。

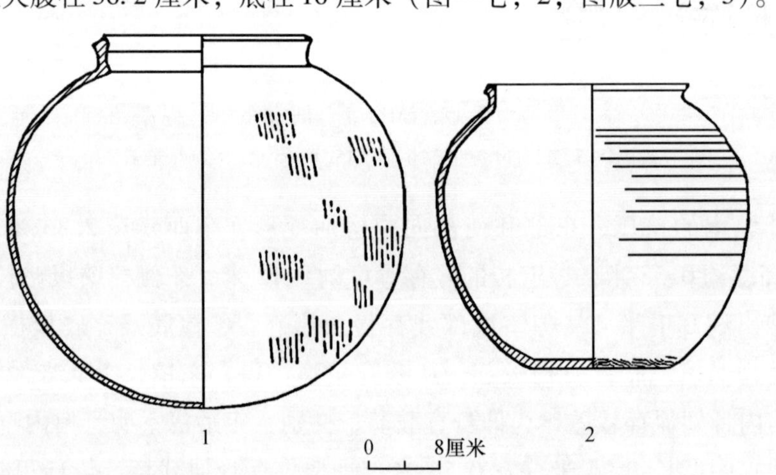

图一七　M14出土陶罐

1. M14:3　2. M14:16

陶壶　4件。M14:4，夹砂灰陶，盘口，颈较粗，腹部扁圆，腹壁略折，小平底近寰底，通体素面。通高37厘米，口径17.4厘米，最大腹径27.5厘米，底径3.2厘米（图一八，1；图版三五，1）。M14:5，夹砂灰陶，盘口，颈较粗，腹部扁圆，腹壁略折，腹上部有轮制痕迹，小平底近寰底。通高35.7～36.5厘米，口径17.6厘米，最大腹径27.5厘米，底径4.8厘米（图一八，2；图版三五，2）。M14:13，夹砂灰褐陶，火候较低，器体残碎，未能复原，残存口沿为侈口方唇，曲颈略细，颈部以下形态不明（图一九，3）。M14:14，夹砂灰褐陶，火候较低，盖、器均残碎未能复原，据残片形态可知盖为博山式，器体形态不明。

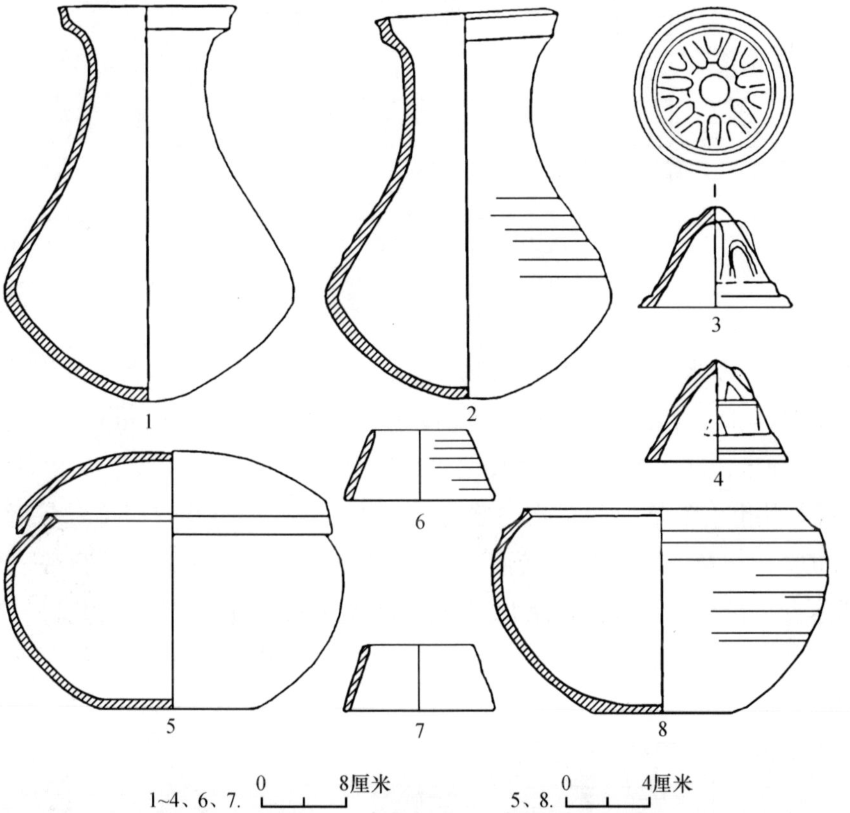

图一八　M14出土陶器

1、2. 壶（M14:4、M14:5）　3、4. 博山式盖（M14:8、M14:9）　5、8. 盒（M14:7、M14:6）
6、7. 器座（M14:10、M14:11）

器盖　3件。M14:8，夹砂灰陶，博山式。高9.3厘米，最大径13.8厘米（图一八，3；图版三六，3），据出土位置，或与4号壶为一器。M14:9，夹砂灰陶，博山式。高（图一八，4；图版三六，4），据出土位置，或与5号壶为一器。M14:17，夹砂灰褐陶，火候较低，博山式。高13.6厘米，直径19厘米（图一九，1；图版三六，5），据出土位置，或与13号壶为一器。

陶盒　3套。M14:6，盖残破较甚，据残片可知为覆钵式，器体敛口，鼓腹，腹部最大径偏上，腹部有多周突棱，平底，高9.6厘米，口径14厘米，最大腹径16.4厘米，底径7.2厘米（图一八，8；彩版一九，3）。M14:7，通体扁圆，覆钵式盖，子母口，鼓腹，腹部最大径偏

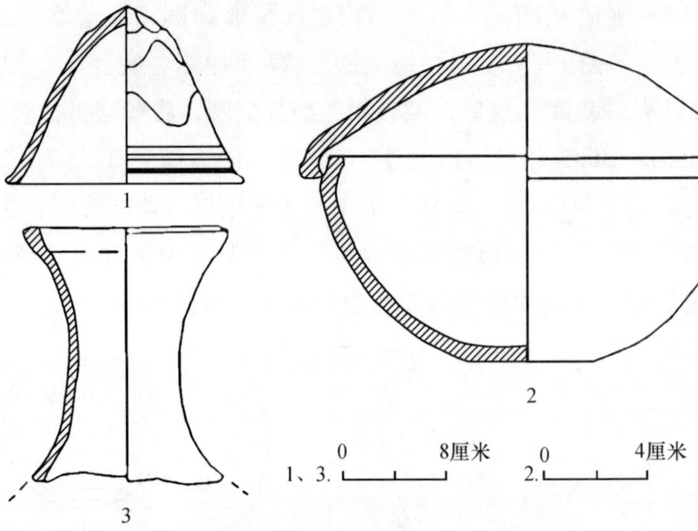

图一九　M14 出土陶器

1. 博山式盖（M14:17）　2. 盒（M14:15）　3. 壶（M14:13）

上，平底。通高 12.2 厘米，口径 12.2 厘米，最大腹径 16.1 厘米，底径 6.8 厘米（图一八，5；彩版一九，2）。M14:15，覆钵式盖，盖高 52 厘米，盖径 18 厘米，子母口，斜腹，平底。高 7 厘米，口径 16.4 厘米，底径 5.2 厘米（图一九，2；彩版一九，4）。

器座　2 件。从出土的情况看，此二器与前述 M14:4、5 两件陶壶位置较近，或许是与之配合使用，如同圈足。M14:10，圆台形，中空，口小底大，腹壁斜直，腹壁表面有多周浅突棱，高 6.6 厘米，口径 9.8 厘米，底径 14.3 厘米（图一八，6；图版三九，2）；M14:11，圆台形，中空，口小底大，腹壁斜直，高 6.2 厘米，口径 10.6 厘米，底径 14.2 厘米（图一八，7；图版三九，4）。

铁器　1 件。M14:12，锈蚀严重，器型不明。

5. M15

位于该发掘区的南部，南邻 M8。方向 205°。开口于①层下。墓口距地表深 0.3 米，墓底距地表深 1.22 米。“刀”形竖穴土坑墓，坐北朝南，通长 4.4 米，由墓道、墓室两部分组成（图二〇；彩版六，1）。

墓道：位于墓室的南部，北端开口于墓室南壁偏西侧，平面近长方形，东西两壁竖直，底部为斜坡状，南北残长 1.28 米，宽 0.8～0.9 米，底部坡面残长 1.5 米。发掘时墓葬开口以上为现代扰土层，墓葬上部或已受到破坏，故以上所述墓葬规模或非最初埋葬时墓葬规模。墓道内填黄褐色花土，土质较硬，含烧土颗粒、草木灰、卵石等。

墓室：位于墓道的北部，平面呈长方形，四壁竖直，长 3.18 米，宽 1.9 米，深 0.94 米。内置一木椁，已朽，残存椁壁板痕迹，椁室平面呈长方形，长 2.92 米，宽 1.64 米，残高 0.62 米。南、北两壁椁板长度较椁室宽度，故各向东西两侧伸出约 0.06 米。椁室内未发现

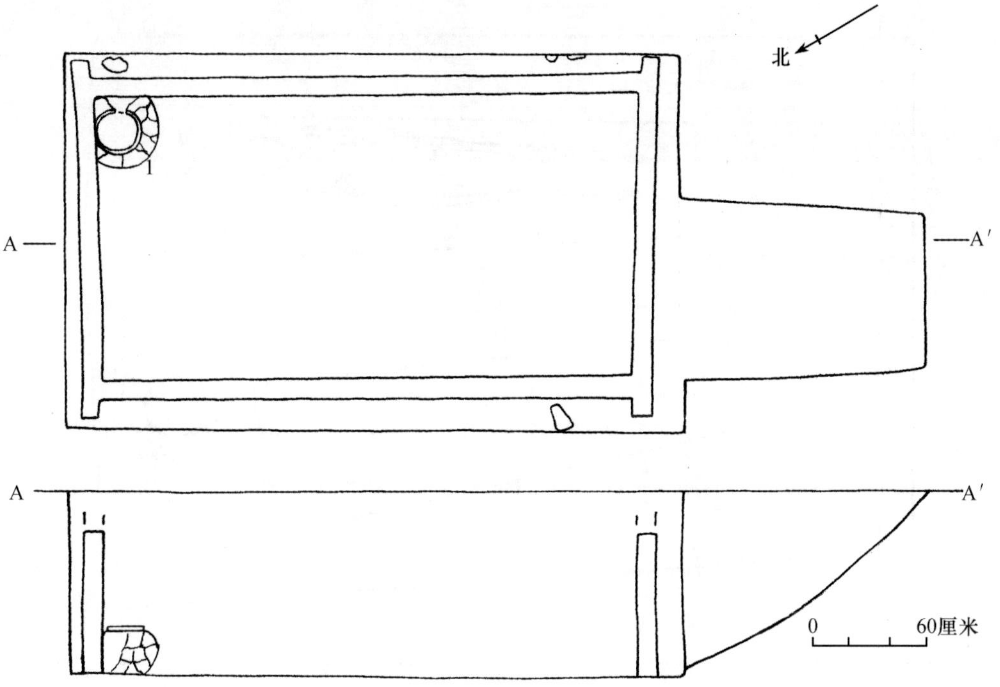

图二〇 M15平、剖面图

1. 陶罐

其他葬具或者人骨架。仅于椁室东北角发现一件陶罐，陶罐出土时已破碎，未发现其他随葬品。室内填土为黄褐色花土，土质较硬，含烧土颗粒、草木灰、少量卵石等。随葬品情况如下：

陶罐 1件。M15∶1，残碎未能完全复原，泥质灰陶，据残片大概知其形态，口部近直，有矮领，圆鼓腹，底部形态不明。

6. M21

位于该发掘区的南部，西邻M20、北邻M22。方向5°。开口于①层下。墓口距地表深0.5米，墓底距地表深0.7米（图二一；彩版六，2）。

竖穴土坑墓，平面近长方形，北壁略弯曲，其余三壁均较平直，南北长3.4米，南端宽2.05，北壁宽2.3米。墓内合葬二人，东西并列置双棺，两棺棺底齐平。两棺均腐朽较甚，仅存残痕。据棺痕测得，东棺长1.98米，宽0.4~0.6米，棺内葬一人，骨架腐朽殆尽，仅存少许骨骼粉末。西棺长1.9米，宽0.45~0.6米，棺内葬一人，骨架保存亦较差，可辨认出其葬式为仰身直肢葬，性别、年龄不详，棺内清理出铜钱4枚，散落于棺内墓主骨架下。随葬陶器放置于东棺外北部紧靠棺北壁处，总计3件，包括陶仓1件、壶1件、罐1件，出土时均已残碎，堆于一处（图版三，2）。墓室内填花土，土质较硬。随葬品情况如下：

铜钱 4枚。M21∶4，均锈蚀严重，面文不清。

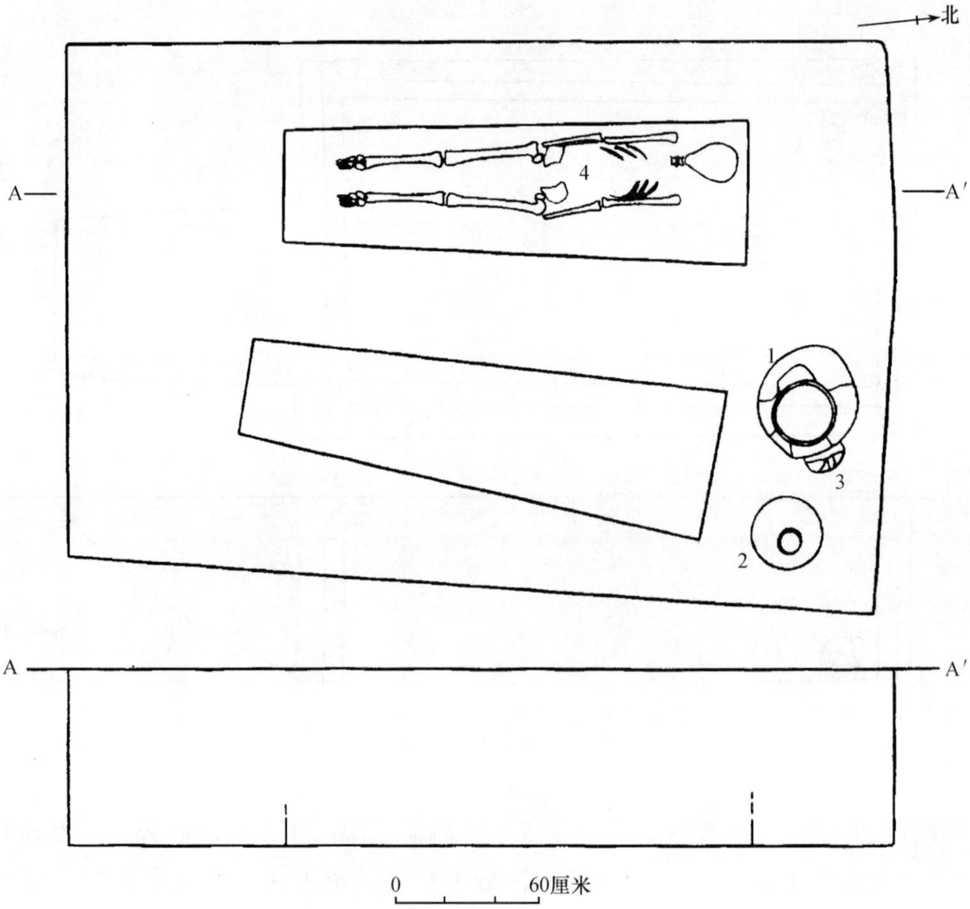

图二一　M21 平、剖面图

1. 陶罐　2. 陶壶　3. 陶仓　4. 铜钱

陶罐　1 件。M21∶1，泥质灰陶，敛口，方唇，口沿内有一周槽，斜直领，圆肩鼓腹，肩上饰一周斜向水波纹，平底。通高 34.2 ~ 35.5 厘米，口径 24.8 厘米，最大腹径 39.2 厘米，底径 14 厘米（图二二，1；图版三七，4）。

陶壶　1 件。M21∶2，泥质灰陶，盘口，口斜直，颈略细，微折肩，扁圆形腹部，肩下饰一周戳印凹点纹，腹中部饰一周戳印凹点纹，两周凹点纹近似平行，唯腹中部凹点纹接头处有错位，下腹部饰交错绳纹，喇叭形圈足较高，圈足两侧对称各有一个直径约 1.6 厘米的圆孔。通高 52.4 厘米，口径 24.2 厘米，最大腹径 34.4 厘米，圈足最大径 20 厘米（图二二，2；彩版二〇，5）。

陶仓　1 件。M21∶3，泥质灰陶，直口，方唇，矮直领，折肩，腹如直筒形，腹壁中部微鼓，平底。通高 26.6 厘米，口径 16.2 厘米，最大腹径 26.6 厘米，底径 23.2 厘米（图二二，3）。

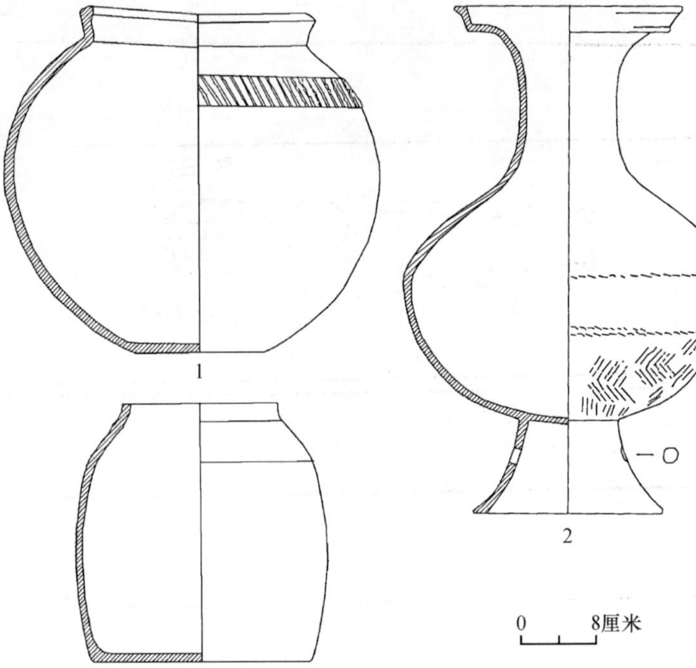

图二二　M21出土陶器

1. 罐（M21:1）　2. 壶（M21:2）　3. 仓（M21:3）

7. M23

位于该发掘区的南部，东邻M24、西邻M22。方向10°。开口于①层下。墓口距地表深0.5米，墓底距地表深0.8米。墓室内填花土，土质较硬（图二三；图版四，1）。

竖穴土坑墓，平面近长方形，南北长2.5米，南壁宽0.95米，北壁宽1米。墓内葬一人，葬具为一木棺，木棺略偏于墓坑东侧，棺板已腐朽，仅存板灰残痕，据之测得棺长约2.2米，宽约0.65米。棺内骨架大部分已朽成粉屑状，从残存痕迹看，墓主头向北，葬式为仰身直肢，性别、年龄不详。棺内清理出铜钱8枚，位于墓主胸骨东侧。未见其他随葬品。

铜钱　8枚。M23:1，锈蚀严重，存一枚完整，面文清晰，为“五铢”。直径2.49厘米（图一二，7）

8. M24

位于该发掘区的西部，东邻M26、西邻M23。方向195°。开口于①层下。墓口距地表深0.8米，墓底距地表深1.6米。“刀”形竖穴土坑墓，坐北朝南，总长5.3米，由墓道、墓室两部分组成（图二四；彩版七，1）。

墓道：位于墓室的南部，北端开口于墓室南壁西侧，墓道西壁与墓室西壁在一条直线上。长方形竖井式，东、西两壁竖直，底部平整，南北长1米，东西宽1.08米，残深0.8米。墓道内填花土，土质较硬。

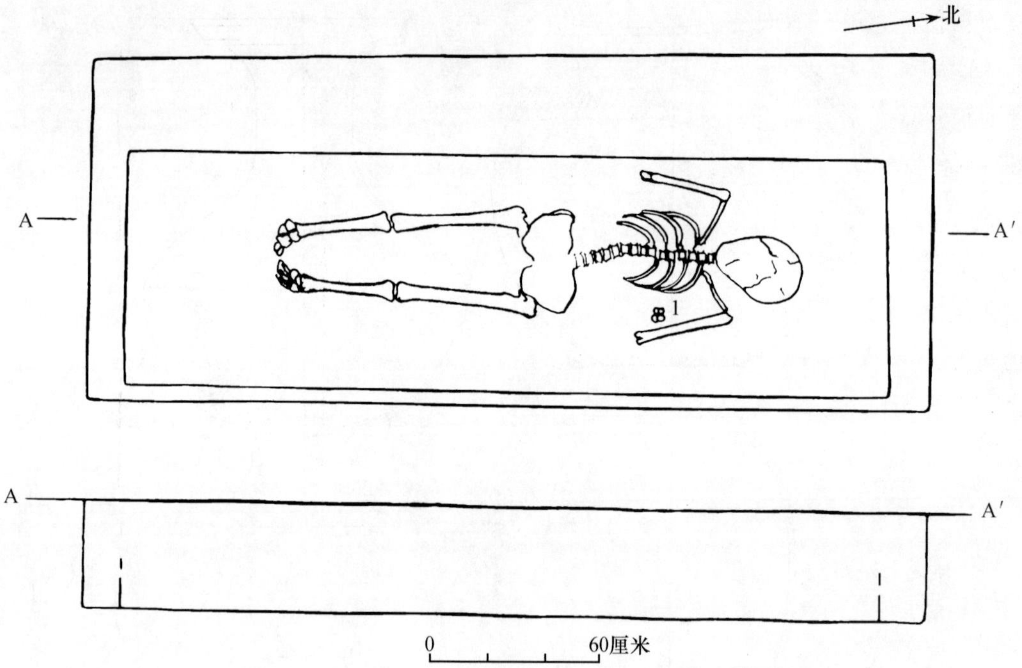

图二三　M23 平、剖面图

1. 铜钱

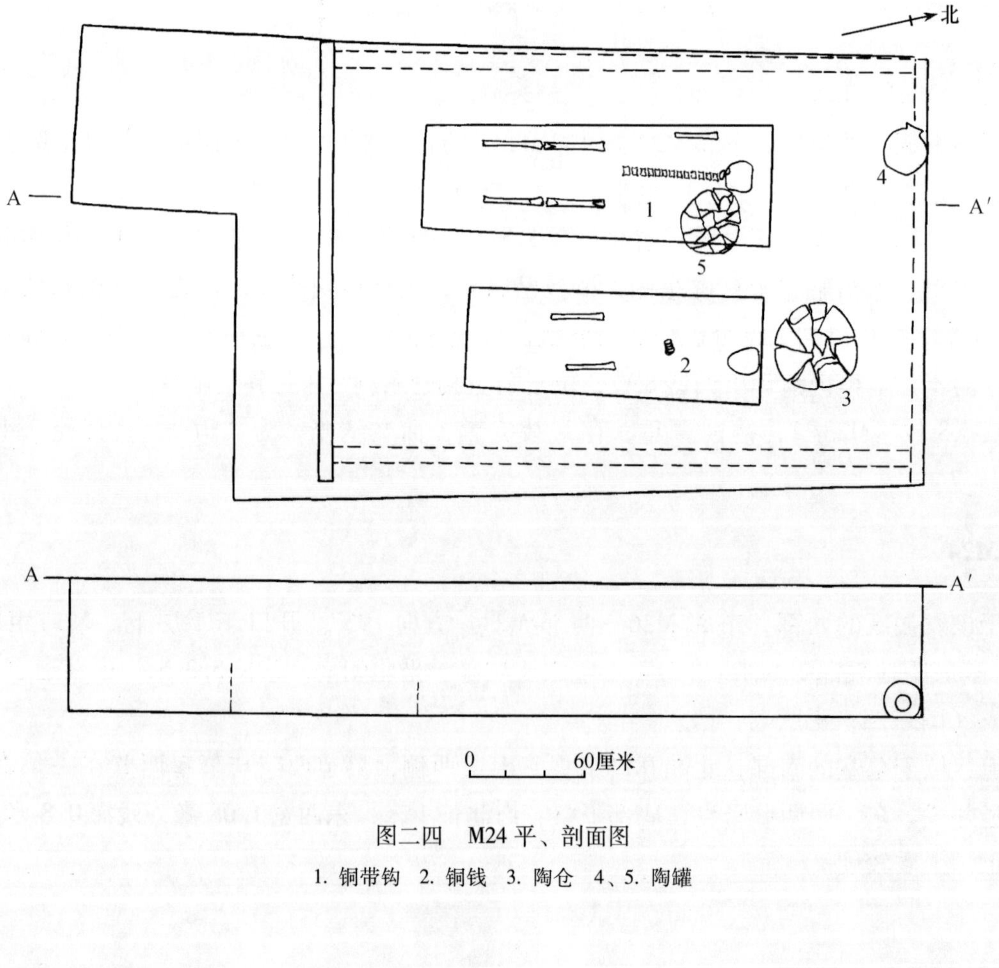

图二四　M24 平、剖面图

1. 铜带钩　2. 铜钱　3. 陶仓　4、5. 陶罐

墓室：位于墓道的北部，平面近长方形，长4.3米，北壁宽2.6米，南壁宽2.78米，残深0.8米。墓内合葬二人，葬具为一椁两棺。椁腐朽较甚，仅存椁板灰痕，除墓室南部和北部残存青膏泥痕迹外，其他部分不太明显，据残痕可知，椁室平面大致呈长方形，长3.6米，宽2.24米。椁内东西并列置两棺，棺板均已腐朽，仅存板灰痕迹。东棺长1.84米，宽0.62～0.64米，棺内骨架腐朽严重，头向北，面向不清，从残存肢骨推测应为仰身直肢葬，性别、年龄不详。东棺内清理出铜钱18枚，出土时位于棺中部相当于墓主腰部的位置，铜钱出土时锈在一起，钱穿部位整齐地贴在一起，推测原本应该用绳子一类的东西串系在一起。东棺外紧靠东棺北壁处清理出陶仓1件，出土时已成碎片。西棺长2.14米，宽0.62～0.72米。棺内骨架头向北，面向不清，仰身直肢葬。西棺内出土随葬品2件，铜带钩、陶罐各1件，出土时铜带钩位于棺内墓主腰部东侧，陶罐则位于墓主头部东侧紧贴木棺东壁处。西棺外北部紧靠墓室北壁处清理出陶罐1件，从残存椁壁板灰痕看，该罐在最初埋葬时应是放置于椁室内的。室内填花土，土质较硬，含少量卵石等。随葬品情况如下：

铜钱　总计38枚。M24∶2，18枚，多数锈蚀严重，存2枚完整，面文为“大泉五十”，对读。直径分别为2.56、2.8厘米（图一二，8、9）。M24∶6，20枚，存1枚完整，面文为“五铢”。直径为2.6厘米（图一二，10）

铜带钩　1件。M24∶1，首已残。残长3.7厘米（图二五，3；彩版二〇，3）。

陶仓　1件。M24∶3，圆体，尖圆顶，顶部一侧有仓眼，盖为长方形，盖上有长方形纽，

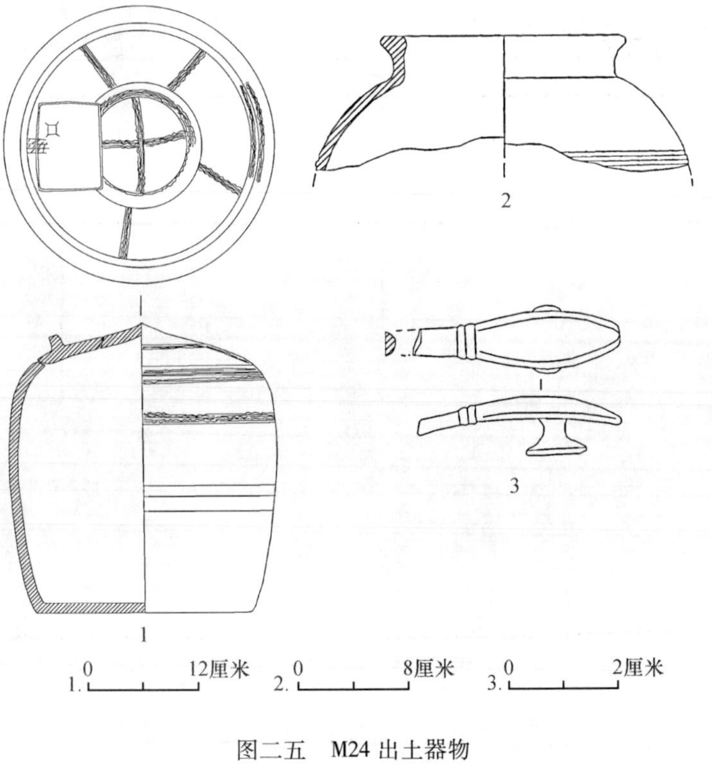

图二五　M24出土器物

1. 陶仓（M24∶3）　2. 陶罐（M24∶4）　3. 铜带钩（M24∶1）

腹部弧壁，平底，顶部及腹上壁饰水波纹宽带，腹中部施三周凹旋纹。通高30.4厘米，最大腹径28.8厘米，底径23.4厘米（图二五，1；图版三八，2）。

陶罐　2件。其中一件残碎，未能复原。M24:4，直口，平沿，尖圆唇，矮直领，圆鼓腹，腹上部施三周凹弦纹，下腹部及底部残，形态不明。残高9.4厘米，口径18厘米（图二五，2）。

9. M29

位于该发掘区的南部，北邻M17、南邻M18、东邻M19。方向10°。开口于①层下。墓口距地表深0.5米，墓底距地表深2.1米（图二六；彩版七，2；图版五，1）。

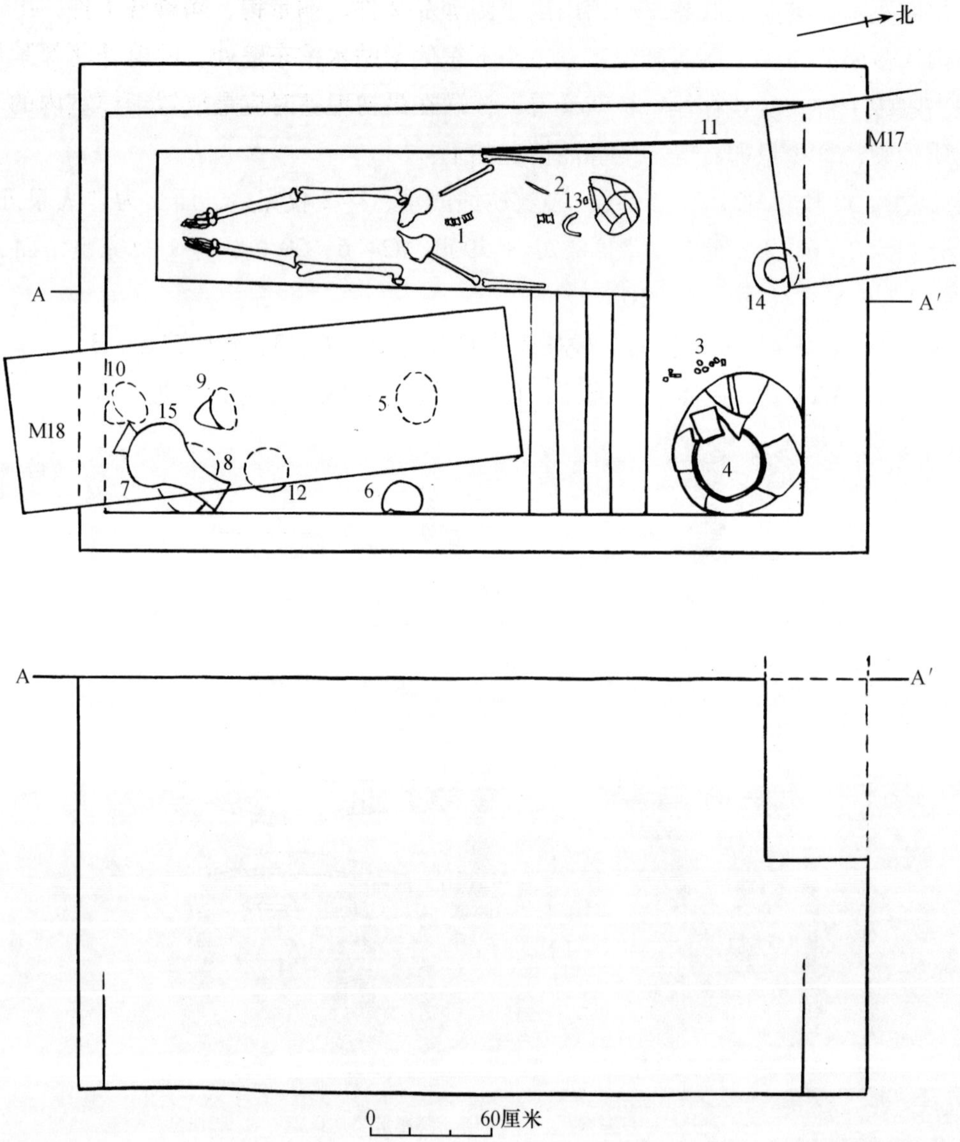

图二六　M29平、剖面图

1. 铜钱　2. 带钩　3. 碎石块　4、14. 陶罐　5、6. 陶盒　7、8. 陶壶　9、10. 器盖　11. 铁剑　12. 陶井　13. 铜印章　15. 器座

长方形竖穴土坑墓，北壁被 M17 打破；南壁及墓室中部被 M18 打破，所幸均未损及墓底。墓室南北长 3.1 米，东西宽 1.9 米，残深 1.6 米。墓内葬一人，葬具为一椁一棺。椁室平面近长方形，腐朽较甚，仅存椁板灰痕，据残痕测得，南北长 2.75 米，东西宽 1.55 ~ 1.6 米。椁底板灰痕残留 4 块，宽 0.1 ~ 0.15 米，残高 0.4 米。椁室内西半部放置木棺，东半部放置随葬器物。木棺南北向，腐朽仅残存板灰痕迹，据之测得棺长 1.95 米，宽 0.5 ~ 0.55 米，棺内清理出铜带钩 1 枚、铜印 1 枚、铜钱 7 枚，铜带钩、铜印发现于墓主头骨下端，铜钱位于盆骨北侧，铜钱出土时锈在一起，钱穿部位整齐地贴在一起，推测原本应该用绳子一类的东西串系在一起。棺外椁室内清理出器物 11 件，包括铁剑 1 件，陶壶 2 件、盒 2 件、器盖 2 件、器座 1 件、罐 2 件、井 1 件，铁剑出于木棺北端西壁外，2 件陶罐出于椁室北端，其余陶器如壶、盒等集中于椁室东侧中部偏南，出土时陶器均已残碎（图版四，2；图版五，2、3）。墓室内填花土，土质较硬。随葬品情况如下：

铜钱　7 枚。M29∶1，多数锈蚀严重，存一枚完整，面文为“五铢”。直径为 2.6 厘米（图一二，11）

铜带钩　1 件。M29∶2，长 7.5 厘米（图二七，2；彩版二〇，4）。

铜印章　1 个。M29∶13，桥形纽，扁方体，篆体“公孙林印”印文。通纽高 1.5 厘米，边长 1.8 厘米（图二七，1；图一二，12；彩版二〇，1、2）。

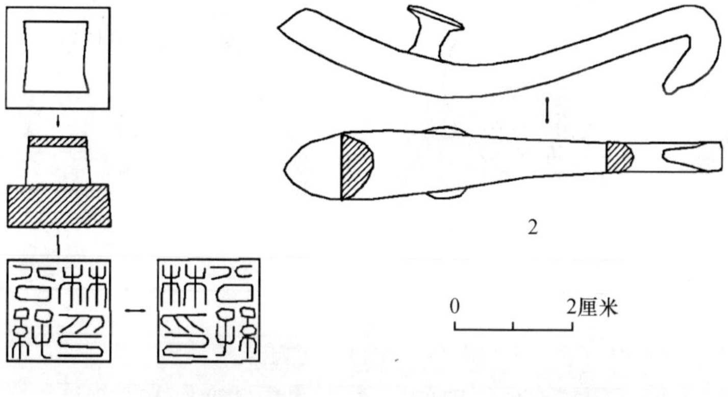

图二七　M29 出土铜器

1. 印章（M29∶13）　2. 带钩（M29∶2）

陶盒　2 件。M29∶5，泥质灰陶，直口微内敛，腹壁微鼓，腹上部饰多周弦纹，平底。高 8.8 厘米，口径 17.3 厘米，最大腹径 18.3 厘米，底径 11.2 厘米（图二八，3；图版三八，3）。M29∶6，泥质灰陶，直口，方唇，上腹近直，饰两周凹弦纹，下腹折壁，平底略内凹，未见盖。高 8.4 厘米，口径 18.2 厘米，底径 10.6 厘米（图二八，4；图版三八，4）。

陶壶　2 件。M29∶7，浅盘口，曲颈略粗，扁圆腹，腹部最大径居中，小平底近似圜底，腹中部戳印两周平行凹点纹，下腹部及底部饰交错细绳纹。高 38.6 厘米，口径 15.4 厘米，最

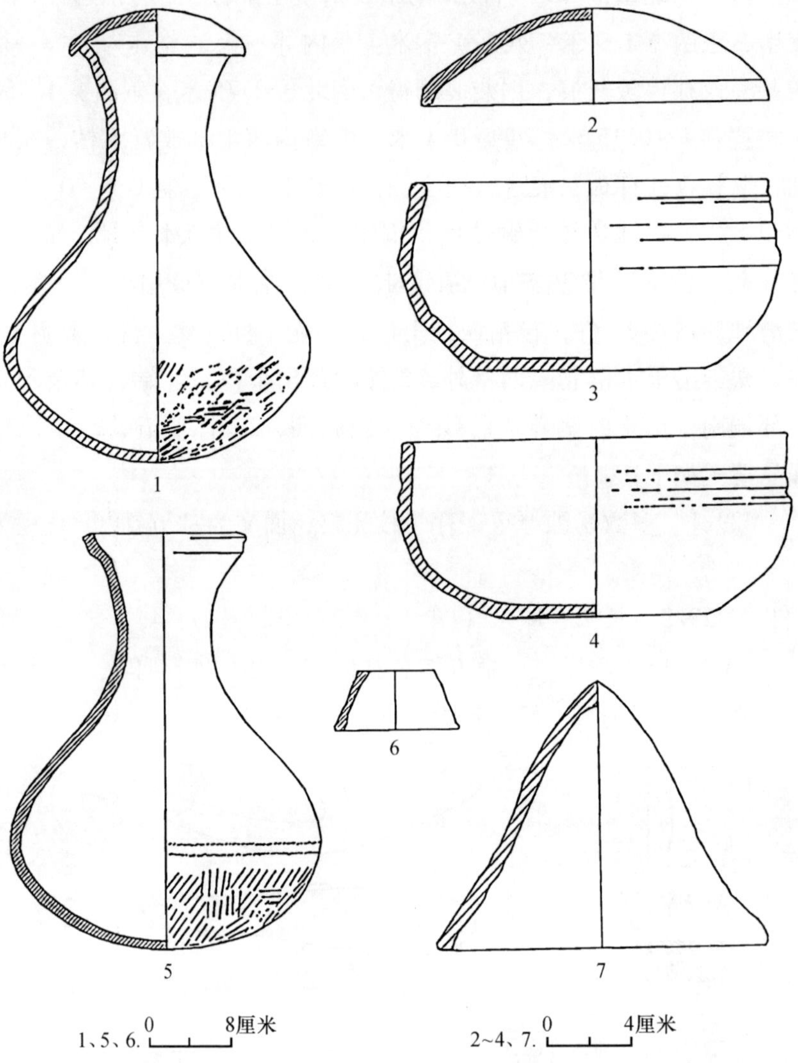

图二八　M29出土陶器

1、5. 壶（M29∶8、M29∶7）　2、7. 器盖（M29∶9、M29∶10）

3、4. 盒（M29∶5、M29∶6）　6. 器座（M29∶15）

大腹径29.8厘米，底径3.6厘米（图二八，5；图版三五，3）。M29∶8，夹砂灰褐陶，覆钵式盖，盖边缘处略折，盖直径16.6厘米，器体侈口，方唇，曲颈，溜肩，扁鼓腹，腹部最大径居中，下腹部及底饰交错绳纹，小平底近似圜底。通高42厘米，口径15.2厘米，最大腹径29.2厘米，底径3.2厘米（图二八，1；图版三五，4）。

器盖　2件。M29∶9，覆钵式，盖缘微折。盖径约16.5厘米（图二八，2；图版三六，2）。M29∶10，博山式，盖壁有轮制痕迹，近口处微折。高12.3厘米，盖径15.6厘米（图二八，7；图版三六，6）。

器座 1件。M29:15，圆体形，中空，斜直壁，表面有明显轮制痕迹。高5.4厘米，口径7.2厘米，底径12厘米（图二八，6；图版三九，5）。

陶罐 2件。M29:4，泥质灰陶，侈口，厚圆唇，唇外缘微凸起一周尖圆棱，口沿内缘上部有一周凹槽，矮直领，圆鼓腹，腹壁外饰浅浅的细交错绳纹，小平底近似圜底。通高39厘米，口径29.5厘米，最大腹径45.8厘米（图二九，1）。M29:14，夹砂灰陶，直口，叠唇，束颈，圆鼓腹，小平底，底部饰交错细绳纹。通高16.4厘米，口径9.4厘米，最大腹径16.6厘米，底径4厘米（图二九，3；图版三九，3）。

陶井 1件。M29:12，圆台形，中空，口小底大，腹壁斜直，饰多周突棱纹。高11.6厘米，口径17厘米，底径19.2厘米（图二九，2；彩版二一，1）。

铁剑 1件。M29:11，出土时锈蚀严重，柄、格等部位均残，剑身碎裂，残长约1米。

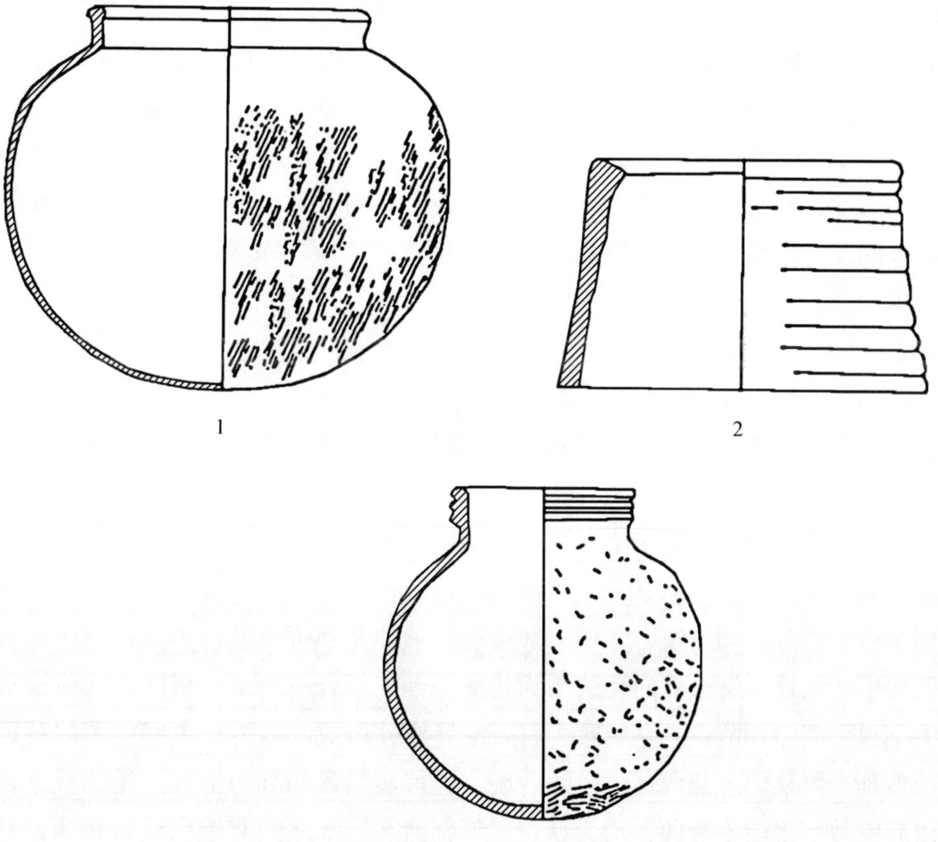

图二九 M29出土陶器

1、3. 罐（M29:4、M29:14） 2. 井（M29:12）

第三章　东汉时期墓葬

第一节　东汉时期墓葬概况

杜辛庄遗址共发现8座东汉时期的墓葬，这些墓葬均发现于东区（图三〇）。大致位于南北长约90米，东西宽约70米的范围内，南部数量较少，仅M2、M9两座，其余6座集中于北部。北部的6座墓葬，又可分为两组，即M3、M4、M5一组和M10、M12、M13一组，两组之间被东汉时期的砖窑隔开，这些砖窑大致占据了东西近40米宽的空间。两组墓葬的方向均大致向南，或略有偏差。第一组中的M4、M5两座墓葬并列而葬，形制、规模近似，间距不足2米（彩版八，3）；第二组3座墓葬距离均较近，M12墓道前端距M13后室后壁亦不足2米。这些距离较近的墓葬，其中所葬墓主之间应该有较为密切的关系。这种墓葬形制、规模近似、方向近似、墓葬间距较近的现象，广泛见于北京地区以往发现的东汉时期的墓地中①，是一个值得注意的现象。

8座东汉时期的墓葬构筑形式近似，均是先就生土挖出竖穴墓坑，然后在墓坑内用砖砌筑墓室。7座墓葬的平面形制近似“刀”形，一般由墓道、墓门、墓室三部分组成，墓道平面近似长方形，多数墓道底部为长斜坡，斜坡的前端或残存少数台阶，也有少量的墓道为竖槽形；墓门均开于墓室前壁，连接墓道后端，据保存情况略好的墓门来看，这些墓门均为拱形券顶；墓室的平面形制均为长方形，由于早期的破坏，这些墓室的顶部均未保存下来，从北京地区发现的同时期的墓葬来看，类似的墓葬均为拱形券顶，据此推测这批墓葬也均为拱形券顶；墓室的墙壁均用平砖和立砖相间砌筑，墓壁上部接近券顶的基部可能就不再使用立砖；墓室底部均用一层或两层平砖铺地，铺地砖的砌法均为错缝平铺。另外一座墓（M13）为前横室后接双室的墓葬，由墓道、墓门、前室、左后室、右后室等部分组成，墓道与单室墓葬的墓道近似，墓门亦为拱形券顶，但墓门上部残存较矮的砖墙，这可能是最初墓门上部门楼的残迹；前室为横长方形，双后室并列于前室后部，均为纵长方形，前、后室之间有短的甬道相通，墓壁、铺底砖的砌筑方式与单室墓葬近似。

东汉时期的墓葬中，单室砖室墓的规模近似，长度为6.16~9.75米，墓室的宽度为1.24~2.27米，多室墓的规模则较单室墓大出许多，长度达11.2米，最大宽度为5.6米。这

---

① 这类现象见于北京市顺义区田各庄、房山区南正村、岩上村东汉时期的墓地，参见李建林：《北京顺义田各庄汉墓发掘简报》，《北京文博》1999年4期；北京市文物研究所：《北京段考古发掘报告集》，科学出版社，2008年；北京市文物研究所：《房山南正遗址》，科学出版社，2008年。

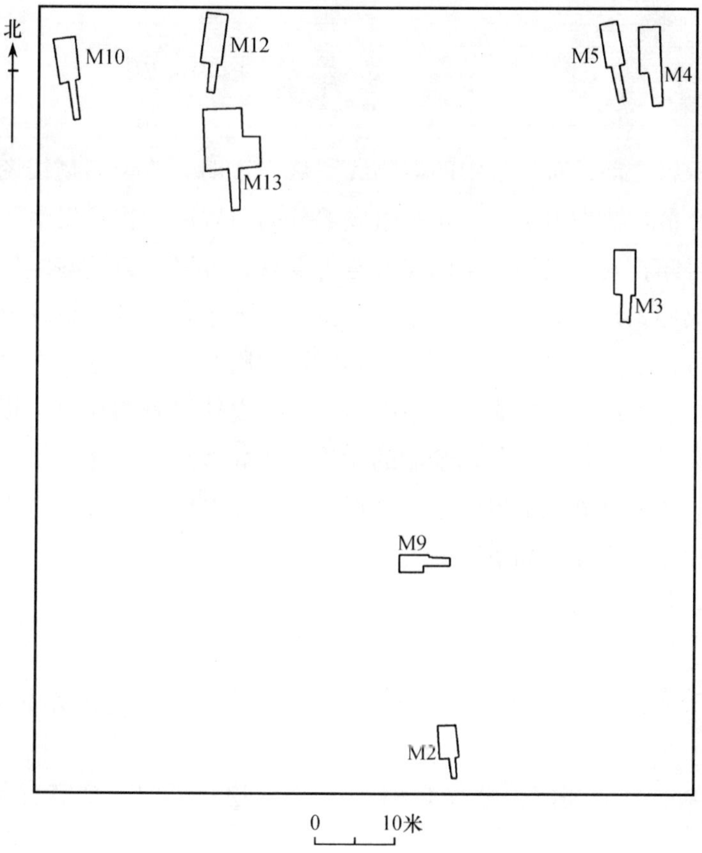

图三〇　东汉时期墓葬布局

种规模的东汉时期的墓葬，在北京地区已发现较多。

东汉时期的墓葬，破坏均较为严重，这些破坏活动或许包括早期的盗扰和后期的土地翻整，所以这批墓葬所反映的丧葬习俗，均已支离破碎。发掘清理时，所有的墓室内均填满了碎砖和杂土，这些碎砖可能为墓顶和墓壁坍塌所致。墓内所葬死者的骨架很少能够完整地保存下来，仅有少量墓室内可以依稀看到少量骨骼的腐朽痕迹，所以关于墓内埋葬人数、所使用的葬具、墓主的性别、年龄等信息，均不可得而知。大部分的随葬品出土时均已破碎，最初摆放的位置应该也有不同程度的偏移。

8座东汉墓葬出土了总计125件器物（各墓葬出土铜钱以1件计），这仅是就可复原的器物以及可以看出器型的残片进行的粗略的统计，可以推测，下葬之初的随葬品数量应该会较我们今天所能看到的随葬品要多出许多。清理出来的随葬器物中，除铜钱一类铜器之外，绝大部分为各类陶器。铜钱数量较少，这自然与墓葬受到破坏有关。陶器的器类繁多，总体来看可以大致分为三类，第一类为仿现实生活的场景，如仓、灶、井、猪圈、厕所，陶灶上多有与之配套的釜、甑、小陶盆等，而猪圈内则做出一个或多个陶猪俑，少量的陶支架和鸟俑似乎也可以归入此类；第二类为饮食器具类，如耳杯、盘、盆、案、樽、盒、壶等；第三类为生活用具类，以灯、罐为主，大型的陶灯结构复杂，造型奇特，工艺精致。

第二节　墓葬资料介绍

在介绍具体的资料之前，对报告中的器物线图略作说明。关于器物线图，一部分器物由多个部分组成，但是在最初清理出土时，各个组成部分的位置由于扰动发生了偏移，其最初下葬的组成形式就无从得知，现在我们根据以往的考古发现，可以知道这些组件大致属于某一个种器物，但其具体组成形式则不能确定，对于这种情况，本报告对各个组件分别进行了编号，这部分器物的线图也分别绘制，未逐个复原。比如猪圈和厕所，北京地区东汉时期墓葬中出土的猪圈和厕所一般为上、下组合，厕所位于猪圈的上部，以往发表的材料中很多将二者的线图绘于一图，本报告采取了将二者线图分别绘制的做法；再如陶灯，灯体包括多节，最多者可能包括4节，由于出土时各节分离，本报告中也分别予以编号并分别绘图。

墓葬资料按照编号顺序介绍如下。

1. M2

位于该发掘区的东南部。方向185°。开口于①层下。顶部已被破坏。墓口距地表深0.3米，墓底距地表深1.5米。

刀形单室砖室墓，坐北朝南，总长6.84米，由墓道、墓门、墓室三部分组成（图三一；彩版八，1）。

墓道：位于墓门的南部，北端开口于墓室南壁偏东，墓道东壁距墓室东壁约0.34米。平面近长方形，竖井式，东西两壁竖直，底部平整。南北长2.66米，东西宽0.8米，深1.26米。墓道内填花土，土质较硬，含残砖块等。

墓门：位于墓室的南部，呈长方形，顶部已完全破坏无存。门宽0.8米，进深0.3米，残高0.96米。于门外墓道末端设东西向封门墙一道，封门墙下部保存完好，上部则受到严重的破坏，宽0.82米，厚0.3米，残高0.9米。封门墙残存部分的下部用青砖两顺一丁砌就，中部则用青砖一顺一丁砌就，顶部残存两层平砖。

墓室：位于墓门北部，平面呈长方形，顶部已完全破坏，仅存墓室四壁下半部，残存高度为0.48～0.96米。墓室南北长3.5米，东西宽1.6～1.64米。从残墓壁来看，四壁均用青砖两顺一丁砌就；墓室内用砖铺地，砖地用青砖和残砖块错缝平砌一层。

在清理过程中，仅发现一个头骨及少量肢骨，较集中地堆于墓室的西北角，不能判断是否属于一个个体，最初的葬式不明；墓室内未发现葬具痕迹。内填花土，土质较硬，清理出较多的残砖块，当为墓顶、墓壁遭到破坏时倒落于墓室内的。

砌筑封门、墓室所用青砖规格近似，一般长0.29～0.3米，宽0.135～0.14米，厚0.05～0.055米，砖质坚硬，烧制火候较高，部分砖面上饰席纹及素面砖。墓室四壁、铺地砖中夹杂少量红砖，砖质较软，烧制火候相当低。已遭破坏的封门砖、墓壁内发现刻有“五”字的砖（图版六，1）。

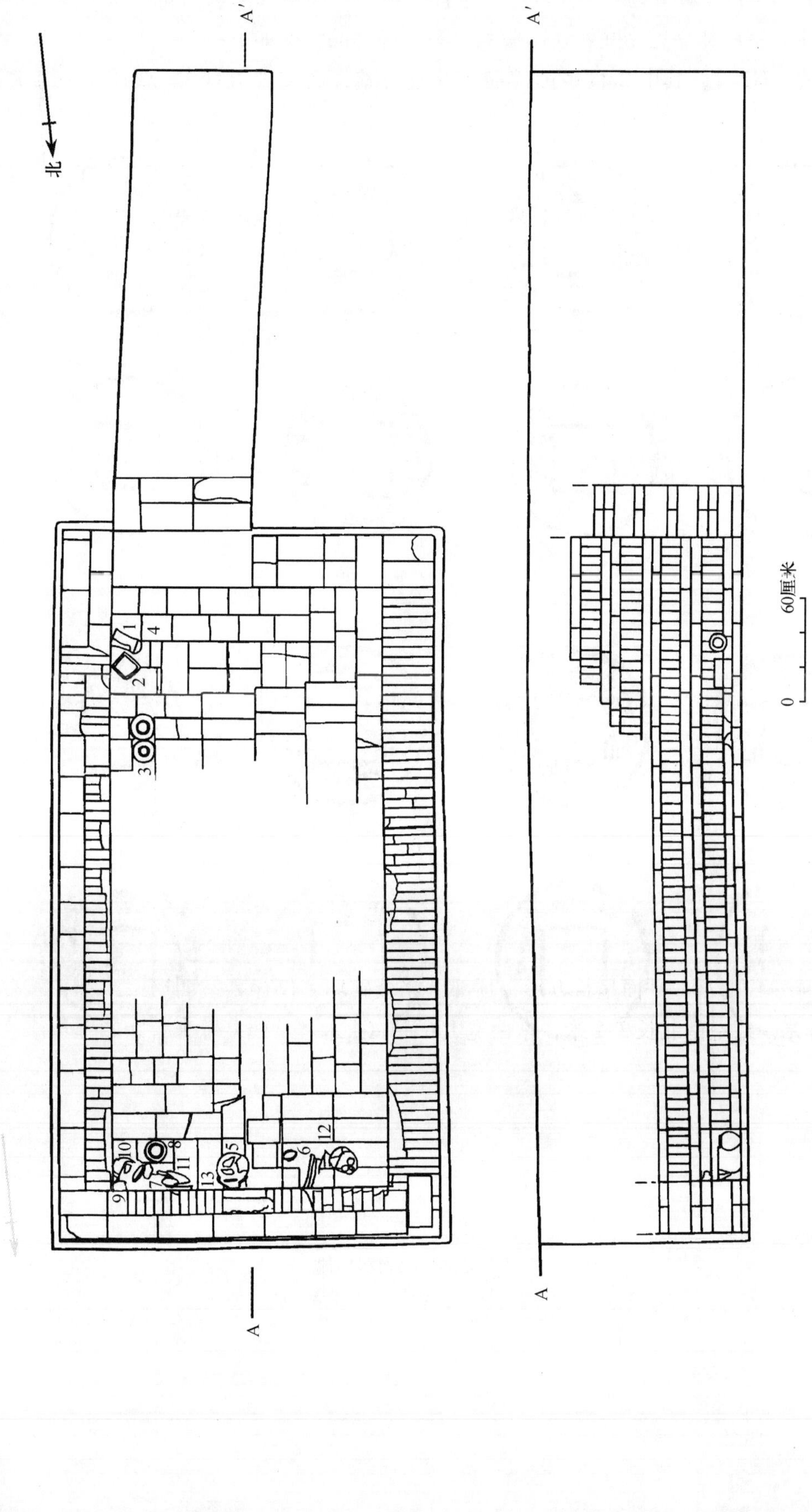

图三一　M2平、剖面图

1. 铜钱　2. 陶猪圈　3. 陶灶　4. 陶厕所　5. 陶樽　6、13. 陶耳环　7. 陶案　8、10. 陶罐　9. 小陶盆　11. 陶釜　12. 陶井墓室内清理出随葬品总计 18 件，包括铜钱 3 枚，陶猪圈 1 件、厕所 1 件、灶 1 件、樽 1 件、耳杯 5 件、盘 1 件、罐 2 件、釜 2 件、井 1 件，猪圈、厕所和陶灶出土于墓室东南角，其余器物均出土于墓室后部靠近北壁处（图版六，2）。随葬品情况如下：

铜钱　3 枚。M2∶1，其中 2 枚锈蚀碎裂，一枚完整，面文“五铢”。直径 2.5 厘米（图三二，1）。

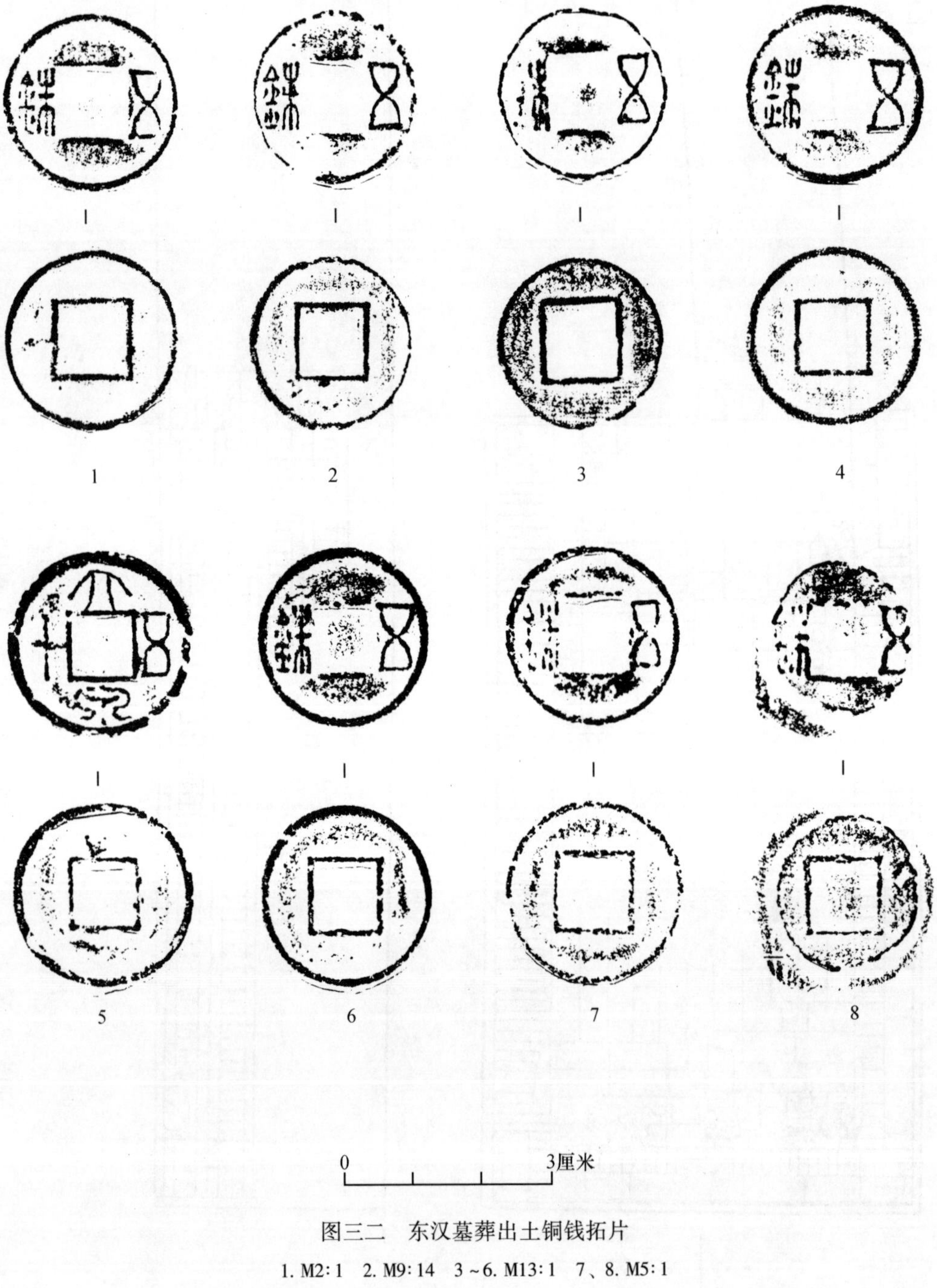

图三二　东汉墓葬出土铜钱拓片

1. M2∶1　2. M9∶14　3～6. M13∶1　7、8. M5∶1

陶猪圈 1件。M2:2，泥质灰陶，通体为方形，口小底大，四面围墙，中部略偏于一侧有柱，柱上端平折向临近的围墙方向，应为支撑上部的厕所所用；墙外一侧有斜梯，亦应为通上部厕所所用。高7.6厘米，上口边长16～17.6厘米，底部边长16.6～16.8厘米（图三三，4；图版四七，1）。

陶厕所 1件。M2:4，泥质灰陶，窟隆顶，略束腰，前方开方形门，两侧及背面有3个三角形镂孔，平底，底部有长椭圆形孔通下部猪圈。高17.4厘米，底径13.6厘米（图三三，1；彩版二三，1、2）。

陶灶 1件。M2:3，泥质灰褐陶，整体近梯形，四角均为圆角，四壁竖直或斜直，前端开一个方形火门，火门上部有向上翘起的挡火沿，灶面上开2个圆形火眼，后端无烟囱。高8.4

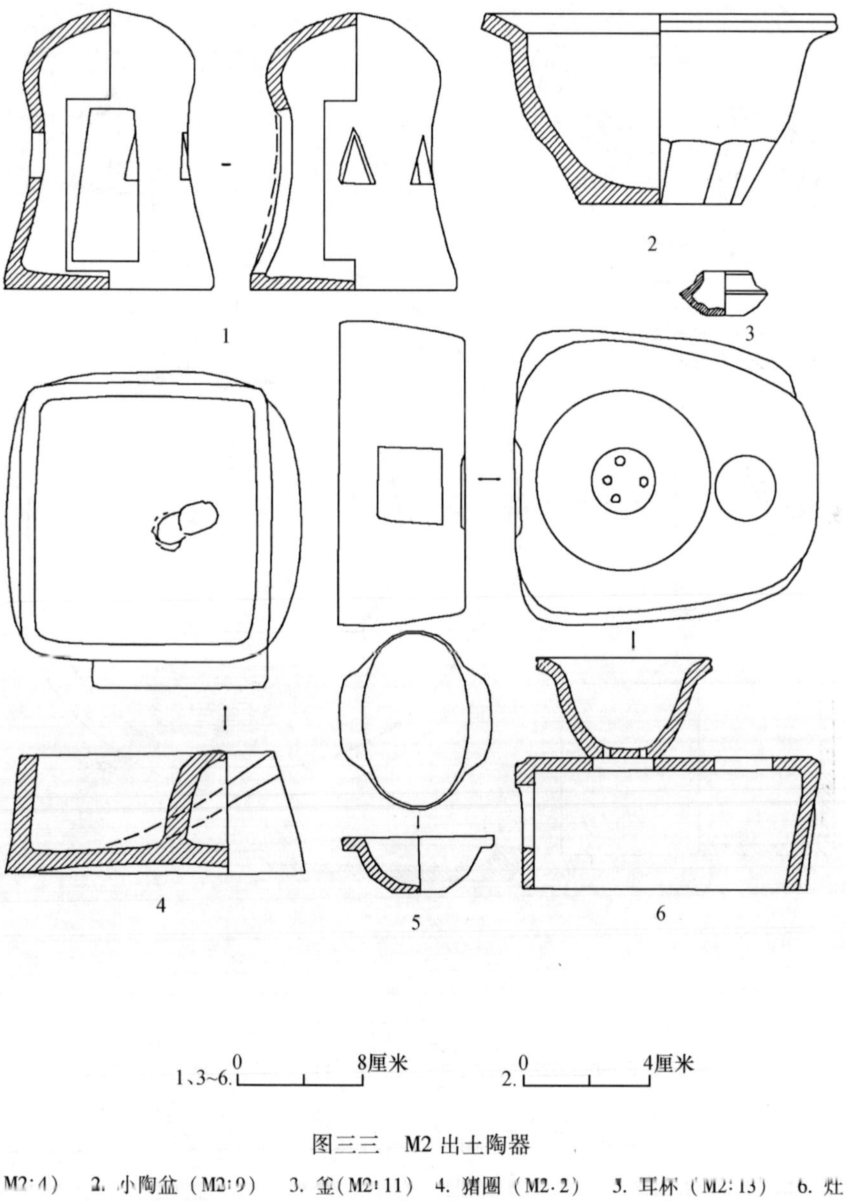

图三三 M2出土陶器

1 厕所（M2:4） 2. 小陶盆（M2:9） 3. 釜（M2:11） 4. 猪圈（M2:2） 5. 耳杯（M2:13） 6. 灶（M2:3）

厘米，长19.6厘米，宽17.2厘米（图三三，6；彩版二二，1）。

陶樽　1件。M2:5，泥质灰陶，圆腹直壁，平底，底下三矮足。通高13.1厘米，直径18厘米（图三四，5）。

陶耳杯　5件。M2:6，长11.2厘米，宽8.4厘米，高3.3厘米（图三四，2）；M2:13，长11.2厘米，宽9.6厘米，高3.5厘米（图三三，5）。

陶案　1件。M2:7，泥制灰陶，浅腹，平底，内底饰三周水波纹宽带。高2.4厘米，口径34.4厘米，底径32.8厘米（图三四，6；彩版二五，1）。

陶罐　2件。M2:8，泥质灰陶，直口，方唇，矮直领，圆肩，斜腹略显瘦高，腹中部饰三

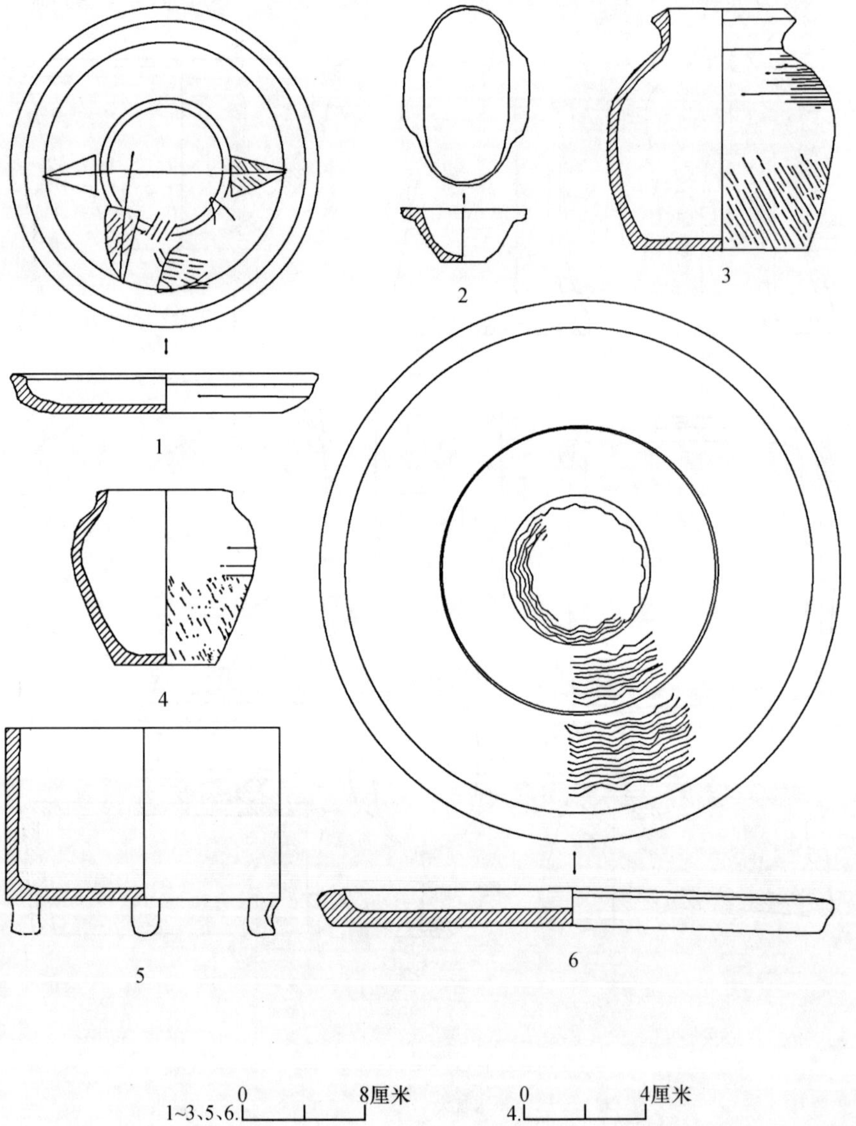

图三四　M2出土陶器

1. 盘（填土出）　2. 耳杯（M2:6）　3、4. 罐（M2:10、M2:8）　5. 樽（M2:5）　6. 案（M2:7）

周略浅的凹弦纹，下腹部饰交错绳纹，平底。通高 11.2 厘米，口径 9.1 厘米，最大腹径 12.2 厘米，底径 7 厘米（图三四，4；图版四八，2）。M2∶10，侈口，外翻唇，束颈，圆肩，腹部微鼓，平底，肩上有轮制痕迹。通高 15.4 厘米，口径 9.6 厘米，最大腹径 15 厘米，底径 11.6 厘米（图三四，3；彩版二六，6）。

小陶盆　1 件。M2∶9，斜折沿，斜弧腹，平底，下腹部有宽刀削痕迹。高 6 厘米，口径 11.6 厘米，底径 5.4 厘米（图三三，2；图版四三，1）。

陶釜　1 件。M2∶11，小口尖唇，矮直领，折肩，斜腹，平底。高 28 厘米，口径 5.4 厘米，最大腹径 7.6 厘米，底径 2.8 厘米（图三三，3）。

陶井　1 件。M2∶12，残碎未能复原，据残片推测其为窄折沿、直筒形腹。

另外，墓室上部填土内出土一件陶盘，出土时已残，据残存部分看，该盘浅腹，平底，内底阴刻叶形纹饰。高 2.6 厘米，口径 20.6 厘米，底径 15.6 厘米（图三四，1；图版四五，1）。

2. M3

“刀”形单室砖室墓，位于该发掘区的东部。方向 200°。开口于①层下。墓口距地表深 0.4 米，墓底距地表深 1.4 米。通长 7.62 米，由墓道、墓门、墓室两部分组成。该墓盗扰严重，墓室部分仅残存少量墓壁（图三五；彩版八，2）。

墓道：位于墓室的南部，北端开口于墓室南壁偏东侧，墓道东壁距墓室东壁约 0.34 米。墓道平面近长方形，长 2.86 米，宽 0.8～0.96 米，深 1 米，东西两壁竖直，底部南部呈斜坡状，坡长 1.6 米，斜度为 39°，北部至墓门前为平底，长 0.8 米。墓道内填花土，土质较硬，含残砖块等。

墓门：位于墓道北部，封门墙建于墓门外墓道北端，上部已完全破坏，仅存墙基底层平砖，长 0.6 米，厚 0.3 米，残高 0.055 米。

墓室：位于墓道的北部，平面呈长方形，长 4.08 米，宽 1.66 米，大部分已被破坏，仅残存四壁底层墙基，东西两壁仅存一层平砖，错缝平砌，残高 0.055 米，北壁残存两层平砖，亦错缝平砌，残高 0.12 米。墓室底部未发现铺地砖，或已全部破坏。

在清理过程中，未发现人骨架及葬具痕迹，故葬式葬具不清；亦未发现任何随葬品。内填花土，土质较硬，包含一些砖块，当系墓葬遭到破坏时倒落。

封门、墓室所用皆青灰色砖，砖质均坚硬，烧制火候较高，用砖规格近似，一般长 0.29～0.3 米，宽 0.14～0.15 米，厚 0.05～0.055 米。

3. M4

刀形单室砖室墓，位于该发掘区的东北部。方向 185°。开口于①层下。墓口距地表深 1 米，墓底距地表深约 2.57 米。通长 8.2 米，由墓道、墓门、墓室三部分组成（图三六；彩版九，1）。

墓道：位于墓门的南部，北端开口于墓室南壁中部偏东侧，墓道东部距墓室东壁约 0.35 米。平面近长方形，东西两壁竖直，底部呈斜坡状，南北长 2.85 米，南端宽 0.78 米，北端宽

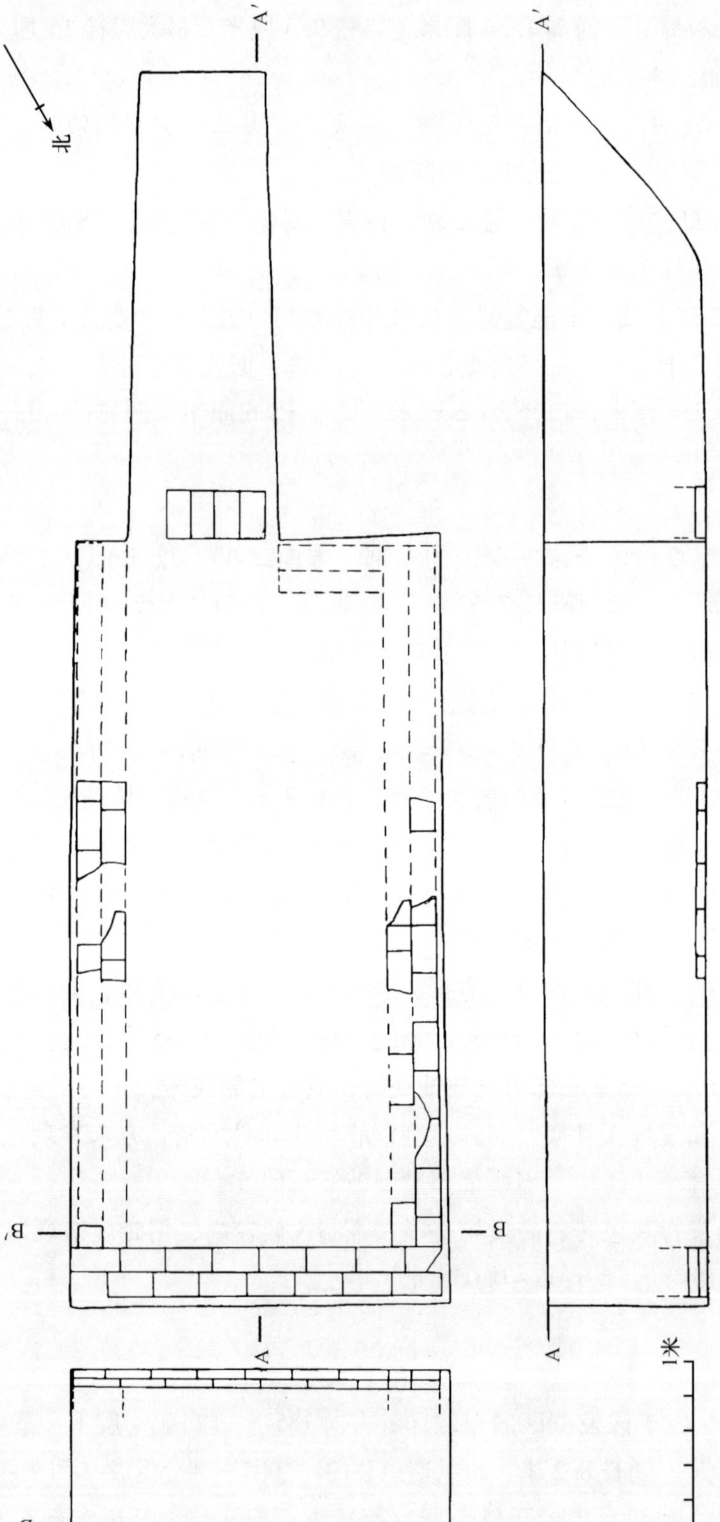

图三五　M3 平、剖面图

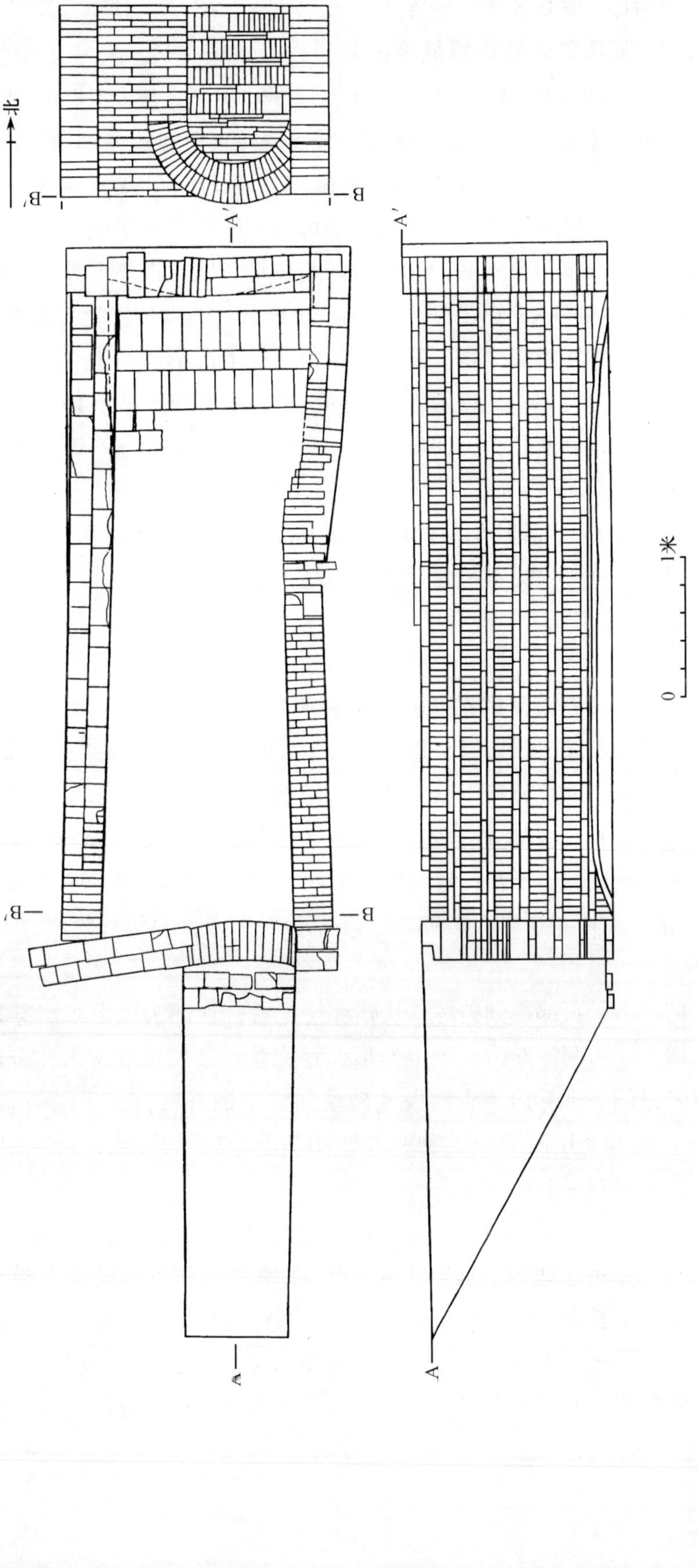

图三六　M4平、剖面图

0.85米，北端坡底接墓门处深1.46米。在墓道底部墓门前用青砖残块东西向错缝平铺两行砖，形成宽约0.4米的平底。墓道内填花土，土质较硬。

墓门：位于墓室的南部，宽0.8米，进深0.3米，存高1.48米。顶部为拱形双层券，门内用青砖封门，券顶内用青砖和青砖残块错缝平铺六层，下部用青砖一顺一丁砌筑四层（图版七，1）。砌筑墓门所用砖一般长0.28~0.3米，宽0.13~0.15米，厚0.04~0.06米。

墓室：位于墓门北部，平面呈长方形，顶部已尽数破坏完毕，残存四壁。由于外部挤压，墓室东壁、南壁向内凸变形，北壁稍有变形，唯南壁保存较好。墓室南北长5.34米，宽2.05~2.12米，残高0.9~1.57米。东、西、北三壁均用青砖两顺一丁砌筑；南壁用青砖错缝平砌。墓室底部用砖铺地，发掘时墓室底中间部位鼓起变形，四周近墓壁处则下凹，与中部相比形成近0.16米的落差，这种现象当系因为四壁的下沉所致。铺地砖前半部用青砖以及残砖块无规律错缝平铺一层，后半部用青砖一横一竖平铺，因四壁下沉造成的中部凸起致使铺地砖多处裂缝、翘起，略显杂乱。墓室填杂土以及大量残碎砖块，后者当系墓室顶部遭到破坏时倒落留下来的。砌筑墓室四壁均用青灰色砖，砖质坚硬，烧制火候较高，墓室铺地砖大部分亦是青灰色砖，但其间亦夹杂少量红砖，红砖质较软，烧制火候低。墓室四壁、铺地用砖规格近似，一般长0.29~0.3米，宽0.14~0.15米，厚0.04~0.06米。

墓室内未发现人骨架，亦未见葬具痕迹以及随葬品。

4. M5

刀形单室砖室墓，位于该发掘区的东北部，东邻M4。方向183°。开口于①层下。墓口距地表深1米。通长9.6米，由墓道、墓门、墓室三部分组成（图三七；彩版九，2）。

墓道：位于墓门的南部，北端开口于墓室南壁中部偏东侧，墓道东壁距墓室东壁0.28米。平面近长方形，东西两壁竖直，底部分三段，南段为斜坡状，斜坡长2.58米，斜度30°，中段底部平整，长1.5米，北段底部亦平整，唯较中段低0.16米，与墓室内铺地砖面齐平，长0.5米。墓道南北长4.27米，东西宽0.90~0.98米，中部深0.1米，北部墓门前深1.37米。墓道内填花土，土质较硬。

墓门：位于墓室的南部，顶部遭到破坏，从残存情况看，顶部为拱形双层券顶，发掘时上层券顶已塌落，仅残留东、西两侧券砖，下层券顶保存完整。墓门宽0.9米，进深0.3米，存高1.4米。门内用青砖封门，拱券内用青砖及残砖块错缝平铺五层，其下以两顺一丁砌一层，中部一顺一丁砌三层，底部又用两顺一丁砌一层（图版七，2；图版八，1）。用砖规格近似，一般长0.28~0.3米，宽0.14~0.15米，厚0.05米。

墓室：位于墓门北部，平面呈长方形，顶部已破坏完毕，残留四壁，南北长5.33米，宽2.27米，四壁均用青砖两顺一丁砌筑，残高1.43米。墓室底部用青砖两纵两横平铺一层。墓室北部紧贴北壁处砌出一个长方形台，东西长1.67米，宽0.52米，较墓室内铺地砖平面高出0.06米，方台南北两侧用单砖东西向平铺一层，中间用单砖南北向平铺一层。

墓室中部残存有木棺痕，皆腐朽成灰，据其痕迹可辨为两具棺，皆南北向，东西并列放置

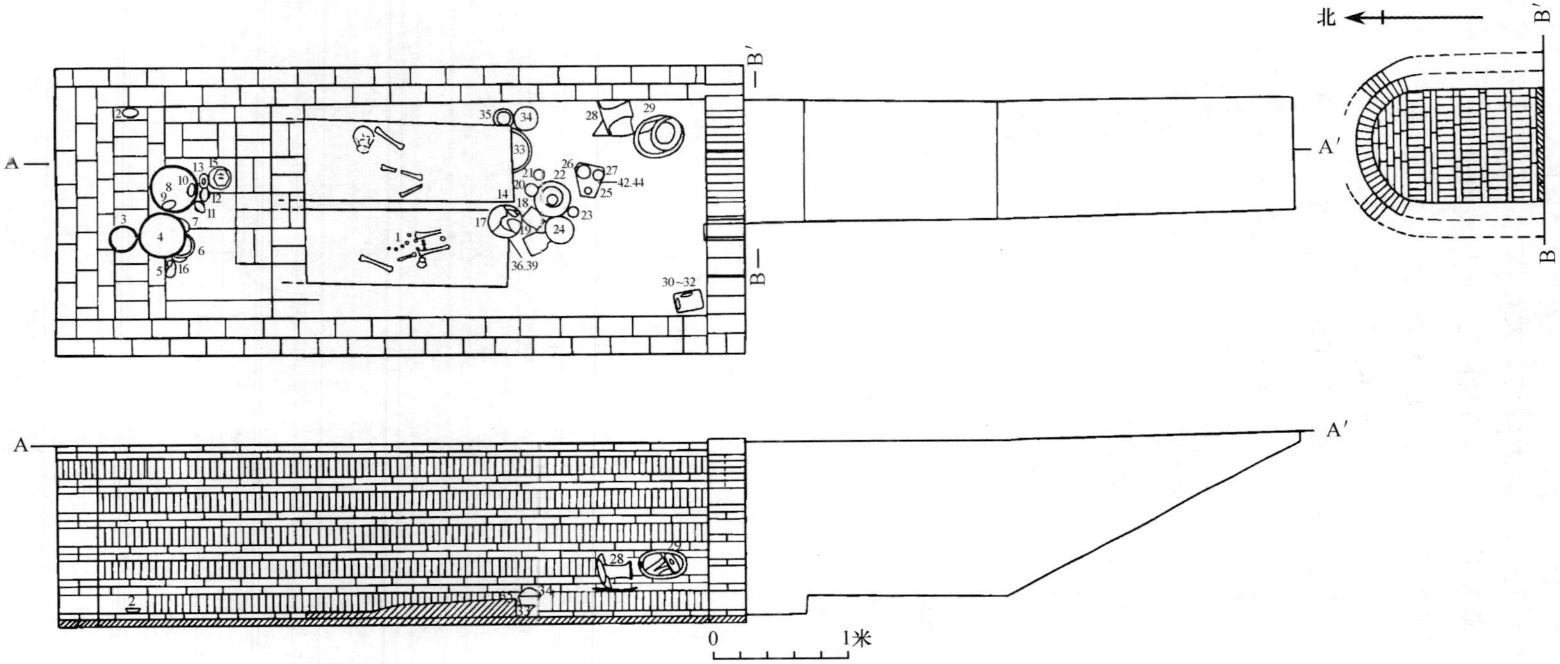

图三七　M5平、剖面图

1. 铜钱　2、5、7、9、10、12、13、16、37、38、45. 耳杯　3、6. 陶盘　4、8. 陶案　11. 陶井　14、18、35、41、43. 灰陶罐　15. 陶樽　17. 红陶罐　19. 陶扁壶　20、21、23、26、27. 陶釜　22、28、29、46. 陶灯　24、34、40. 陶仓　25. 陶灶　30. 陶猪圈　31、32. 陶俑　33. 陶盆　36. 陶架　39. 鸟俑　42. 陶甑　44. 鸟首小盘

于墓室中部。两棺北部已被破坏仅存其南部。东棺残长 1.62 米，宽 0.6 ~ 0.63 米；西棺残长 1.57 米，宽 0.58 ~ 0.60 米。西棺内残存少量肢骨，出土时比较零乱，墓主葬式不明；东棺内清理出一个人头骨以及少量骨屑，头骨出土时枕骨大孔朝上，完全倒置。棺底距墓室底部 0.06 ~ 0.13 米铺有一层白灰。墓室内填杂花土和残砖块，土质较硬。

墓室、方台、铺地砖均呈青灰色，砖质坚硬，烧制火候较高。所用砖规格近似，一般长 0.28 ~ 0.3 米，宽 0.13 ~ 0.15 米，厚 0.05 ~ 0.06 米。

墓室内清理出随葬品 51 件，包括铜钱 8 枚，陶耳杯 11 件、案 2 件、盘 2 件、盆 1 件、樽 1 件、罐 6 件、扁壶 1 件、灶 1 件、甑 1 件、鸟首小盘 1 件、釜 5 件、猪圈 1 件、仓 3 件、井 1 件、架 1 件、鸟俑 1 件、灯 4 件，盘、案、耳杯、樽等器类均出土于墓室后部造近北壁处（彩版一〇，1），铜钱散置于墓室中部墓主骨架之间，猪圈单独出于墓室西南角，其余陶器如仓、灶、井、灯等均出于墓门后墓室的南部，略靠近残存的木棺痕迹（图版八，2；图版九；图版一〇，1）。随葬品的具体情况如下：

铜钱　8 枚。M5∶1，多数锈蚀碎裂，2 枚完整，面文均为“五铢”，一枚直径 2.6 厘米，一枚为剪轮五铢，剪边不规则，直径 2 ~ 2.2 厘米（图三二，7、8）。

陶耳杯　11 件。质地、形制近似，均为泥质灰陶，椭圆体。M5∶2，窄长耳，耳面有凹槽，斜腹，矮圈足。高 4.2 厘米，长 14.2 厘米，宽 10.5 厘米（图三八，1）。M5∶7，窄长耳，耳面有一道凹槽，斜腹，平底略内凹。高 4.2 厘米，长 14 厘米，宽 10.5 厘米（图三八，2；彩版

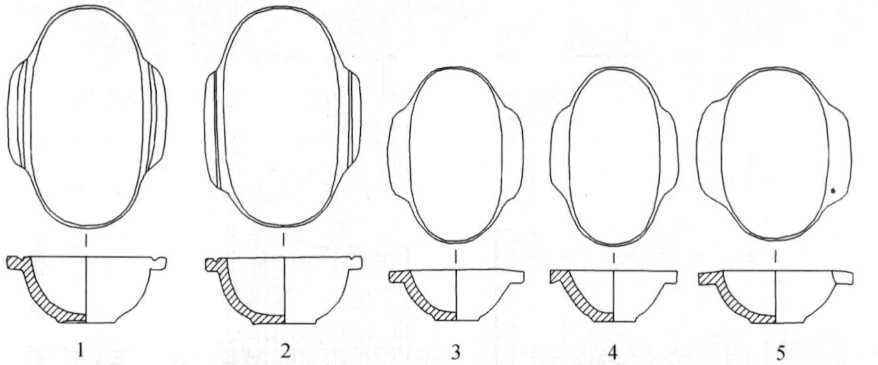

图三八　M5 出土陶耳杯

1. M5∶2　2. M5∶7　3. M5∶9　4. M5∶10　5. M5∶12　6. M5∶13　7. M5∶16　8. M5∶37　9. M5∶38　10. M5∶45

二四，1）。M5∶9，高3.5厘米，长11.3厘米，宽10厘米（图三八，3；彩版二四，2）。M5∶10，高3.2厘米，长11.5厘米，宽8.5厘米（图三八，4；彩版二四，3）。M5∶12，高3.3厘米，长11.1厘米，宽10.2厘米（图三八，5；彩版二四，4）。M5∶13，高3.2厘米，长11.3厘米，宽8.6厘米（图三八，6；彩版二四，5）。M5∶16，窄长耳，耳面有一道凹槽，斜腹，平底，高3.2厘米，长11.6厘米，宽8.8厘米（图三八，7；彩版二四，6）。M5∶37，长11.5厘米，宽8.4厘米，高3.2厘米（图三八，8；图版四〇，1）。M5∶38，高3.2厘米，长11.2厘米，宽8.4厘米（图三八，9；图版四〇，2）。M5∶45，长11.5厘米，宽8.2厘米，高3.2厘米（图三八，10；图版四〇，3）。

陶案　2件。M5∶4，泥质灰陶，浅腹，平底，底下有三矮足，内底饰多周弦纹及两周水波纹带。高3～3.8厘米，口径35厘米（图三九，1；彩版二五，2）。M5∶8，泥质灰陶，浅腹，平底，底下三矮足，内底饰多周弦纹及两周水波纹带。高3.8厘米，口径36.4厘米（图三九，2；彩版二五，3）。

陶盘　2件。M5∶3，泥质灰陶，方唇，微折沿，浅斜腹，平底，口沿上周饰水波纹宽带。通高3.8厘米，口径21.1厘米，底径12.4厘米（图三九，6；图版四五，2）。M5∶6，泥质灰陶，斜折沿，沿面饰一周水波宽带纹，浅腹，平底，内底中部微起一周突棱。高3.5厘米，口径21厘米，底径12.4厘米（图三九，5；图版四五，3）。

陶盆　1件。M5∶33，泥质灰陶，宽折沿，沿面饰一周水波纹宽带，腹略深，中部微折壁，平底略内凹。通高9.4厘米，口径33.4厘米，底径18.8厘米（图三九，4；图版四四，2）。

陶樽　1件。M5∶15，泥质灰陶，圆体，直口，腹壁竖直，平底，底下有三矮足，颈下施一周水波纹带。通高11.5厘米，口径19.6厘米（图三九，3；彩版二六，2）。

灰陶罐　5件。M5∶14，泥质灰陶，侈口，外翻唇，束颈，圆肩，下腹微鼓，平底，通体素面无纹饰。通高16.4厘米，口径11.5厘米，最大腹径15.2厘米，底径11.6厘米（图四〇，1；彩版二七，1）。M5∶18，泥质灰陶，侈口，唇外翻，唇面略凹，束颈，肩上有明显的轮制痕迹，圆腹，下腹斜收，平底略内凹。通高16.4厘米，口径10.2～11.6厘米，最大腹径15.4厘米，底径12.4厘米（图四〇，2；彩版二七，2）。M5∶35，泥质灰陶，整体矮扁，侈口，唇面微凹，束颈，微鼓腹，平底略内凹。通高15厘米，口径10.4～11.6厘米，最大腹径15.2厘米，底径13.6厘米（图四〇，4；彩版二七，3）。M5∶41，侈口，方唇，束颈，腹微鼓，腹中部外壁饰多周突棱，平底。通高16.8厘米，口径12.2厘米，最大腹径16.2厘米，底径13.2厘米（图四〇，3；彩版二七，4）。M5∶43，泥质灰陶，侈口，外翻唇，唇面略内凹，束颈，腹微鼓，腹上部饰多周浅突棱，平底。通高16.4厘米，口径11.6厘米，最大腹径15.6厘米，底径12.6厘米（图四〇，5；彩版二七，5）。

红陶罐　1件。M5∶17，夹云母红陶，宽折沿，近直口，叠唇，束颈，圆肩，鼓腹，腹部有明显轮制痕迹，平底。通高21厘米，口径11.5厘米，最大腹径24.4厘米，底径7.4厘米（图四〇，6）。

陶扁壶　1件。M5∶19，泥质灰陶，圆口，矮直领，扁腹，两侧肩上各一纽，平底，底下

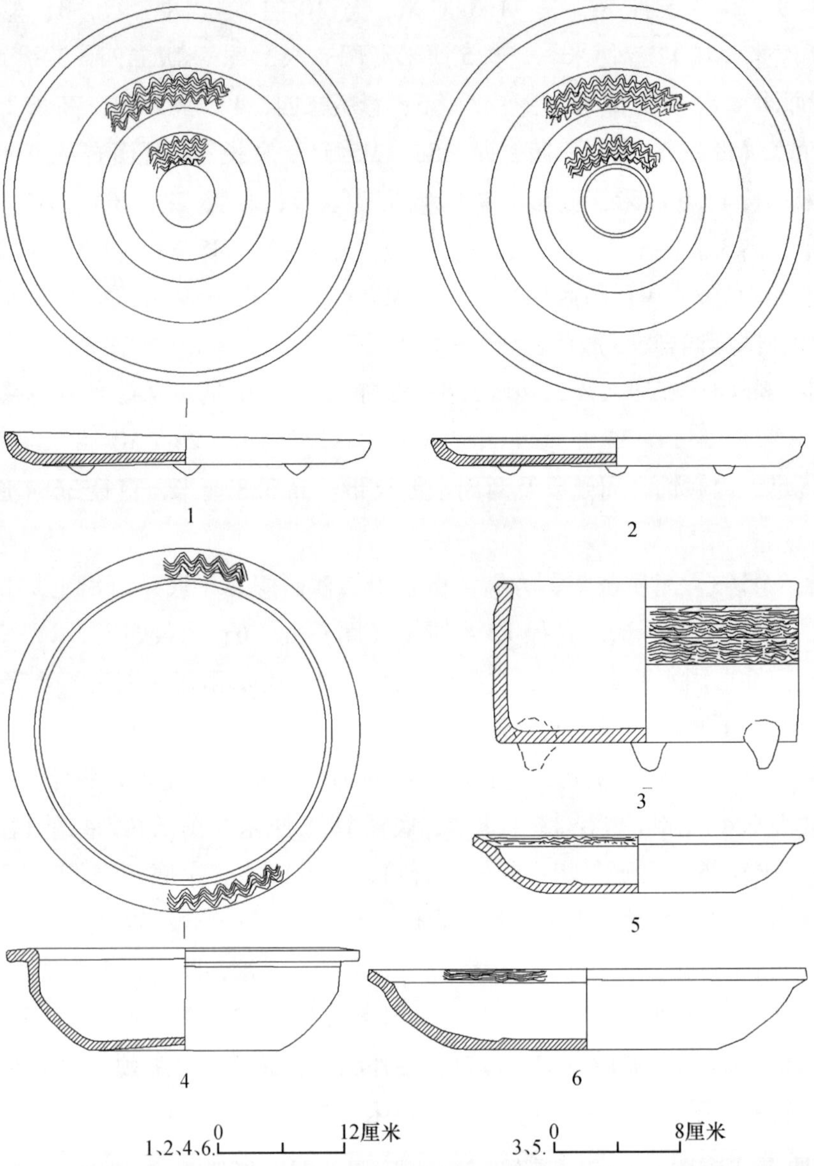

图三九　M5 出土陶器

1、2. 案（M5:4、M5:8）　3. 樽（M5:15）　4. 盆（M5:33）　5、6. 盘（M5:6、M5:3）

有四个乳钉形矮足。通高 20. 2 厘米，宽 19. 4 厘米，厚 13. 6 厘米（图四〇，7；彩版二六，1）。

陶灶　1 件。M5:25，平面近梯形，前宽后窄，四壁竖直或斜直；前端开方形火门，火门下端及地，上端有上翘的挡火沿；后端开有圆形烟囱；灶面平整，开有三个火眼，上面置有釜、小陶盆等炊具。灶面、侧壁等部位均饰以同心圆纹饰。通高 8. 5 ~ 8. 7 厘米，长 26. 8 厘米，宽 8. 8 ~ 25. 6 厘米（图四一，1；彩版二二，2）。

陶甑　1 件。M5:42，宽折沿，斜曲腹，平底，底有甑眼 8 个。高 6. 2 厘米，口径 13 厘米，底径 3. 8 厘米（图四一，3；图版四三，2）。

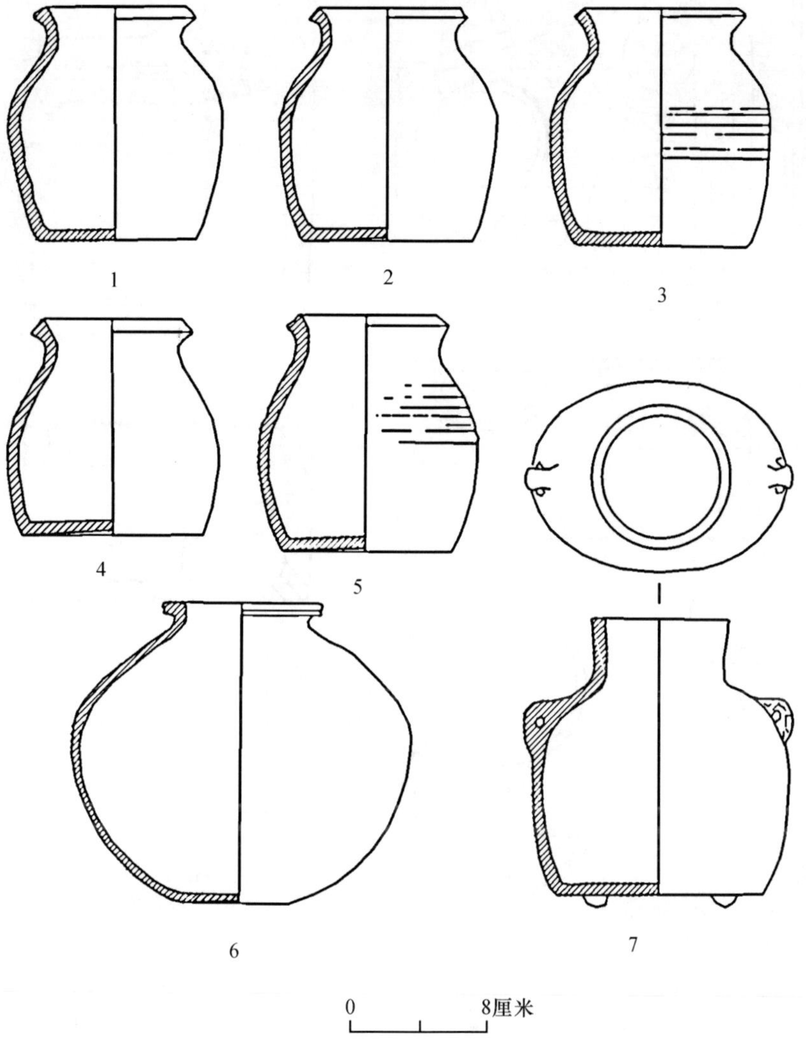

图四〇　M5出土陶器

1～5. 灰陶罐（M5∶14、M5∶18、M5∶41、M5∶35、M5∶43）　6. 红陶罐（M5∶17）　7. 扁壶（M5∶19）

鸟首小盘　1件。M5∶44，或许为灯盘，圆体，浅腹，平底，鸟首形柄。口径7.4厘米，通高7厘米（图四一，4；图版四七，6）。

陶釜　5件。M5∶20，泥质灰陶。敛口，方唇，浅腹折壁，小平底。通高3.6厘米，口径7.8厘米，最大腹径8厘米，底径2.4厘米（图四一，5；图版四二，2）。M5∶23，泥质灰陶。敛口，方唇，浅腹折壁，小平底。通高3.2厘米，口径7.8厘米，最大腹径8厘米，底径3.2厘米（图四一，6；图版四二，3）。

陶猪圈　1件。M5∶30，方形，四壁围墙，内部有两个陶猪俑，中间偏于一侧有一立柱，一侧壁外有斜梯。通高8.6厘米，长22.6厘米，宽17.8厘米（图四一，2；彩版二三，5）。

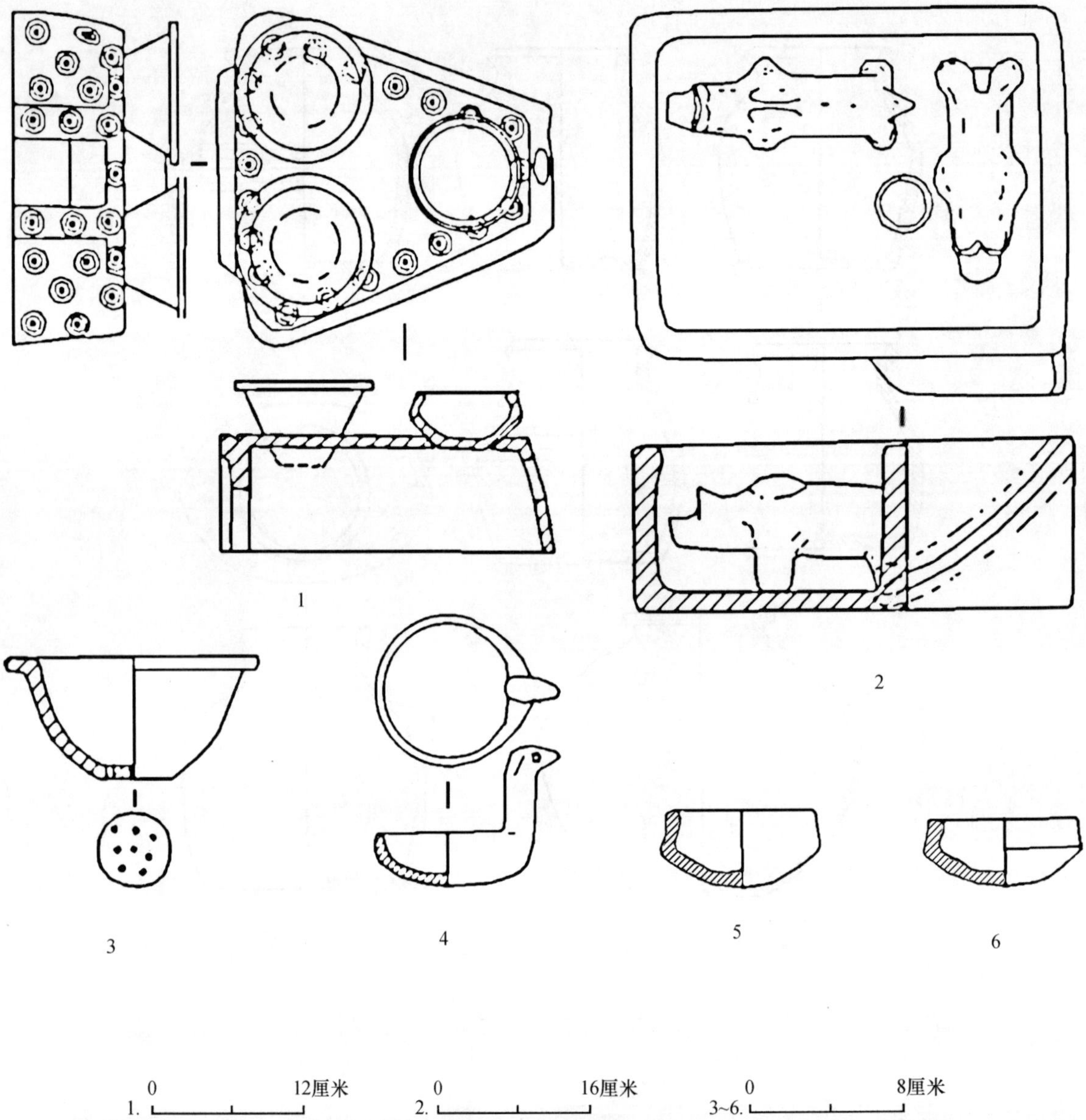

图四一　M5出土陶器

1. 灶（M5:25）　2. 猪圈（M5:30）　3. 甑（M5:42）　4. 鸟首盘（M5:44）　5、6. 釜（M5:20、M5:23）

陶猪俑　M5:31，泥质灰陶，捏塑。体高6厘米，长12.8厘米（图版四七，2）。

陶仓　3件。M5:24，通体圆形，上大下小，尖圆顶，三角形盖，盖上有长方形纽，仓体下部有圆形仓眼，平底略内凹。通高24.2厘米，顶部最大径20.2厘米，底径16.4厘米（图四二，1；彩版二一，5）。M5:34，与M5:24形制近似，通高23厘米，顶部最大径19.2厘米，底径16厘米（图四二，2；彩版二一，6）。M5:40，两面坡式顶，顶部模印出房脊和瓦垄，仓体为方体，上窄下宽，正面顶部靠中间的位置开有长方形仓眼，仓眼下部仓体满布纹饰，纹饰布局整体如“田”字形，最上部为两层由细方格组成的连续三角形纹及同心圆纹，中间为三竖一横细方格纹带，交错处各角分别有同心圆纹，最下部以一条细方格纹带镶边，通高 45.4 厘米，长 27 ~ 32.4 厘米，宽 16 厘米（图四二，5；图版四九，3）。

陶井　1 件。M5:11，通体圆形，中空，井台表面及侧面均有同心圆纹饰，井台下有三个支架作为支撑，井体为喇叭形。通高 17.8 厘米，直径 18.7 ~ 26.3 厘米（图四二，3；彩版二一，3）。

陶架　1 件。M5:36，上部为两端翘起的长方形平台，下部接粗柄，柄下端中空，通高 14 厘米（图四二，6；图版四七，3）。

陶鸟俑　1 件。M5:39，尾部已残，手工捏制，体下有圆孔，高 8.24 厘米，体长 8.12 厘米（图四二，4；图版四七，4）。

陶灯　4 件。M5:22，灯盘已失，仅存灯柱，圆体，中空，上部承灯盘处较细，下部环绕四周箍形突棱将柱体分为五层，上层有 3 个小圆孔，中间三层各有 3 个三角形镂孔，最下层饰多周凹弦纹，正面开方形孔。通高 41.8 厘米，底部最大径 31 厘米（图四三，4；图版四九，1）。M5:28，泥质灰陶，中心为主灯，灯盘侈口，浅腹，口径 17.2 厘米；灯盘下为灯柱，圆台形，中空，灯柱中部有一周突棱，上下各有三个圆形、三角形镂孔，等距离分布在柱体上；灯柱下接承盘，承盘宽折沿，浅腹，平底，底中心有大孔通灯柱，承盘口沿上附三个小灯盘及三件杂技俑，小灯盘和杂技俑间隔，近似等距离分布于承盘口沿上。通高 25.6 厘米，最大径 39.2 厘米，底径 24 厘米（图四三，1；彩版二七，6）。M5:29，泥质灰陶，中间为主灯，灯盘已失，仅存灯柱，灯柱中部略束腰，有圆箍形突棱，下部有三个三角形镂空；灯柱下接承盘，平折沿，浅腹，平底，底中心有圆孔通灯柱；口沿上附三个小灯盘和三个杂技俑，灯盘和俑相互间隔，等距离分布于口沿表面。通高 27.2 厘米，最大径 39.6 厘米，底径 23 厘米（图四三，2；彩版二八，1）。M5:46，与 M5:29 形制近似，通高 16.3 厘米，最大腹径 39.6 厘米，底径 24.6 厘米（图四三，3；彩版二八，2）。

5. M9

刀形单室砖室墓，位于该发掘区的东南部，南邻 M2。方向 95°。开口于①层下。墓口距地表深 0.4 米，墓底距地表约深 1.9 米。总长 6.9 米，由墓道、墓门、墓室三部分组成（图四四；彩版一〇，2）。

墓道：位于墓门的东部，西端开口于墓室东壁中部偏北，墓道北壁距墓室北壁约 0.3 米。平面近长方形，东西长 3.1 米，南北宽 1 米，深 1.9 米。南北两壁竖直，东部有三级台阶，由上至下第一级台阶宽 0.47 米，高 0.3 米；第二级台阶宽 0.38 米，高 0.28 米；第三级台阶宽 0.30 米，高 0.36 米，第三级台阶以西至墓门前为平底，长约 1.88 米。墓道内填花土，土质稍硬。

墓门：位于墓室的西部，顶部已塌落，宽 0.84 米，进深 0.3 米，残高 1.3 ~ 1.46 米。从残存部分看，墓门上部原应为双层券顶，发掘时仅存券基部分；门内用砖封堵，残存部分上部一顺一丁砌两层，基部两顺一丁砌筑一层。用砖规格 0.3 米 ×0.15 米 ×0.06 米。

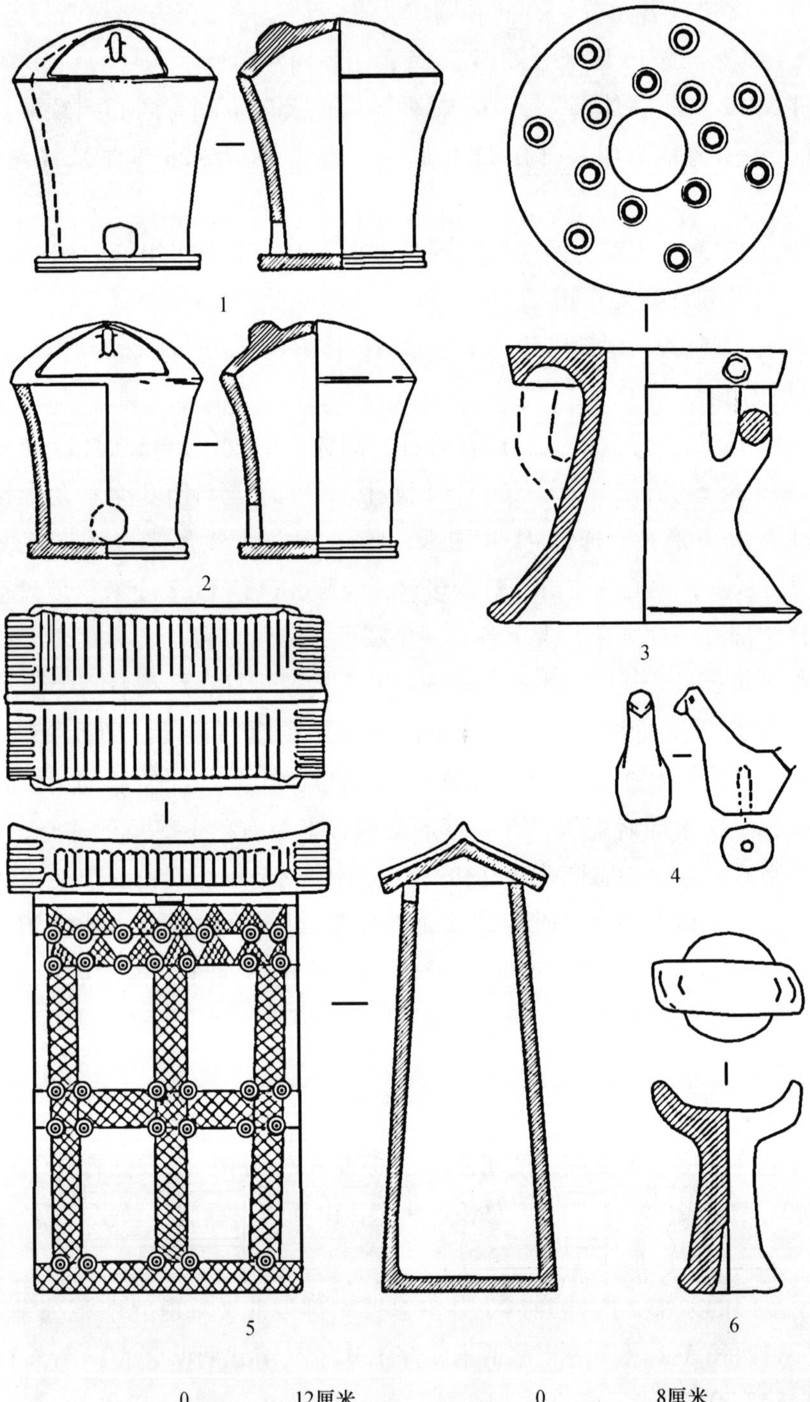

图四二　M5出土陶器

1、2、5. 仓（M5:24、M5:34、M5:40）　3. 井（M5:11）
4. 鸟俑（M5:39）　6. 架（M5:36）

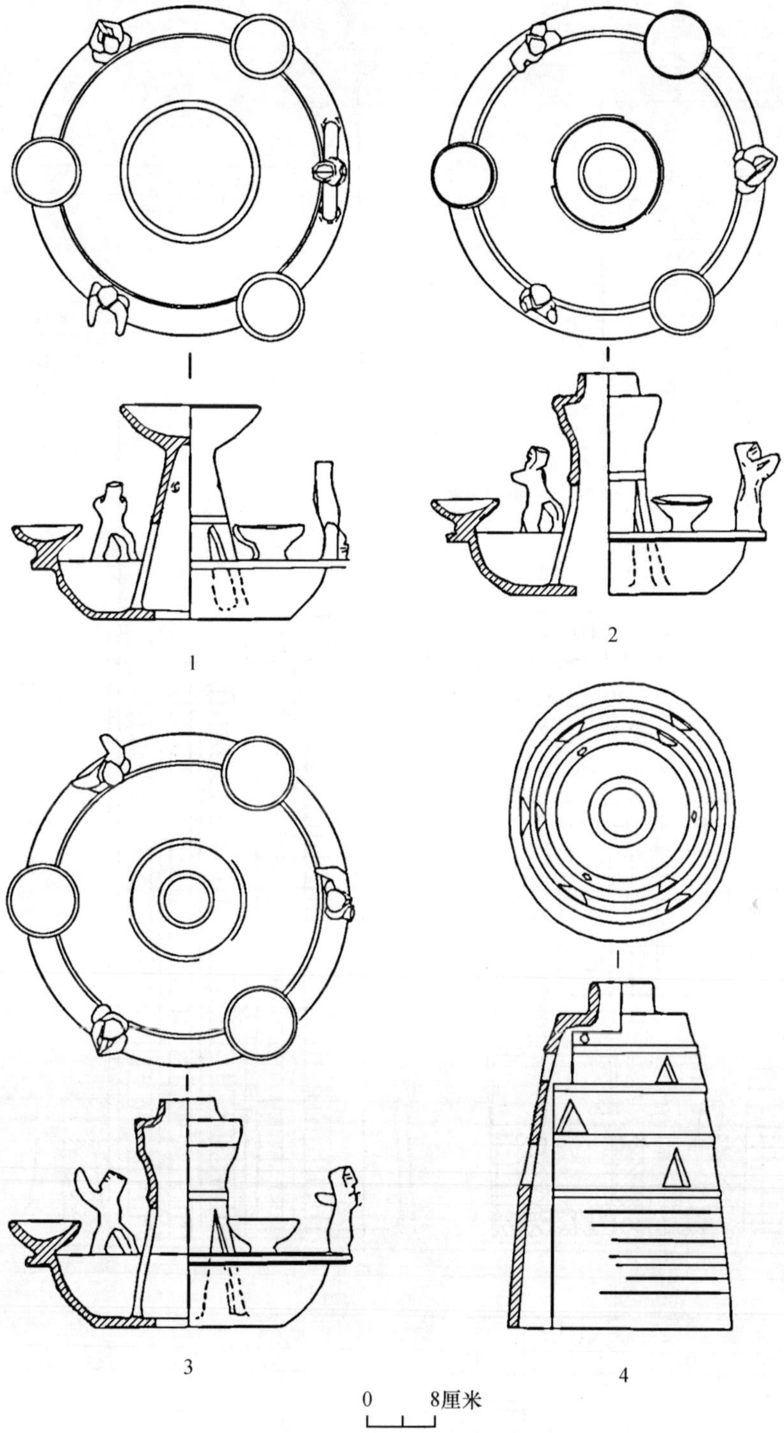

图四三　M5 出土陶灯

1～4. M5:28、M5:29、M5:46、M5:22

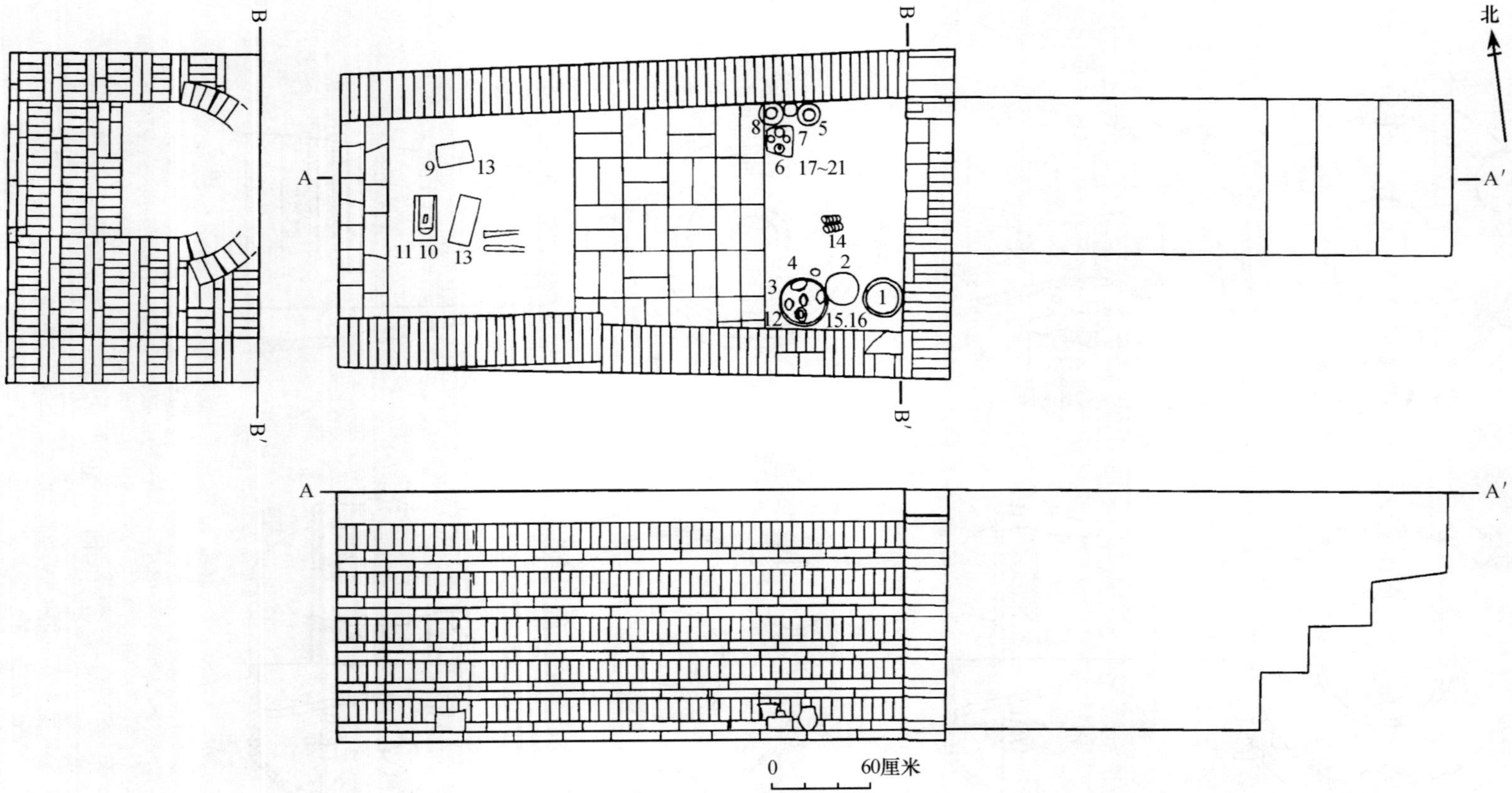

图四四　M9 平、剖面图

1. 陶盘　2. 陶樽　3、12、15、16. 耳杯　4. 陶案　5. 陶罐　6. 陶灶　7、18. 陶釜　8. 陶井　9. 厕所　10. 猪圈　11. 陶猪俑　13. 陶仓　14. 铜钱　17. 陶甑　19～21. 小陶盆

墓室：位于墓门的西部，顶部已破坏完毕，残存四壁下部。平面呈长方形，东西长3.8米，南北宽1.24～1.46米，残高1.3米。由于外部挤压，东、南、北三壁均向内凸出弯曲变形。四壁均用砖两顺一丁砌筑。墓室内底部用砖纵横错缝平铺一层，发掘时部分铺地砖翘起或残碎，墓底已不甚平整。

墓室西部中间位置清理出少量残断肢骨，均已腐朽较甚；未见葬具痕迹。墓室内填杂花土和大量的残砖块，土质松软。

墓室内清理出随葬品31件，包括铜钱8枚，陶盘1件、案1件、耳杯6件、樽1件、灶1件、小陶盆3件、釜4件、甑1件、罐1件、井1件、厕所1件、猪圈1件、仓1件。出土时耳杯、盘、案、樽位于墓室东南角，案、盘、樽靠近墓室南壁并列放置，耳杯置于案上，铜钱出于陶樽北侧；灶、井、罐出于墓门内墓室前部靠近北壁处，小陶釜或位于灶上或散落于灶下；陶仓、猪圈出土于墓室后部靠近墓室西壁处（图版一〇，2；图版一一）。随葬品具体情况如下：

铜钱　8枚。M9:14，多数碎裂，一枚完整，面文为“五铢”，直径2.4厘米（图三二，2）。

陶盘　1件。M9:1，泥质灰陶，斜折沿，浅腹，平底略内凹，内底自内而外分为三周同心圆带，各同心圆带边缘有突棱界隔。高2.8厘米，口径23厘米，底径16厘米（图四五，1；图版四五，4）。

陶案　1件。M9:4，浅腹，平底略内凹。高2.2厘米，口径32厘米，底径28.8厘米（图四五，3；彩版二五，4）。

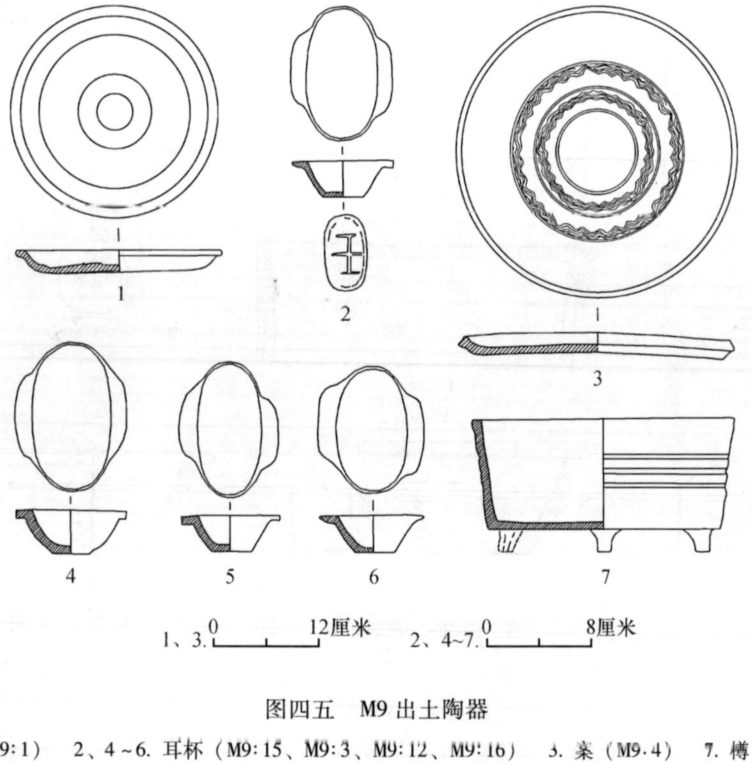

图四五　M9出土陶器

1. 盘（M9:1）　2、4～6. 耳杯（M9:15、M9:3、M9:12、M9:16）　3. 案（M9:4）　7. 樽（M9:2）

耳杯　6 件。均为泥质灰陶，2 件残。M9：3，浅腹，平底。高 3.2 厘米，长 11 厘米，宽 8.5 厘米（图四五，4；图版四〇，4）。M9：12，平底略内凹。高 2.7 厘米，长 10.1 厘米，宽 7.4 厘米（图四五，5；图版四〇，5）。M9：15，椭圆形，斜腹，平底略内凹，底中心有“王”字。高 2.7 厘米，长 9.9 厘米，宽 7.6 厘米（图四五，2）。M9：16，形制同前。高 2.8 厘米，长 9.4 厘米，宽 8 厘米（图四五，6）。

陶樽　1 件。M9：2，圆体，口大底小，直口，方唇，腹壁斜直，腹中部饰三周凹弦纹，平底，底部下有三矮足。通高 9.7～9.9 厘米，口径 20.2 厘米，底径 17.6 厘米（图四五，7；彩版二六，3）。

陶灶　1 件。M9：6，泥质灰陶，平面近似梯形，圆角，腹壁竖直，前端下部开近圆形火门，及地，火门上部有上折的窄挡火沿，灶面开有三个圆形灶眼，后端有圆孔形烟道。通高 8 厘米，长 23.5 厘米，宽 10.8～21 厘米（图四六，1；彩版二二，3）。

陶釜　4 件。均为泥质灰陶，2 件残。M9：7，直口方唇，折肩，斜腹，平底。高 2.8 厘米，口径 5 厘米，最大腹径 7 厘米，底径 4 厘米（图四六，4；图版四二，4）。M9：18，形制同前，高 2.3 厘米，口径 4.8 厘米，最大腹径 6.4 厘米，底径 3.2 厘米（图四六，6）。

小陶盆　3 件。M9：19，斜折沿，斜腹，平底，腹下部有削痕。高 4.2 厘米，口径 8.4 厘米，底径 3 厘米（图四六，2）。M9：20，斜折沿，斜腹，平底，腹下部有削痕。高 3.8 厘米，

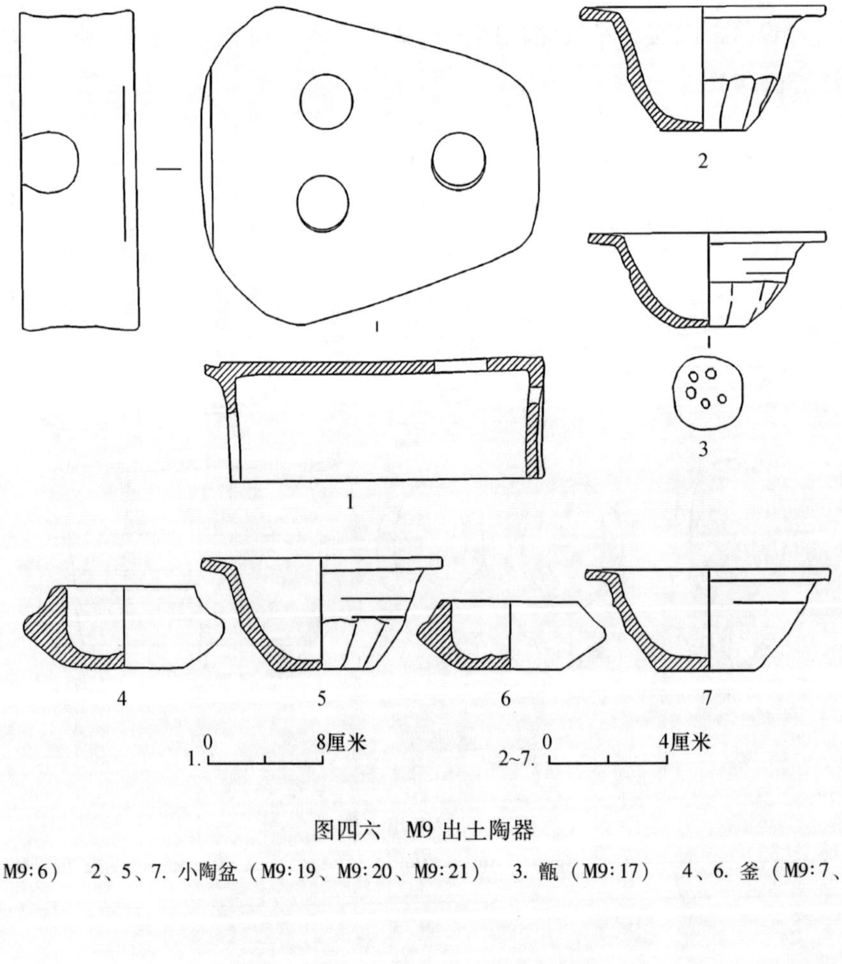

图四六　M9 出土陶器

1. 灶（M9：6）　2、5、7. 小陶盆（M9：19、M9：20、M9：21）　3. 甑（M9：17）　4、6. 釜（M9：7、M9：18）

口径8.4厘米，底径3.6厘米（图四六，5）。M9:21，折沿，斜腹，平底。高3.4厘米，口径8.3厘米，底径3.5厘米（图四六，7；图版四三，3）。

陶甑　1件。M9:17，斜折沿，斜腹，平底，底部三孔，腹下部有削痕。高3.2厘米，口径8厘米，底径2.4厘米（图四六，3；图版四三，6）。

陶罐　1件。M9:5，泥质灰陶，直口，方唇，唇面微凹，微束颈，圆肩，鼓腹，下腹部斜曲壁，腹部饰多周凹弦纹，下腹部饰交错细绳纹，平底。通高13.5厘米，口径9.2厘米，最大腹径13.9厘米，底径8.4厘米（图四七，5；图版四八，3）。

陶井　1件。M9:8，泥质灰陶，圆台形，上小下大，中空，井台表面平整，井体整体如喇叭形，束腰，中部有一周箍形突棱，突棱上有压印圆痕。通高16.2厘米，最大直径15.6厘米（图四七，2；彩版二一，2）。

陶厕所　1件。M9:9，泥质灰陶，圆体，窟隆顶，器体外壁饰多周突棱，正面开方形门，侧面有圆孔，平底，底部一侧有椭圆形孔。通高15.8厘米，直径13.6厘米（图四七，1；彩版二三，3、4）。

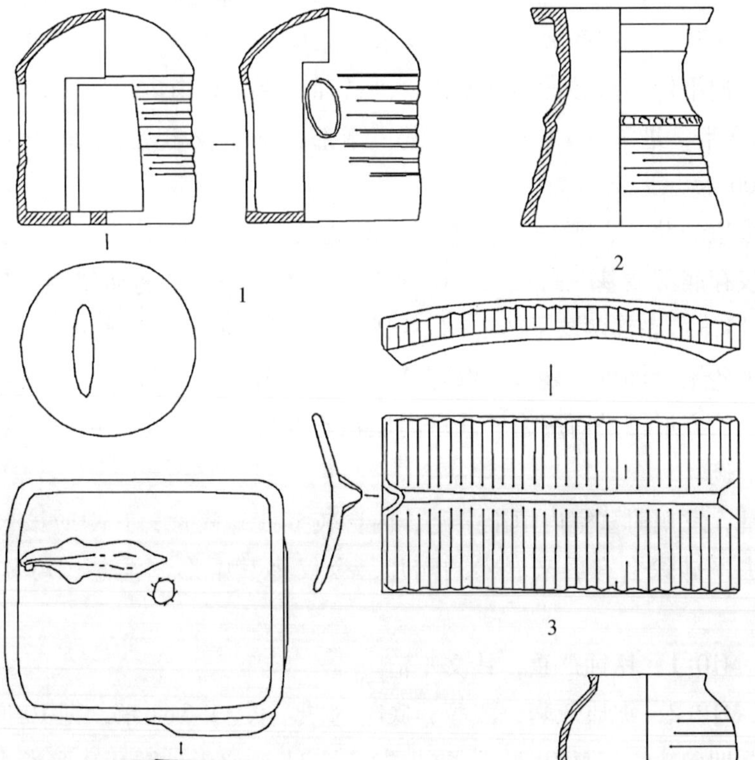

图四七　M9出土陶器

1. 厕所（M9:9）　2. 井（M9:8）　3. 仓顶（M9:13）　4. 猪圈（M9:10）　5. 罐（M9:5）

陶猪圈　1件。M9:10，泥质灰陶，平面近圆角长方形，四面围墙，平底，内部出土一件陶猪俑，中部偏一侧有一圆柱，当为支撑顶部厕所所用，一侧壁外有向上斜梯，当系通向上部厕所所用。高7厘米，长21厘米，宽17.8厘米。圈内陶猪，M9:11，泥质灰陶，捏塑而成。体长10.7厘米，高4厘米（图四七，4；彩版二三，6）。

陶仓　1件。M9:13，泥质灰陶，仓顶为两面坡式，顶部有瓦垄，中间有脊，两端略上翘。长27.6厘米，宽13.2厘米（图四七，3；图版四八，4）。仓体已残损，据其残片可知仓体为长方体，长24厘米，宽17厘米，高度不详。

6. M10

刀形单室砖室墓，位于该发掘区的北部，东邻M12。方向185°。开口于①层下。墓口距地表深0.8米，墓室残存深度约1.5米，南北长5米，东西宽2.5米，总长9.7米。由墓道、墓门、墓室三部分组成（图四八；彩版一一，1）。

墓道：位于墓室的南部，北端开口于墓室南壁中部偏东，墓道东壁距墓室东壁约0.36米，墓道南端略向西倾斜。平面呈长方形，东西两壁竖直，底部为斜坡状，斜度约14°，南部被扰坑打破。南北残长4.7米，东西宽0.85~0.9米，深0.3~1.5米，坡长4.9米。墓道北端底部接墓门的位置东西向平铺一层砖，与墓室内铺地砖面齐平。墓道内填花土，土质较硬。

墓门：宽0.85米，进深0.15米，位于墓室南部，基本破坏完毕，仅存封门墙基一层，错缝平砌，残高0.06米。

墓室：位于墓道的北部，平面呈长方形，南北长4.4米，东西宽1.85米，顶部已破坏，东、西、北壁均仅存底部墙基，高0.06~0.14米，残存部分均以青砖错缝平砌。南壁西部尚残存约0.85米高的墙体，底部两层平砖上砌一层竖砖，但竖砖东部却砌筑南北向砌筑三块平砖，至此以上则均以平砖错缝铺砌。墓室西壁与墓坑之间残留一长方形槽，发掘时槽内与墓室内皆扰土，暂时不明该长方形槽是何用途。墓室内填花土及残砖块，土质稍松。墓室内未发现人骨架，亦未见葬具痕迹。

经过严重扰乱，发掘时墓室内填土杂乱，内含较多残碎陶片，其中应该包含该墓下葬时的随葬品的残片，也不排除会有后来混入的陶片，今仅将其中形制清楚、可复原的器物录于下面，总计11件。

铜钱　1枚。M10:1，锈蚀严重，钱文不清。

耳杯　2件。M10:2，泥质灰陶，浅腹，底略内凹。长11.3厘米，宽10厘米，高3.4厘米（图四九，2；图版四〇，6）。M10:3，泥质灰陶。长11.2厘米，宽9.9厘米，高3.6厘米（图四九，3；图版四一，1）。

陶案　1件。M10:4，泥质灰陶，方唇，浅腹，底内凹，内底施三周弦纹，弦纹间饰刻连续的水波纹，案底最外缘接近腹底转折处有三个孔大致将案底布局三等分。孔径大小近似，约0.8厘米，案高2.6~3厘米，口径34厘米，底径29厘米（图四九，1；图版四四，3）。

陶樽　1件。M10:5，泥质灰陶，敛口，直腹，腹中、上部饰两周水波纹宽带，平底，底

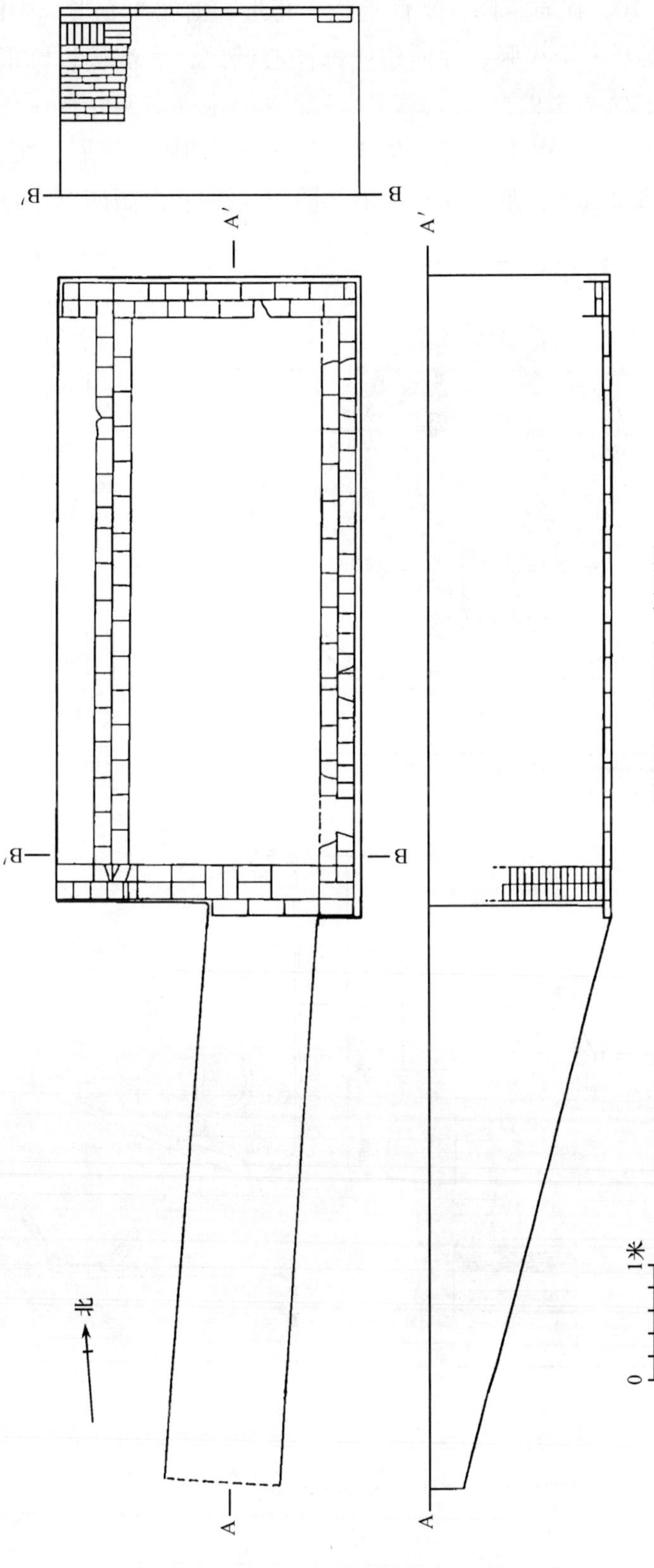

图四八　M10平、剖面图

下接三矮足。高 11 厘米，直径 18. 9 厘米（图四九，5；彩版二六，5）。

陶灶　1 件。M10∶10，泥质灰陶，平面近似三角形，前端为方形，中间下部开方形火门，火门下端及地，灶面上开三个火眼，灶面边缘饰同心圆纹，后端接近圆形，上部开一圆形烟囱。通高 8. 2 厘米，长 22 ~ 23. 9 厘米，宽 21. 8 ~ 22. 8 厘米（图四九，6；彩版二二，4）。

小陶盆　1 件。M10∶11，泥质灰陶，方唇，平折沿，曲腹，平底，腹下部有刀削坯痕迹。通高 5. 4 厘米，口径 13. 2 厘米，底径 3. 6 厘米（图四九，4；图版四三，4）。

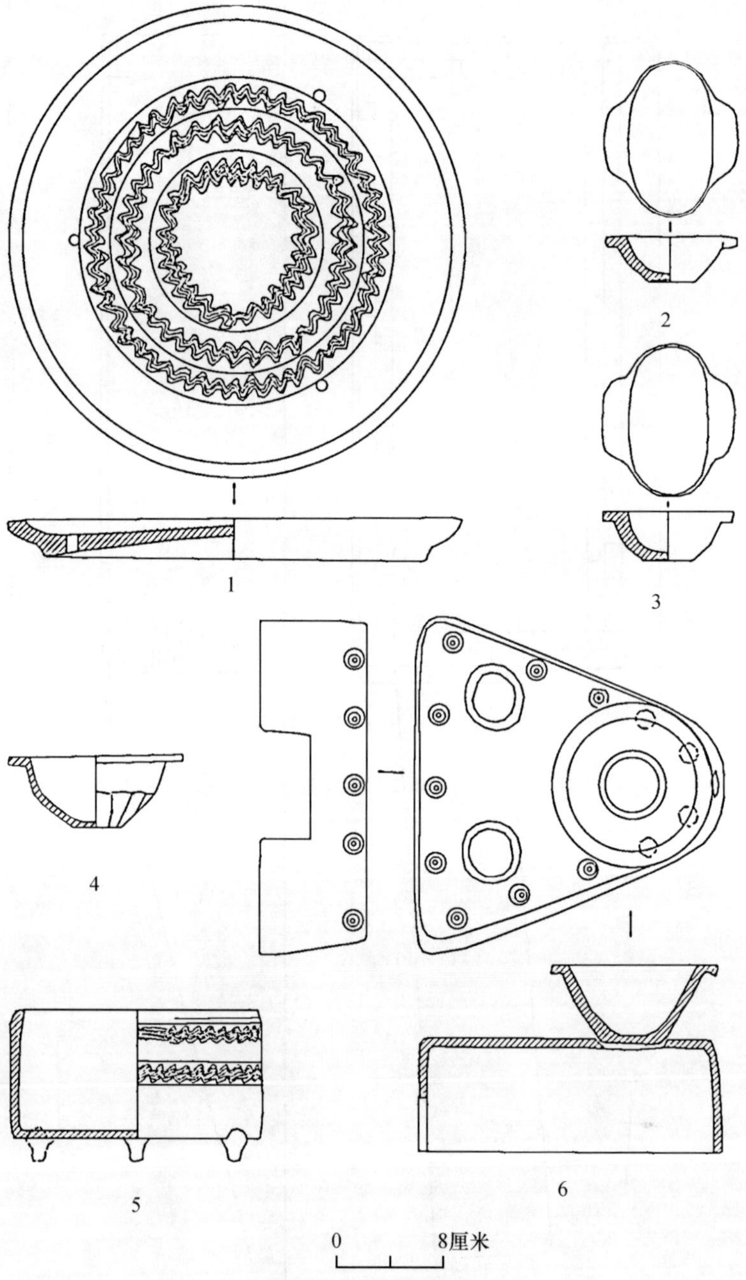

图四九　M10 出土陶器

1. 案（M10∶4）　2、3. 耳杯（M10∶2、M10∶3）　4. 小陶盆（M10∶11）　5. 樽（M10∶5）　6. 灶（M10∶10）

陶灯　3件。M10∶6，泥质灰陶，中部为主灯，灯盘已失，仅存灯柱，灯柱略束腰，中部有两周箍形突棱，突棱上下及两道突棱之间均有3个三角形镂孔；灯柱下接承盘，宽折沿，近直腹，平底，底中心有圆孔通灯柱，口沿表面原本应附着灯盘、杂技俑等，出土时仅存连接的痕迹。通高30.2厘米，最大径39.6厘米，底径24厘米（图五〇；彩版二八，3）。M10∶7，泥质灰陶，灯盘已失，仅存灯柱，通体呈喇叭形，上部承灯盘处较细，其下柱身分为五层，由四周箍形突棱界隔，上部四层每层均有3个三角形镂孔，最下层顶部亦有3个三角形镂孔，下部饰多周浅突棱纹，正面开门，门顶为三角形，下部为方形。通高46.8厘米，最大直径29.6厘

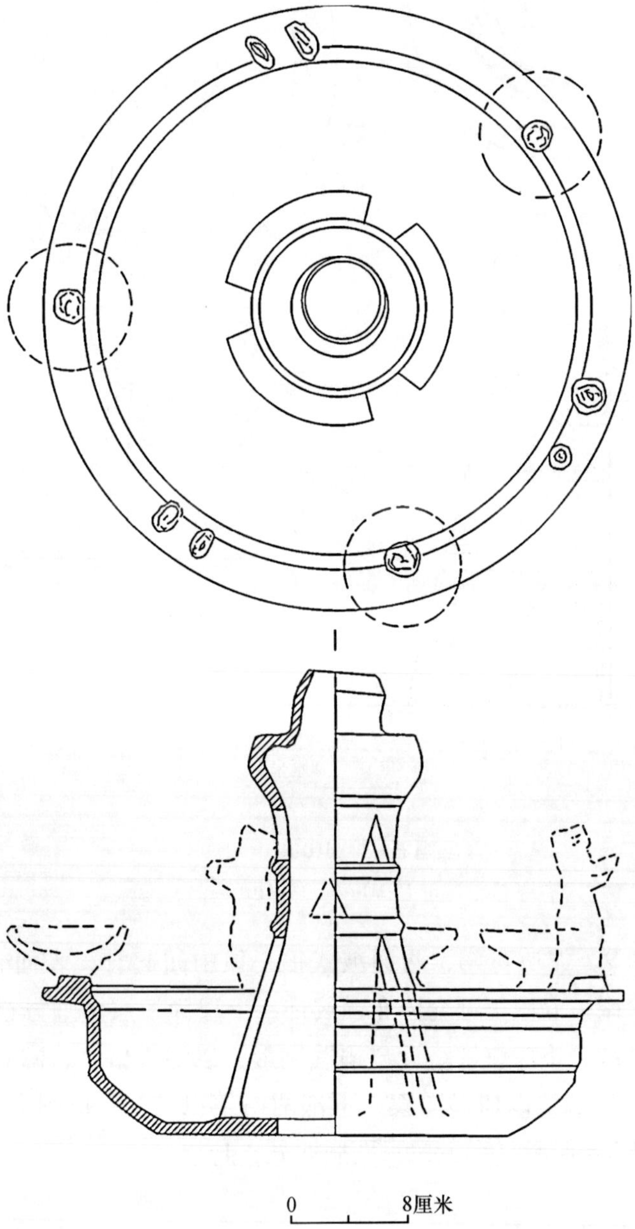

图五〇　M10出土陶灯（M10∶6）

米（图五一，1；图版四九，2）。M10∶8，泥质灰陶，灯柱上部已残，仅存灯柱下部，喇叭形，上端有一周箍形突棱，下部3个水滴形镂孔，承盘宽折沿，腹略深，平底，底部中心位置有一圆孔通灯柱，承盘沿面上原应附着3个小灯盘及杂技俑，今仅存一倒立俑，其余均已残失。残高17厘米，最大径40.8厘米，底径2.4厘米（图五一，2；图版四八，5）。

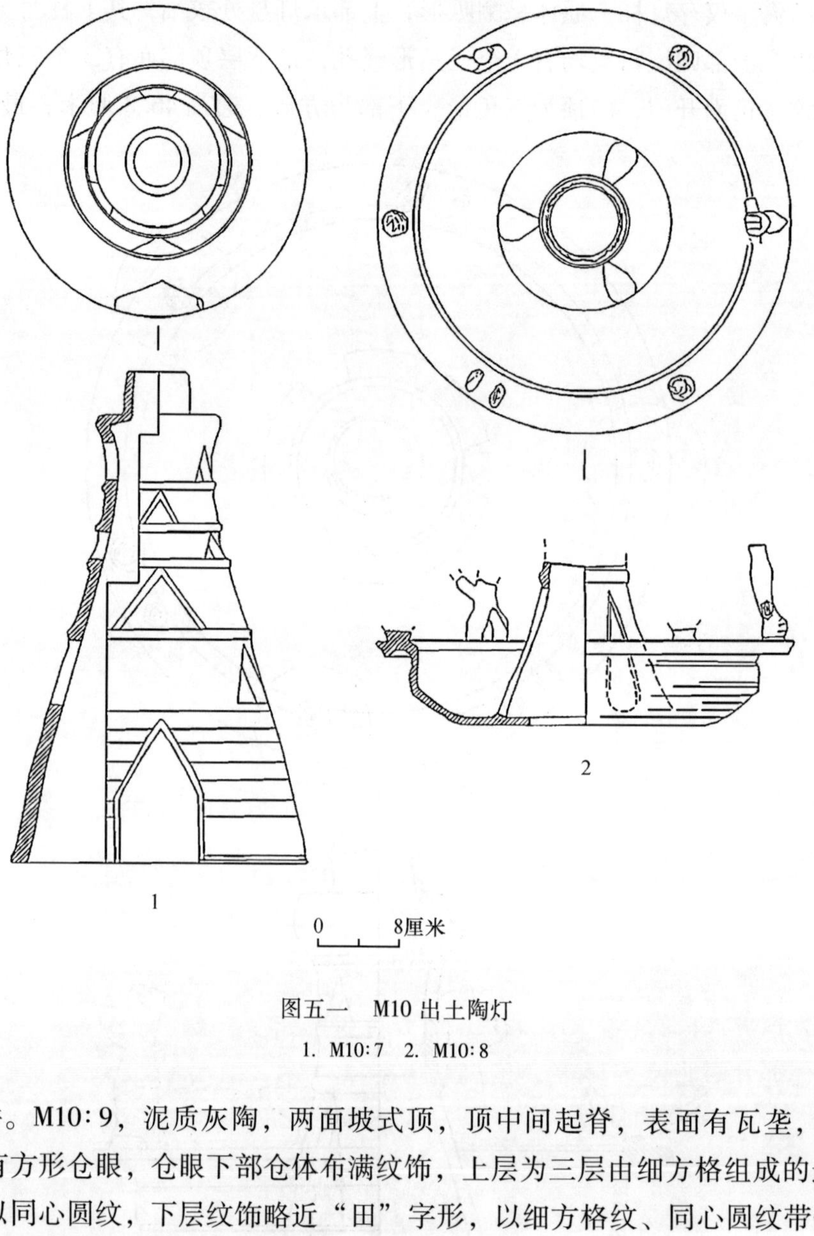

图五一　M10出土陶灯
1. M10∶7　2. M10∶8

陶仓　1件。M10∶9，泥质灰陶，两面坡式顶，顶中间起脊，表面有瓦垄，仓体为方体，正面顶部中间有方形仓眼，仓眼下部仓体布满纹饰，上层为三层由细方格组成的连续三角形图案，空白处填以同心圆纹，下层纹饰略近“田”字形，以细方格纹、同心圆纹带镶边，中间留出四个空格，上部两格分别填以树形图案，下部两格填以“X”形图案。通高44.4厘米，长28.2～29.4厘米，宽17.8厘米（图五二；图版四九，4）。

7. M12

刀形单室砖室墓，位于该发掘区的中东部，南邻M13、西邻M10。方向185°。开口于①层

图五二　M10出土陶仓（M10:9）

下。墓口距地表深0.8米，墓底距地表深2.5米。南北长5.25米，宽2.7米，总长10.04米。由墓道、墓门、墓室三部分组成（图五三；彩版一一，2）。

墓道：位于墓室的南部，北端开口于墓室南壁中偏东侧，墓道东壁距墓室东壁约0.22米。墓道中部大部分被现代坑破坏，南、北两端各仅存少部分。据残存部分推测，最初墓道平面应呈长方形。残存部分南北长5.15米，东西宽0.8～1.5米。南端底部有二级台阶，第一级台阶宽0.26米，第二级台阶宽0.3米，残高0.1米。台阶以下为斜坡状，残长0.4米，坡下至墓门前部分均被现代坑完全破坏，情况不明。

墓门：位于墓道的北部，宽0.9米，进深0.3米，残高0.8米。门内残留封门砖，残高0.3米，砌法为三平一竖，竖砖大部分向墓道内倒落。

墓室：位于墓门的北部，平面呈长方形，南北长4.5～4.6米，东西宽1.8～1.9米。顶部全部破坏掉，四壁仅残存墙体下部，残高0.06～0.8米。北壁残存平砖一层，错缝平铺；其余三壁残存部分均用青砖两平一竖砌筑。墓室内填杂花土和残砖块，土质松软。墓室内未发现人骨架，亦未见葬具痕迹。

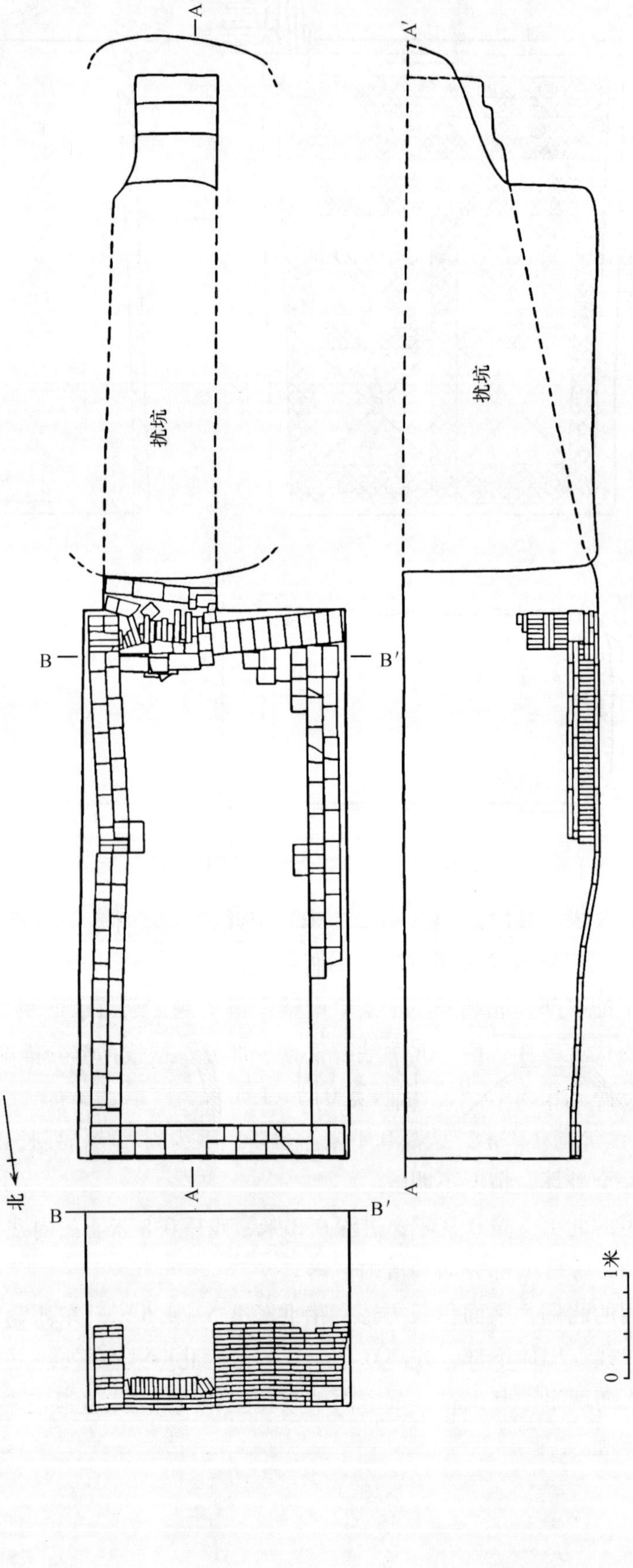

图五三　M12 平、剖面图

经过严重扰乱，发掘时墓室内填土杂乱，内含较多残碎陶片，其中应该包含该墓下葬时的随葬品的残片，也不排除会有后来混入的陶片，今仅将其中形制清楚、可复原的器物录于下面，总计11件。

铜钱　1枚。M12∶1，锈蚀严重，钱文不明。

陶方盒盖　2件。M12∶5，泥质灰陶，近似方体，盝顶，直壁。高15～16厘米，长20.5～21.6厘米，宽19.2厘米（图五四，8；图版四六，5）。M12∶6，泥质灰陶，盝顶，壁近直，高

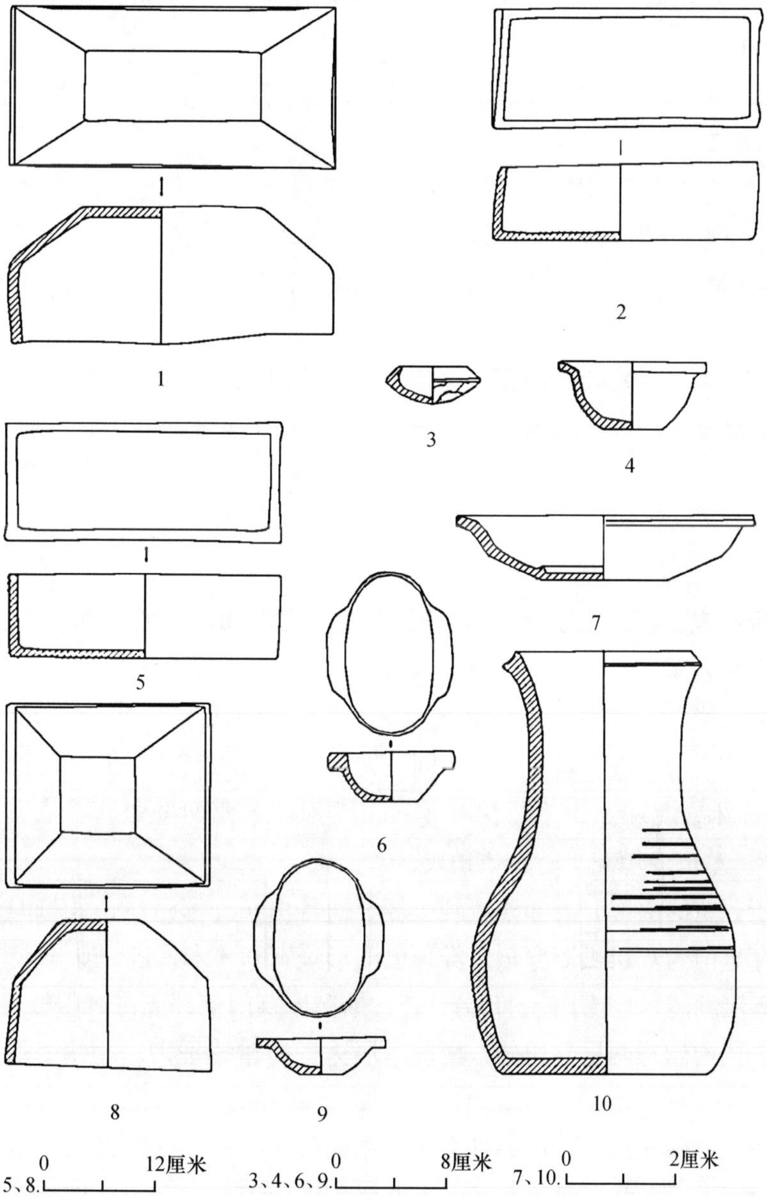

图五四　M12出土陶器

1、8. 盒盖（M12∶6、M12∶5）　2、5. 方盒（M12∶2、M12∶4）　3. 釜（M12∶11）　4. 小陶盆（M12∶7）
6、9. 耳杯（M12∶9、M12∶10）　7. 盘（M12∶8）　10. 壶（M12∶3）

13.3～14.3 厘米，长 35 厘米，宽 17 厘米（图五四，1；图版四六，2）。

陶方盒　2 件。M12∶2，泥质灰陶，盖残，据残片可知其为盝顶式，盒身近似长方体，直口，直壁，平底。高 7.8～8.2 厘米，长 29.4 厘米，宽 12.6 厘米（图五四，2；图版四六，1）。M12∶4，泥质灰陶，长方体，直壁，平底。高 9 厘米，长 29.6 厘米，宽 12.6 厘米（图五四，5；图版四六，3）。

陶壶　1 件。M12∶3，夹砂灰褐陶，侈口，外翻唇，粗颈，鼓腹，腹上部有明显的轮制痕迹，平底。通高 29.6 厘米，口径 14.6 厘米，最大腹径 19.2 厘米，底径 15.4 厘米（图五四，10；图版四八，1）。

陶釜　1 件。M12∶11，泥质灰陶，敛口，折腹，圜底。高 2.6 厘米，直径 6.6 厘米（图五四，3；图版四二，5）。

小陶盆　1 件。M12∶7，泥质灰陶，敞口，方唇，曲腹，平底。通高 4.7 厘米，口径 10.8 厘米，底径 4.4 厘米（图五四，4；图版四三，5）。

陶盘　1 件。M12∶8，泥质灰陶，叠唇，浅腹，平底。高 4.6 厘米，口径 21.6 厘米，底径 9.2 厘米（图五四，7；图版四四，1）。

陶耳杯　2 件。M12∶9，泥质灰陶。高 3.5 厘米，长 11.3 厘米，宽 9.1 厘米（图五四，6；图版四一，2）。M12∶10，泥质灰陶。高 3 厘米，长 10.8 厘米，宽 9.2 厘米（图五四，9；图版四一，3）。

8. M13

横前室双后室砖室墓，位于该发掘区的北部，北邻 M12、西邻 M10。方向 185°。开口于①层下。墓口距地表深 0.8 米，墓室残存深度约 1.76 米。长 6.8 米，宽 4.75～6.25 米，总长 11.5 米。由墓道、墓门、前室、东后室、西后室五部分组成（图五五；彩版一二）。

墓道：位于前室的南部，基本接近中间位置，南端向西倾斜。平面近长方形，南北长 4.85 米，南端宽 0.63 米，北端宽 1 米，深 0.8～1.75 米。东西两壁竖直，底部呈斜坡状，坡长 5 米，斜度约 18°。墓道内填花土，土质稍硬。

墓门：位于墓室的南部，上部亦遭到破坏，而且由于外部挤压，发掘时墓门已向前室内部倾斜变形。现存墓门为双层拱形券顶，券顶已变形。宽 0.9 米，进深 0.3 米，高 1.05 米。券顶上部依次残存 3 层顺砖、1 层丁砖、1 层平砖，推测原墓门上部或许有门楼建筑，后经破坏，只剩下墙体基部。门内砌有两层封门砖，南侧一层为青砖错缝平砌；北侧一层则多用残砖一顺一丁筑成。

前室：位于墓门的北部，平面呈长方形，东西长 5.6 米，宽 2.35 米，顶部已破坏完毕，四壁残高 0.8～1.65 米。东壁、西壁上部由于外部挤压向内凸出变形。四壁均用青砖两顺一丁砌筑，墓室底部则用残砖块错缝平铺一层（图版一二，1）。前室内东西两侧各有一长方形棺床，东侧棺床紧贴前室东壁，表面用砖错缝铺就，西部边缘用半砖镶边，南北长 2.35 米，东西宽 1.48 米，高于前室底部 0.16 米，清理时在东侧棺床上中部发现少量腐朽的骨骼痕迹（图版一三，

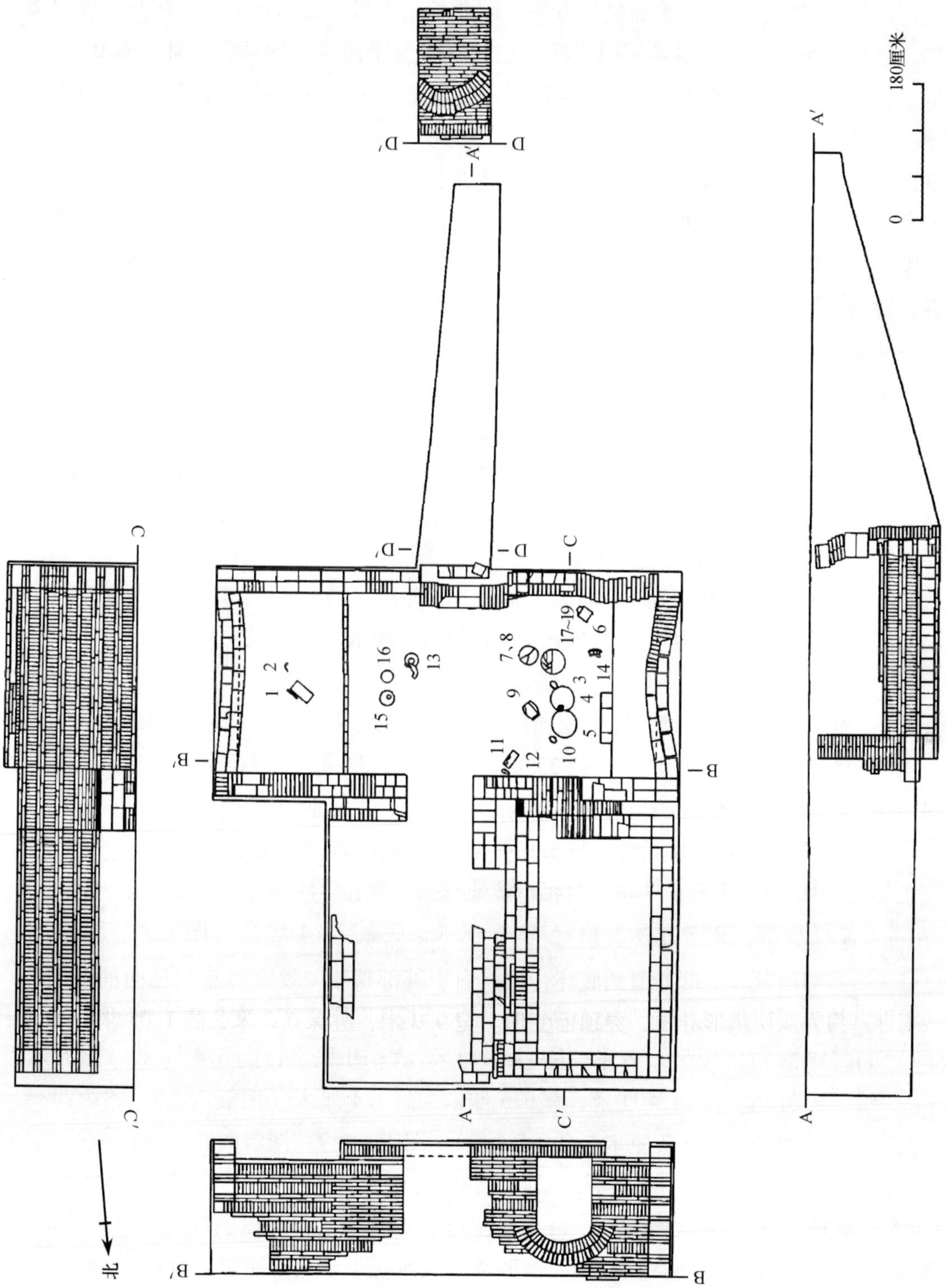

图五五　M13 平、剖面图

1. 铜钱　2. 铜环　3~5. 陶案　6. 陶扁壶　7、8. 陶盘　9. 陶罐　10、17~19. 耳杯　11. 方盒　12. 陶鸡俑　13. 陶井　14. 陶奁　15、16. 陶灯

1）。西侧棺床紧贴前室西壁，为生土台，东部边缘残存镶边砖壁，南北长 2.35 米，东西宽 0.6 米，高于前室底部 0.15 米（图版一三，2）。

东后室：位于前室的东北部，平面呈长方形，南北长 3.1 米，宽 1.6 米。顶部及四壁均遭到严重破坏，仅东、西两壁残存墙基底层平砖。东后室门位于南侧，顶部已破坏，宽 0.9 米，进深 0.6 米，残高 0.3 米。铺地砖已破坏，未留痕迹。墓室内未发现人骨、葬具痕迹，也未发现任何随葬品。

西后室：位于前室的西北部，平面呈长方形，南北长 2.8 米，宽 1.5 米，顶部已破坏，四壁残高 1.1 米（图版一二，2）。四壁均用青砖两平一竖砌筑，底部用青砖错缝平铺一层。西后室南部与前室之间有甬道连通，甬道宽 0.8 米，进深 0.8 米，高 1.1 米。甬道顶部自外而内共计三重拱券，皆为上下双层券，甬道东西两壁均用砖砌筑（图版一四，1）。用砖规格 0.30 米×0.15 米×0.06 米。

墓室内共清理出随葬品 22 件，均位于前室中，包括铜钱 4 枚、铜环 1 件，陶案 3 件、耳杯 4 件、盆 2 件、方盒 1 件、井 1 件、扁壶 1 件、罐 1 件、鸡俑 1 件、灯 2 件、奁 1 件。铜钱出土于东侧棺床上，这些铜钱可能原本随葬于棺内墓主身侧；陶井、陶灯出土于东部棺床西侧；陶案、盘、耳杯、扁壶等出土于西侧棺床东侧（图版一四，2；图版一五）。随葬品的具体情况如下：

铜钱　4 枚。M13∶1，其中 3 枚面文均为“五铢”，直径分别为 2.4、2.6、2.5 厘米（图三二，3、4、6）。另外一枚面文为“大泉五十”，直径 2.65 厘米（图三二，5）。

铜环　1 枚。M13∶2，黄铜质，出土时已变形，直径约 1.3 厘米。

陶案　3 件。M13∶3，浅腹弧壁，平底略内凹，内底表面有多周弦纹，靠近腹底相接处有三个圆孔，等距离分布。通高 2 厘米，口径 33.6 厘米，底径 31.4 厘米（图五六，1；图版四四，4）。M13∶4，浅腹，平底略内凹，内底表面有多周弦纹，靠近腹底相接处有三个圆孔，等距离分布，内底表面饰三周水波纹宽带。高 1.9 厘米，口径 36 厘米，底径 32 厘米（图五六，2；彩版二五，5）。M13∶5，浅腹，平底，腹底相接处有三个圆孔等距离分布于案底，内底饰多周弦纹及两周水波纹窄带，高 2 厘米，口径 33.6 厘米，底径 28.4 厘米（图五六，3；彩版二五，6）。

耳杯　4 件。均为泥质灰陶。M13∶10，高 3.6 厘米，长 11.1 厘米，宽 9.9 厘米（图五六，4；图版四一，4）。M13∶17，浅腹，平底。长 11.3 厘米，宽 10 厘米，高 3.4 厘米（图五六，5；图版四一，5）。M13∶18，长 11.4 厘米，宽 9.5 厘米，高 3.4 厘米（图五六，6；图版四一，6）。M13∶19，长 11.6 厘米，宽 9.7 厘米，高 3.7 厘米（图五六，7；图版四二，1）。

陶盘　2 件。M13∶7，斜折沿，腹略深，平底，内底饰两周水波纹宽带。高 3.6～4.4 厘米，口径 21.4 厘米，底径 13.6 厘米（图五七，1；图版四五，5）。M13∶8，泥质灰陶，斜折沿，腹部略深，腹壁微折，平底，内底有多周弦纹，饰两周水波纹宽带。高 4 厘米，口径 21.6～22.4 厘米，底径 11.4 厘米（图五七，3；图版四五，6）。

陶方盒　1 件。M13∶11，泥质灰陶，盖已残，从其残片可大致看出盖原为盝顶式，盒身完

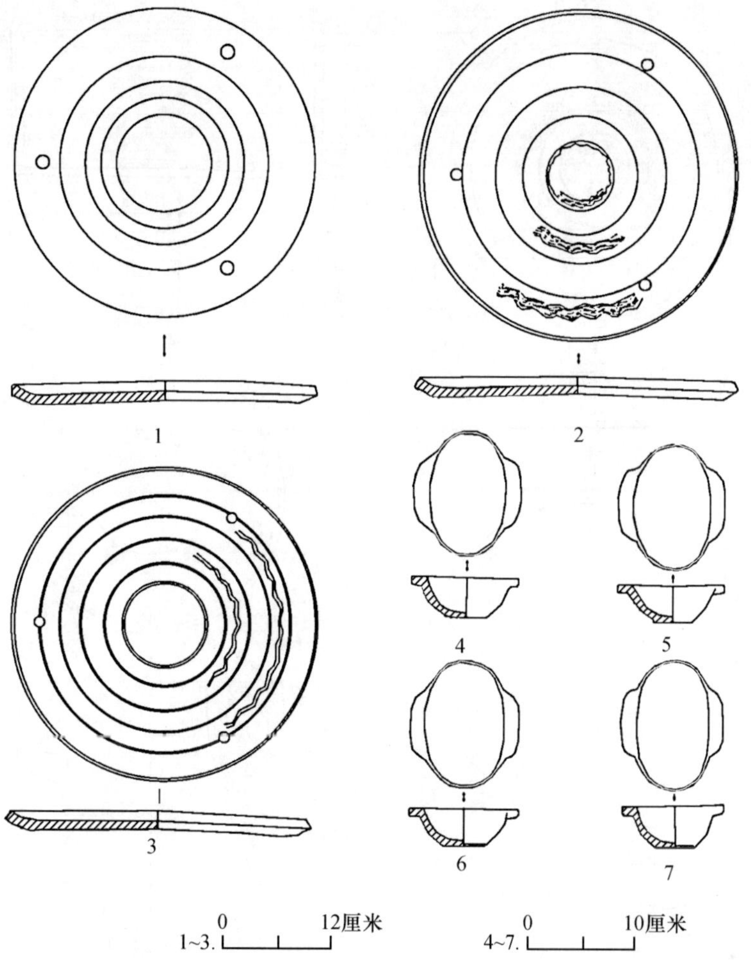

图五六　M13出土陶器

1~3. 案（M13:3、M13:4、M13:5）　4~7. 耳杯（M13:10、M13:17、M13:18、M13:19）

整，长方体，直口，平底，口小底大，一壁斜直，高6.6厘米，长24.2厘米，宽11.6厘米（图五七，2；图版四六，4）。

陶井　1件。M13:13，圆体，中空，井台表面平整，饰两周同心圆纹，井体呈喇叭形，有明显轮制痕迹，井台下有三个支架支撑井台。通高16.8厘米，井台直径18.8厘米，底径19.4厘米（图五七，4；彩版二一，4）。

陶扁壶　1件。M13:6，圆口，直领较高，折肩，肩上两侧有双系，扁腹，近方体，平底，底部下有二长条形矮足。通高23.7厘米，口径7.2厘米，长17.6~19.3厘米，宽11.8~12.5厘米（图五八，1；彩版二六，4）。

陶罐　1件。M13:9，泥质灰陶，侈口，外翻唇，鼓腹，腹部有明显轮制痕迹，平底。通高18.5厘米，口径11.8厘米，最大腹径20.6厘米，底径14.4厘米（图五八，5）。

陶鸡俑　1件。M13:12，泥质灰陶，捏塑。通高7.4厘米，体长9.8厘米（图五八，4；图版四七，5）。

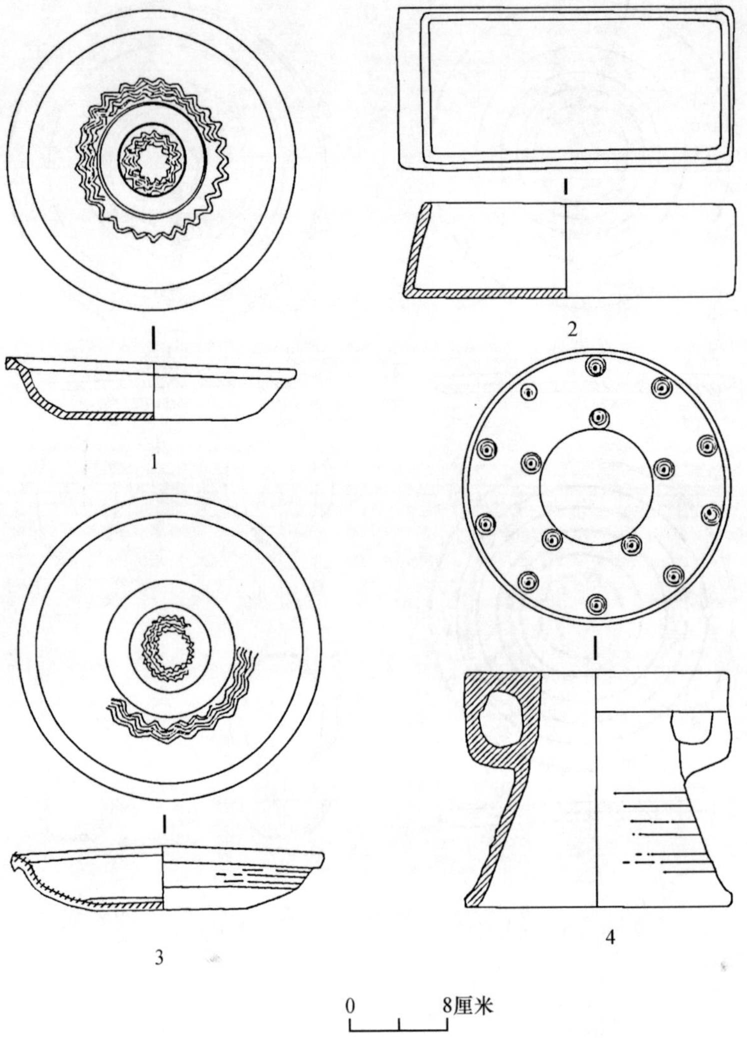

图五七　M13出土陶器

1、3. 盘（M13∶7、M13∶8）　2. 方盒（M13∶11）　4. 井（M13∶13）

陶灯　2件。M13∶15，泥质灰陶，由灯盘和灯柱两部分组成，上部灯盘侈口、浅腹弧壁，口径14.6厘米，灯盘下接喇叭形灯柱，灯柱中下部两侧各有一个近椭圆形镂孔，下部边缘斜折如同圈足。通高24.6厘米，底径17厘米（图五八，2；图版四八，6）。M13∶16，灯盘已失，仅存灯柱，喇叭形，中部偏上有两周箍形突棱，将柱体分为三层，上层饰两周水波纹宽带，中层有3个三角形镂孔，下层有3个椭圆形镂孔。残高28厘米，底径18.2厘米（图五八，3）。

陶奁　1件。M13∶14，残碎较甚，未能复原，泥质灰陶，据残片可知其为平底，底下接乳钉形矮足。

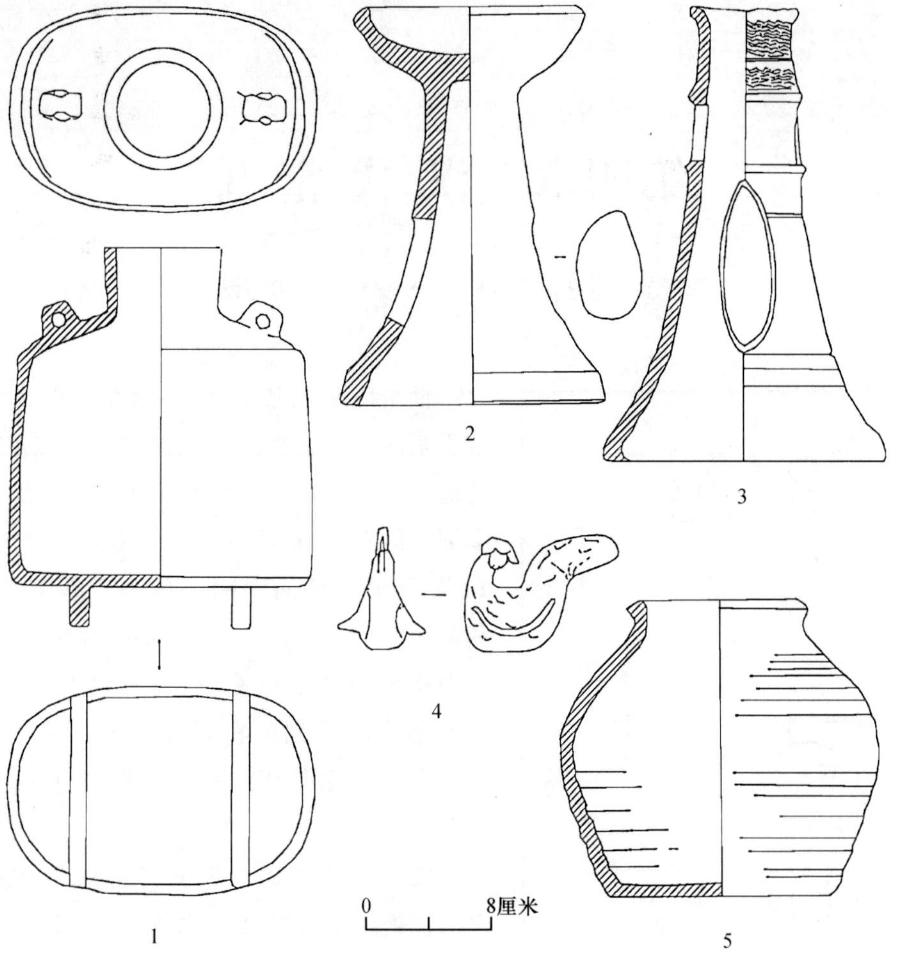

图五八　M13出土陶器

1. 扁壶（M13:6）　2、3. 灯（M13:15、M13:16）　4. 鸡俑（M13:12）　5. 罐（M13:9）

第四章　汉代窑址

第一节　汉代窑址概况

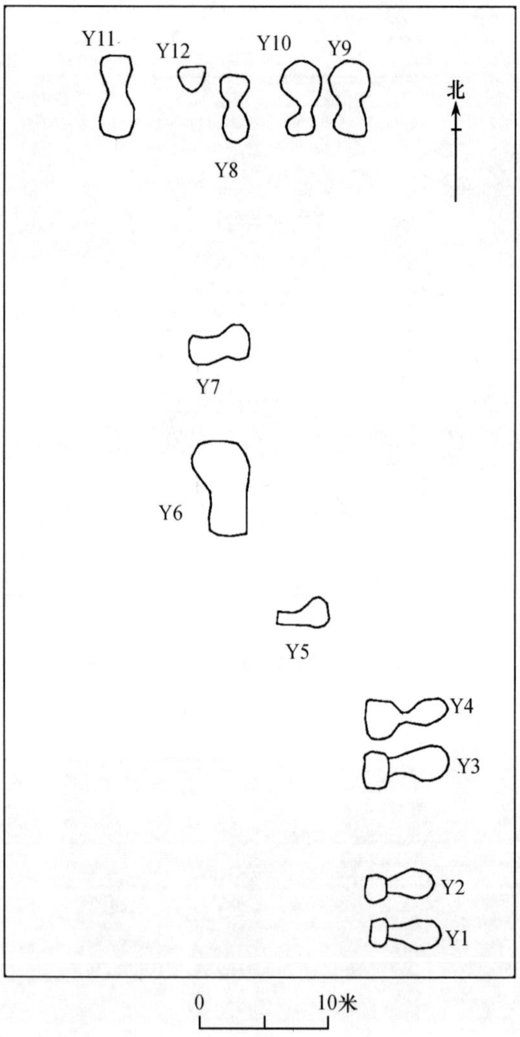

图五九　窑址布局

杜辛庄遗址共发现12座东汉时期的窑炉，均位于东区，分布在南北长约70米，东西宽约40米的范围内，Y1、Y2和Y3、Y4两两并列于窑址的南部，间距为0.5～1.5米，排列相当紧密；Y5～Y7散落于窑址的中间部位，三座窑方向不一致，间距也较大；Y8、Y12和Y9、Y10两两并列，间距为0.5～1米，排列紧密；Y11位于Y12的西侧，较上述两两并列的窑炉间距略大，但也只有2.1米，可以看出与Y8等四座窑炉并列于一行（图五九；彩版一三、一四）。

12座汉代窑炉均为半倒焰窑，一般由操作间、窑门、火膛、窑室（其内有窑床）、烟道各部分组成。窑室顶部因破坏情况不明外，就现存的窑炉各部分结构来看，这些窑炉均直接就生土上挖成，应该为地穴式或半地穴式。窑的长度（含操作间）多为6～7米，均遭到不同程度的破坏，窑室顶部无一幸存，窑室、操作间下部一般保存较好。窑炉平面均呈马蹄形，窑室后壁一般沿生土壁掏出2～4条烟道，烟道横截面近方形。唯Y6在后壁以砖砌出2条烟道，与众不同。窑床一般为长方形，面宽大于进深，表面为青色的烧结土，一般较平坦，靠近火膛的窑床前壁或竖直或为斜面，表面亦为烧结的硬土壁，或以砖包边。火膛平面近半圆形，自窑门内至窑床前逐渐扩大，火膛壁亦为青色的烧结土，部分尚保存有造窑时留下的工具痕迹。窑门多为平底、拱形顶，底部近操作间部位或砌以矮砖墙，当为挡火之用；操作间平面多为不规则形或者近似椭圆形，一般有3～6步台阶，或直接下行，或螺旋下行至操作间底部。

第二节　汉代窑址资料介绍

在具体介绍各窑的资料之前，首先对本报告中将要用到的一些有关窑的概念略作说明。

本文参考了根据火焰在窑炉中的流动方式来给窑炉定名的方法①，依据这种定名方法，杜辛庄遗址发现的汉代窑炉均为半倒焰窑。半倒焰窑是利用火焰上升的力量和烟囱的抽力，使窑内的火焰从燃烧部位上升到窑顶，然后由于吸火孔的作用力，火焰又顺窑顶的弧度倒向窑室后壁从吸火孔经烟囱排出窑外，整个火焰的流动呈半倒焰方式，所以称之为半倒焰窑②。半倒焰窑的最典型的特征是烟囱（或烟道）位于窑室后部，窑炉一般由窑门（或火门）、火膛、窑室、烟道等部分组成，关于这些结构可以参见图六〇。

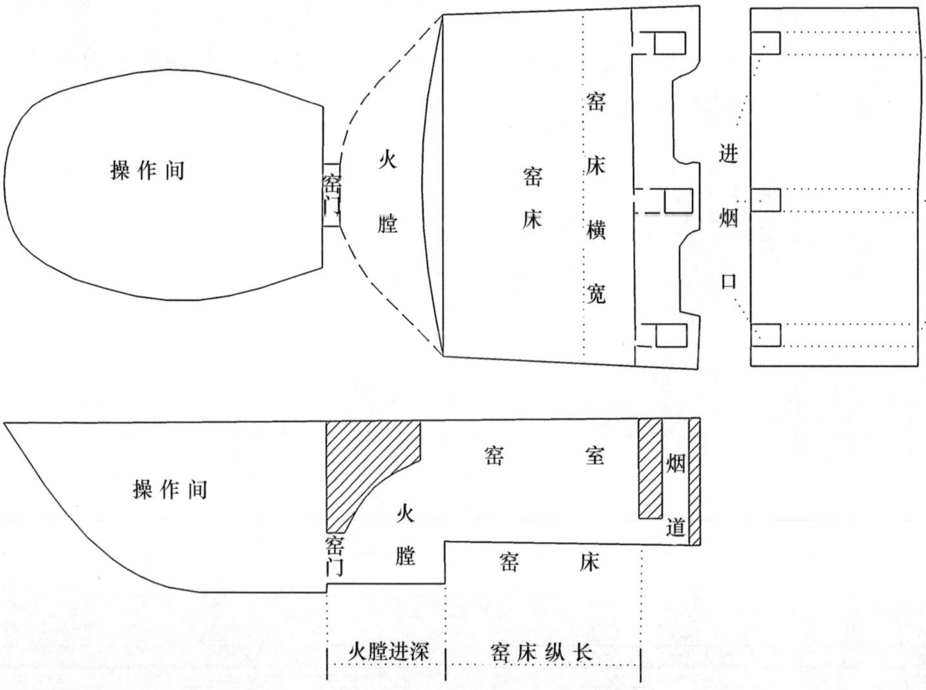

图六〇　半倒焰窑炉概念图

窑的方向，本报告内以操作间相对于窑炉所在的方向为窑的方向，以操作间所在的部位为窑的前部，以烟道所在的部位为窑的后部。

有关火膛的尺度，有两个概念需要说明：一为“火膛的进深”，本报告中是指从窑门后端至窑床前壁的垂直距离；一为“火膛深度”，本报告中是指火膛底平面低于窑床表面的高度。

① 有关窑炉的定名，可参考下列文章：刘振群：《窑炉的改进和我国古陶瓷发展的关系》，《中国古陶瓷论文集》，文物出版社，1982 年；熊海棠：《东亚窑业技术发展与交流史研究》，南京大学出版社，1995 年。

② 参见熊海棠：《东亚窑业技术发展与交流史研究》，南京大学出版社，1995 年：29 页。

有关窑床的尺度，有两个概念需要说明，一为“窑床的纵长”，本报告中是指窑的纵轴方向上窑床的长度；一为“窑床的横宽”，是指与窑的纵轴方向垂直方向的窑床的宽度。如果窑床平面形状不规则，在描述上述两个概念时，一般取“最小值~最大值”形式。

1. Y1

位于窑址南部，北与Y2并列相邻。方向105°。开口于①层下。开口位置距地表深0.4米，窑底距地表深1.48米，打破生土，为半地穴式，总长6.6米，由操作间、窑门、火膛、窑室、烟道各部分组成（图六一；彩版一五，1）。

操作间：位于窑门的东部，平面近长方形，口大底小，东西长3.1米，南北宽2.24米，深1.44米。自东壁向下共分四阶台阶。第一级台阶长1.8米，宽0.4米，高0.16米；第二级台阶长2.2米，宽0.8米，高0.44米；第三级台阶长1.54米，宽0.58米，高0.22米；第四级台阶长0.62米，宽0.32米，高0.2米。底部东西长1.7米，宽1.5米。内填黄褐色杂土，土质较硬，含残砖块、烧土块、炭灰渣等。

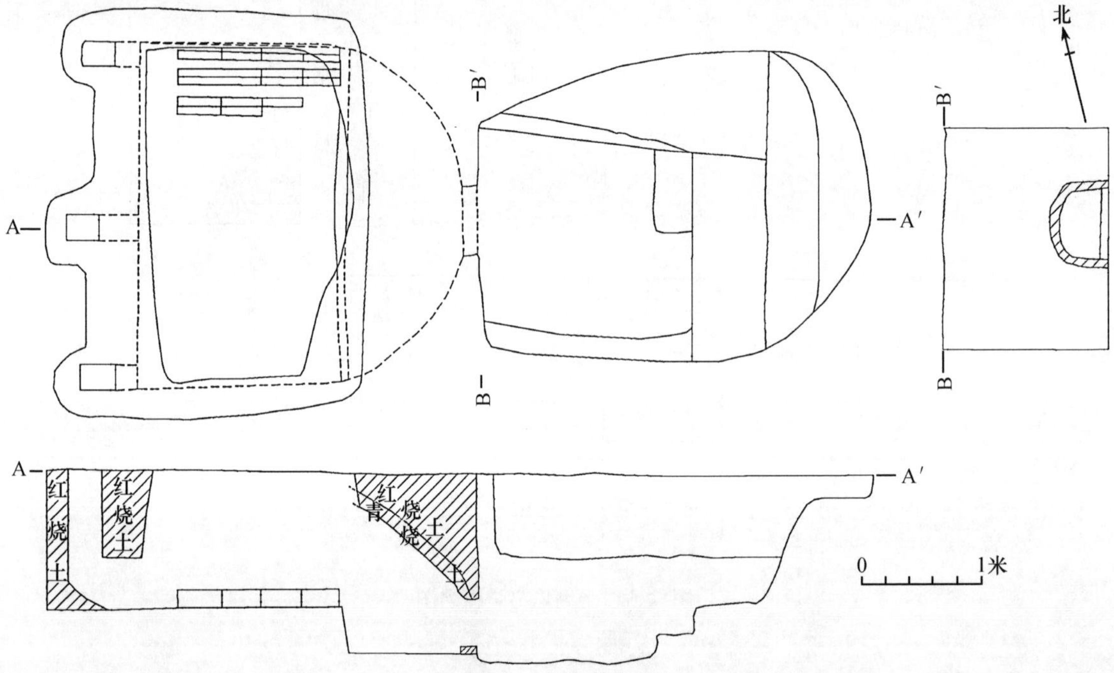

图六一　Y1平、剖面图

窑门：位于窑室的东部，平底，底部为红烧土，两侧壁为直壁，顶部近于弧顶，高0.34米，最大宽径0.56米，进深0.14米。

火膛：位于窑门的西部，火膛平面呈半圆形，弧形顶，自窑门至窑床前空间逐渐扩大，平底，宽2.54米，进深1.02米，底平面低于窑床面0.36米。火膛底、壁表面经火烧呈青灰色，该层青灰色烧土厚0.06~0.08米，较坚硬（图版一六，2）。火膛内填淤土及炭灰渣、残砖块、烧土块等。

窑室：位于火膛的西部，平面呈马蹄形，顶已残，口小底大。上口残长2.56米，宽1.04～1.6米；底长2.66米，宽1.6米，周壁残高1.08米（图版一六，1）。由于窑室塌陷严重，窑壁大部分已脱落。残存壁厚0.03～0.04米，周壁红烧土厚0.28～0.42米。窑室下部为窑床。窑床平面呈横长方形，纵长1.6米，横宽2.66米，表面平整，经火烧呈红褐色，东部高于西部0.04米。窑床北部残存青砖三排，长0.96～1.3米，间距0.08～0.1米，高0.14米。砖规格为0.3米×0.14米×0.055米（图版一七，1）。窑室内堆积黄褐色杂土，土质略硬，含大量红烧土块、烧结块、残砖块、石块等。

烟道：3条。均位于窑室西壁外，一条居西壁中部，其余两条分别位于窑室西壁外南北两端。均为就生土掏挖而成，截面为长方形，侧视呈曲尺形，由底部横道和上部竖道两部分组成，横道长0.18～0.3米，与窑室相通，底部与窑床表面平；竖道残高1.22米，上口平面呈长方形，长0.24～0.26米，宽0.18～0.2米。

2. Y2

位于窑址南部，南邻Y1。方向110°。该窑开口于①层下。开口位置距地表深0.3米，窑底距地表深1.38米。打破生土。为半地穴式，总长6.12米，由操作间、窑门、火膛、窑室、烟道各部分组成（图六二；彩版一五，2）。

操作间：位于窑门的东部，平面呈不规侧圆形，口大底小，上口径2.6～2.8米，深1.08米。自东壁向下共分三阶台阶。第一级台阶长1.3米，宽0.4～0.8米，高0.28米；第二级台

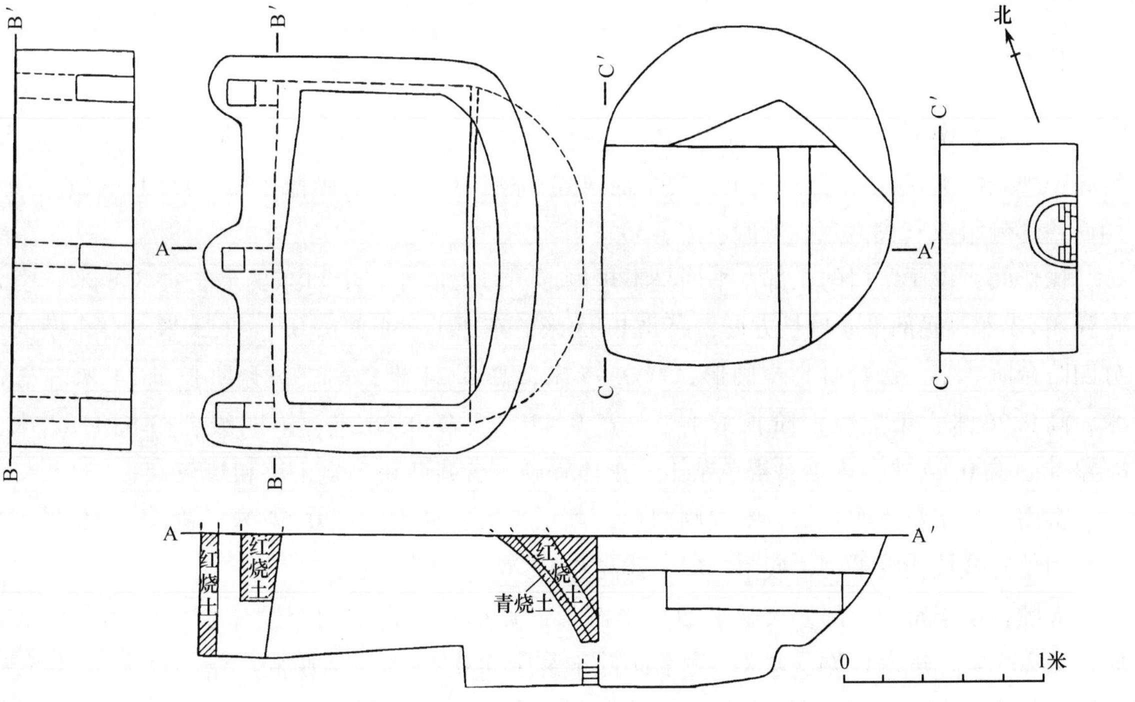

图六二　Y2平、剖面图

阶长 1.6 米，宽 0.4 米，高 0.32 米；第三级台阶长 1.8 米，宽 0.26 米，高 0.22 米。底部呈长方形，东高西低呈缓坡状。长 1.8 米，宽 1.6 米。内填黄褐色杂土，土质较硬，含残砖块、烧土块、炭灰渣等。

窑门：位于窑室的东部，不规则圆形，生土壁，高 0.36 米，最大宽径 0.5 米，进深 0.14 米，窑门底部用单砖平砌三层，残高 0.16 米。

火膛：位于窑门的西部，火膛平面呈半圆形，弧形顶，自窑门至窑床前空间逐渐扩大，平底，宽 2.86 米，进深 1 米，底平面低于窑床面 0.34 米。火膛底、壁面经火烧呈青灰色，该层青灰色烧土厚 0.06～0.08 米，较坚硬，火膛内填黄褐色淤土及炭灰渣、草木灰、残砖块及红烧土块等。

窑室：位于火膛的西部，平面呈马蹄形，顶已残，口小底大。上口残长 2.6～2.62 米，残宽 1.6～1.9 米；底长 2.9 米，宽 1.7 米，周壁残高 1.04 米。由于塌陷严重，窑壁大部分已脱落，残存壁厚 0.03～0.04 米，周壁红烧土厚 0.28～0.46 米。窑室下部为窑床。窑床平面呈长方形，纵长 1.7 米，横宽 2.9 米，表面平整，经火烧呈红褐色，东部高于西部 0.12 米。

烟道：3 条。均位于窑室西壁外，一条居西壁中部，其余两条分别位于窑室西壁外南北两端。均为就生土掏挖而成，截面为长方形，侧视呈曲尺形，由底部横道和上部竖道两部分组成，横道长 0.3 米，与窑室相通，底部与窑床表面平；竖道残高 1.04 米，上口平面呈方形，边长 0.2～0.24 米。

窑室内堆积黑褐色杂土，土质略松，含大量红烧土块、窑壁烧结块、残砖块、炭灰灰渣等。

3. Y3

位于窑址南部，北邻 Y4。方向 120°。该窑开口于①层下。开口位置距地表深 0.3～0.5 米，窑底距地表深 1.18 米，打破生土。为半地穴式，总长 6.94 米，由操作间、窑门、火膛、窑室、烟道各部分组成（图六三；彩版一五，3）。

操作间：位于窑门的东部，平面呈不规侧形，口大底小，上口东西最长径 3.8 米，南北最宽径 3.22 米；底部平面呈长方形，南北 1.85 米，东西 1.2 米，深 0.1～1.3 米。自东壁向下共分四阶台阶。第一级台阶呈半圆形，宽 0.95 米，高 0.24 米；第二级台阶长 1.24 米，宽 0.42 米，高 0.26 米；第三级台阶长 1.4 米，宽 0.42 米，高 0.28 米；第四级台阶长 1.52 米，宽 0.42 米，高 0.24 米。内填黄褐色杂土，土质较硬，含残砖块、烧土块和炭灰。

窑门：位于窑室的东部，不规则圆形，高 0.5 米，最大宽径 0.54 米，进深 0.16 米。窑门底部用单砖残块错缝平砌，残留二层，残高 0.12 米（图版一七，2）。

火膛：位于窑门西部，火膛平面呈半圆形，弧形顶，自窑门至窑床前空间逐渐扩大，平底，宽 2.5 米，进深 0.74～1 米，底平面低于窑床面 0.44 米。火膛底、壁面经火烧呈青灰色，该层青灰色烧土厚 0.03～0.06 米，较坚硬（图版一八；图版一九，1）。火膛内填灰杂土及炭灰灰渣、草木灰、烧土块等。

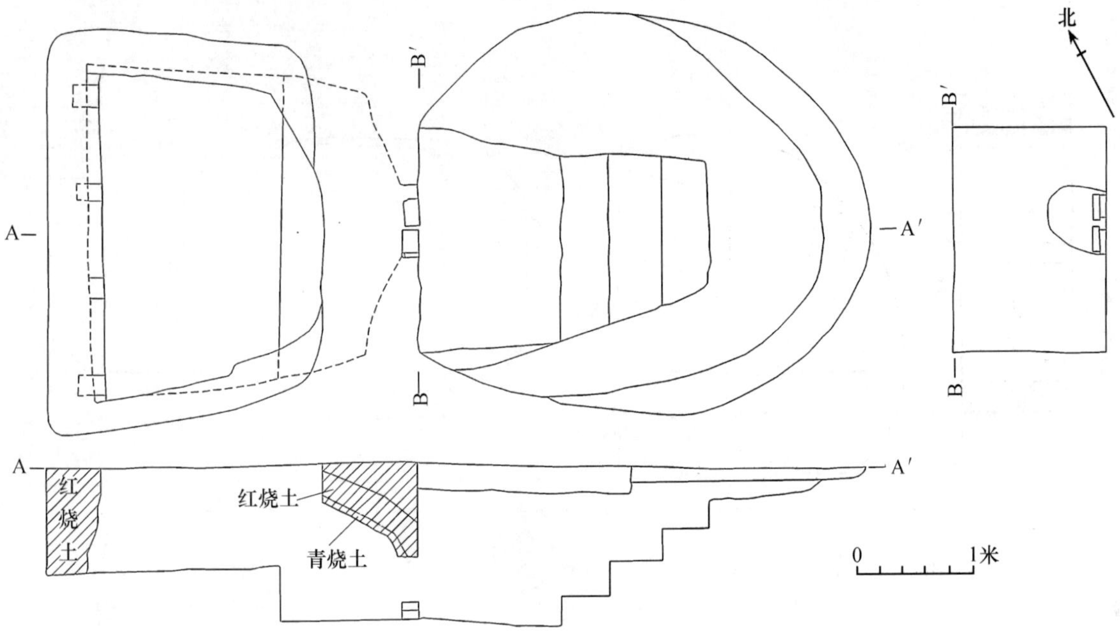

图六三　Y3平、剖面图

窑室：位于火膛的西部，平面马蹄形，顶已残，口小底大，上口南北残长2.6米，残宽1.8米，底部平面近方形，长2.8米，宽2.74米，周壁残高0.88米。由于窑室坍塌严重，窑壁大部分已脱落，残存壁厚0.04～0.06米，周壁红烧土厚0.25～0.48米。窑室下部为窑床。窑床平面呈长方形，纵长1.64米，横宽2.53～2.79米，表面平整，经火烧呈青灰色（图版一九，2）。

烟道：4条。均位于窑室的西壁，南北并列，均就生土壁挖竖直沟槽而成，由南到北依次叙述于下：烟道①位于窑室西南角，距南壁0.07米，长方形，宽0.17米，进深0.24米，残高0.88米；烟道②南距烟道①间距0.64米，宽0.17米，进深0.21米，残高0.88米；烟道③南距烟道②间距0.64米，宽0.14米，进深0.22米，残高0.87米；烟道④距北壁0.08米，宽0.18米，进深0.23米，残高0.87米（图版二〇，1）。

窑室内填灰杂土，土质略松，含大量烧土块、残砖块、炭灰灰渣等。

4. Y4

位于窑址南部，南邻Y3。方向100°。该窑开口于①层下。开口位置距地表深0.3～0.5米，窑底距地表深1.3米，打破生土。为半地穴式，总长6米。由操作间、窑门、火膛、窑室、烟道各部分组成（图六四；彩版一六，1）。

操作间：位于窑门的东部，平面呈不规则形，口大底小。上口东西最长径2.7米，南北最宽径2.6米，底呈长方形，东西1.6米，南北0.8～1米，深0.22～1.3米。自东壁向下共分六阶台阶。第一级台阶东西长2.62米，宽0.88米，高0.16米；第二级台阶长1.34米，宽0.7

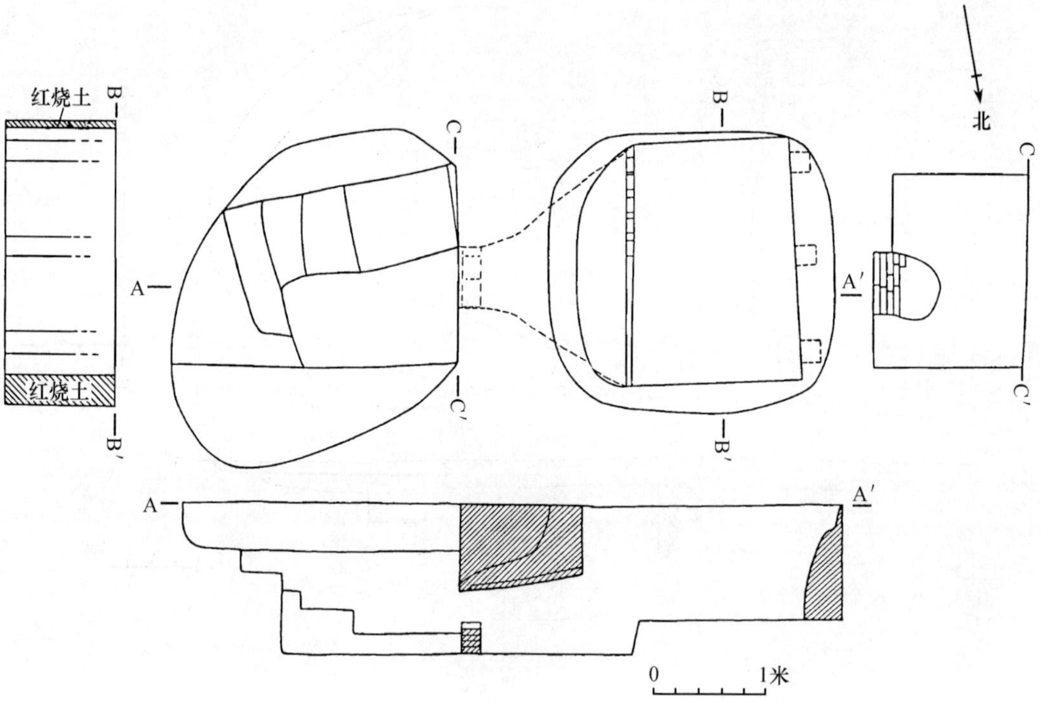

图六四　Y4 平、剖面图

米，高 0.23 米；第三级台阶长 1.2 米，宽 0.32 米，高 0.2 米；第四级台阶长 0.7 米，宽 0.28 ~ 0.38 米，高 0.2 米；第五级台阶长 0.7 米，宽 0.4 ~ 0.5 米，高 0.2 米；第六级台阶长 0.73 米，宽 0.94 米，高 0.19 米。内填黄褐色杂土，土质较硬，含残砖块、烧土块和炭灰等。

窑门：位于窑室的东部，不规则圆形，高 0.58 米，最大宽径 0.54 米，进深 0.2 米。窑门底部残存部分封火墙，用平砖砌 5 层，残高 0.24 ~ 0.29 米，厚 0.17 米。

火膛：位于窑门的西部，火膛平面呈半圆形，弧形顶，自窑门至窑床前空间逐渐扩大，平底，宽 0.56 ~ 2.1 米，进深 1.4 米，底平面低于窑床面 0.3 米。火膛底、壁面经火烧呈青灰色，该层青灰色烧土厚 0.06 ~ 0.08 米，较坚硬（图版二〇，2）。火膛内填黄灰色淤土及炭灰灰渣、草木灰、烧土块等。

窑室：位于火膛的西部，平面呈马蹄形，顶已残，口小底大。上口南北残长 2.12 米，残宽 2 米；底长 3.2 米，宽 2 米，周壁残高约 1 米。由于窑室坍塌严重，窑壁大部分已脱落。残存壁厚 0.03 ~ 0.04 米，周壁红烧土厚 0.1 ~ 0.3 米。窑室内下部为窑床。窑床平面呈长方形，纵长 1. 46 米，横宽 2.1 米，表面平整，经火烧呈红色，窑床前壁用单层竖砖镶边（图版二一）。

烟道：3 条。均位于窑室的西壁，南北并列，均就生土壁挖竖直沟槽而成，一条居西壁中部，呈长方形，宽 0.17 米，进深 0.19 米，残高 0.62 米；其他两条位于窑室西壁的南、北两侧，南侧距南壁 0.12 米，宽 0.18 米，进深 0.19 米，残高 0.75 米；北侧距北壁 0.17 米，宽 0.2 米，进深 0.18 米，残高 0.68 米。

室内填深灰杂土，土质略松，含大量红烧土、窑壁烧结块、残砖块、炭灰渣等。

5. Y5

位于窑址中部，北邻 Y6。方向 275°。该窑开口于①层下。开口位置距地表深 0.9 米，窑底距地表深 1.46 ~ 1.82 米，打破生土。为半地穴式，总长 5.1 米。由操作间、窑门、火膛、窑室各部分组成，破坏较为严重，窑门顶部不存，烟道则未留下任何痕迹（图六五；彩版一六，2）。

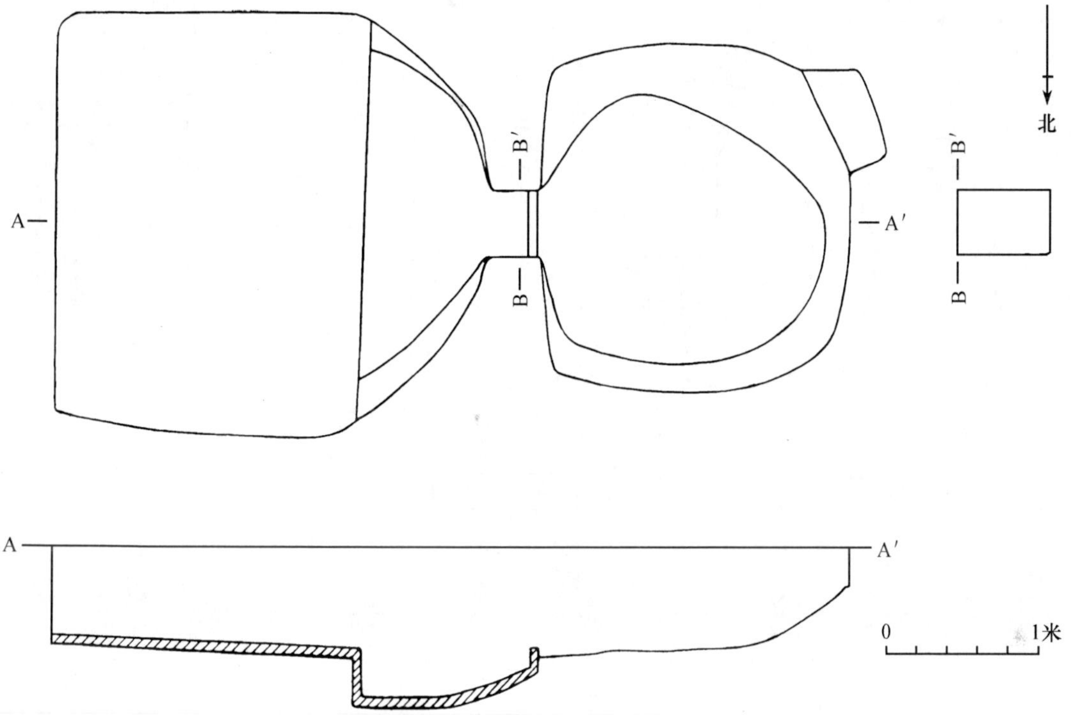

图六五　Y5 平、剖面图

操作间：位于窑门的西部，平面呈椭圆形，东西最长径 2 米，南北最宽径 2.14 米，深 0.3 ~ 0.66 米。位于该坑西南部有一阶台阶，长 0.68 米，宽 0.32 米，高 0.25 米。内填花杂土，土质较硬，含少量红烧土及草木灰。

窑门：位于窑室西部，近长方形，残高 0.6 米，宽 0.4 米，进深 0.36 米。底部烧土为斜坡状，西高东低，厚 0.05 ~ 0.15 米。

火膛：位于窑门的东部，火膛平面呈半圆形，弧形顶，自窑门至窑床前空间逐渐扩大，底部西侧略高于东侧，宽 2 米，进深 0.8 米，底平面低于窑床面约 0.3 米，周围用砖坯所砌，火温较低，无烧壁存在（图版二二，1）。内填花杂土，含烧土块、灰炭渣等。

窑室：位于火膛的东部，平面呈马蹄形，顶部已残，东西长 1.98 米，南北宽 2.26 米，周壁残高 0.55 米，此窑因破坏严重，周围烧壁已不存在。内填杂花土、红烧土、青灰色烧土壁残块、残砖等。窑室下部为窑床。窑床表面烧土层已不存，残存床基平面呈长方形，纵长1.94～2米，横宽2.46～2.62米，窑床的实际面积与此床面积应该相近。

窑内填土较杂，土质较硬，内含红烧土、残砖块、烧结面等。

6. Y6

位于窑址中部，南邻Y5、北邻Y7。方向180°。该窑开口于①层下。开口位置距地表深0.9米，打破生土。为半地穴式，总长6.3米。由操作间、窑门、火膛、窑室、烟道各部分组成（图六六；彩版一五，4）。

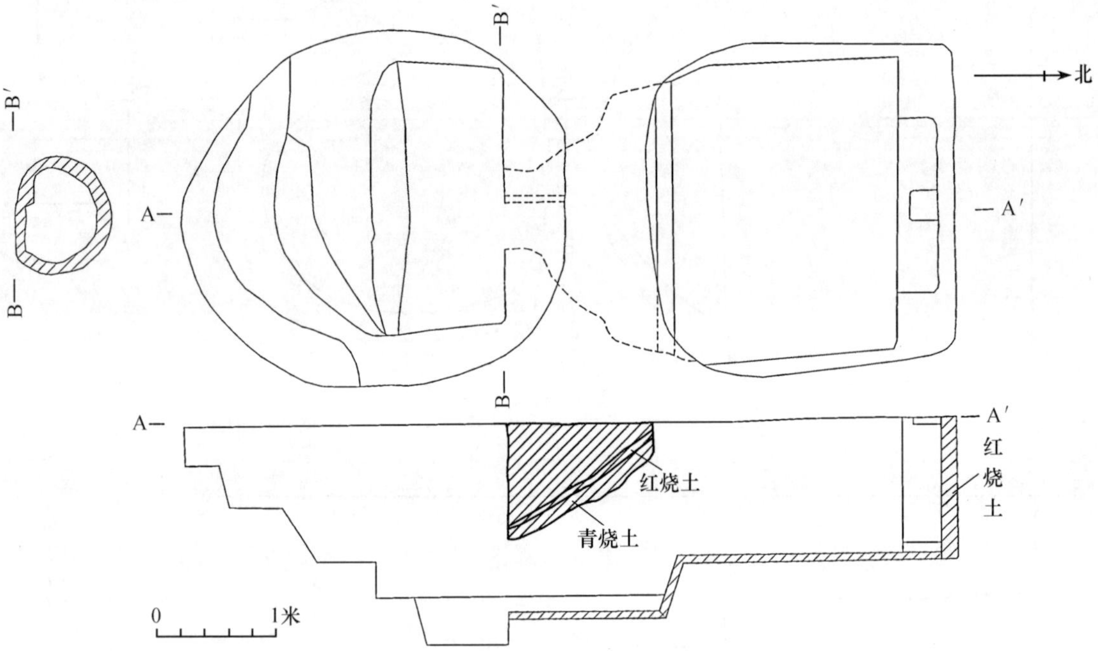

图六六　Y6平、剖面图

操作间：位于窑门的南部，平面呈不规则圆形，口大底小，上口南北最长径2.6米，东西最宽径2.84米，底部平面呈长方形，东西长2.1米，南北宽0.8米，深0.3～1.78米。南部自上而下共分四阶台阶。第一级台阶为半圆形，宽0.26米，高0.32米；第二级台阶为弧形，宽0.44米，高0.42米；第三级台阶呈不规则形，宽0.5米，高0.3米；第四级台阶，宽0.3米，高0.38米。

窑门：位于窑室南部，平底，两壁微曲，弧形顶，高0.6米，最大宽径0.76米，进深0.24米，红烧土壁，红烧土层厚0.08～0.12米。

火膛：位于窑门的北部，火膛平面呈半圆形，弧形顶，自窑门至窑床前空间逐渐扩大，平底，宽2.2米，进深1.16米，底平面低于窑床面0.44米。火膛壁面经火烧呈青灰色，该青灰色烧土层厚0.06～0.1米，火膛底部为黑红色烧土面（图版二二，2）。火膛内填黄花土、淤土含残砖块和大量炭灰渣。

窑室：位于火膛的北部，平面呈马蹄形，顶已残，口小底大，东西宽2.38米，南北长3.6

米，周壁残高1.08米。由于窑室坍塌严重，窑室内壁表面青灰色烧土层大部分已脱落，残高0.2～0.3米。窑室内填杂土及淤土，内含残砖块、红烧土、青灰色烧土壁残块等。窑室内下部为窑床。窑床平面呈长方形，纵长1.86米，横宽2.38米，表面平整，经火烧呈青灰色烧土面（图版二三，1）。

烟道：2条。均位于窑室南壁，东西并列，均系就生土壁挖竖直沟槽，烟道侧壁和两烟道间的隔墙原本或许用砖砌筑，今仅存部分砖壁。两个烟道较大，为长方形，东侧烟道上窄下宽，宽0.6～0.68米，残高1米；西侧烟道宽0.6米，残高1米，壁砖规格为0.3米×0.15米×0.06米。

窑室内填花杂土，底部有少量淤土、红烧土、青灰色烧土壁残块及带绳纹残砖块，土质较硬。

7. Y7

位于窑址中部，南邻Y6、北邻Y8。方向10°。该窑开口于①层下。开口位置距地表深0.9米，打破生土。总长4.7米。该窑有两个操作间，西侧操作间似乎未经使用即废弃掉。经勘探，窑室北侧还存在一个操作间，应该为烧窑时使用，本次工作未进行发掘，仅对其进行了勘探，下文对北侧操作间的描述均来自勘探结果。该窑由西、北操作间、窑门、火膛、窑室、烟道各部分组成（图六七；彩版一七，1）。

西操作间：位于窑室的西部，平面呈椭圆形，口大底小，上口南北最长径3.08米，东西最宽径1.86米，底部呈长方形，南北1.08米，东西1.06米，深0.3～0.93米。在西壁及南壁第一阶台阶上铺有卵石块，南壁有三阶台阶：第一阶台阶宽0.3～0.38米，高0.25米；第二阶台阶宽0.38米，高0.3米；第三阶台阶宽0.36米，高0.25米。操作间内填花杂土、淤土、草木灰等。

北操作间：位于窑室的北部，平面呈椭圆形，口大底小，上口南北最长径3.76米，东西最宽径2.5～3.14米。在北部自上而下共分三级台阶：第一阶台阶东西长2.15米，宽0.3米，高0.32米；第二阶台阶长2.5米，宽0.4米，高0.35米；第三阶台阶东西长2.5米，宽0.42米，高0.3米。底部呈长方形，南北长2.04米，东西宽1.2米，深0.32～1.46米。操作间内填花杂土，土质较软。含红烧土、炭灰灰渣等。

窑门：位于北操作间南部，近半圆形，平底，弧形顶，高0.3米，底部宽约0.6米，窑门周壁为红烧土。

火膛：位于窑门的南部，火膛平面呈半圆形，弧形顶，自窑门至窑床前空间逐渐扩大，平底，宽0.62～2.3米，进深1.4米，底平面低于窑床面0.4米（图版二三，2）。内填土较杂，含烧土块、青灰色烧土壁残块、炭灰等。

窑室：位于火膛的南部，平面呈马蹄形，顶已残，口小底大，上口南北长2.93米，东西宽2.3米。由于破坏，周壁大部分脱落，残存壁高1.08米，东壁被现代井打破。内填土较杂，含红烧土、青灰色烧土壁残块、残砖块等。窑室内下部为窑床。窑床平面呈长方形，纵长1.52

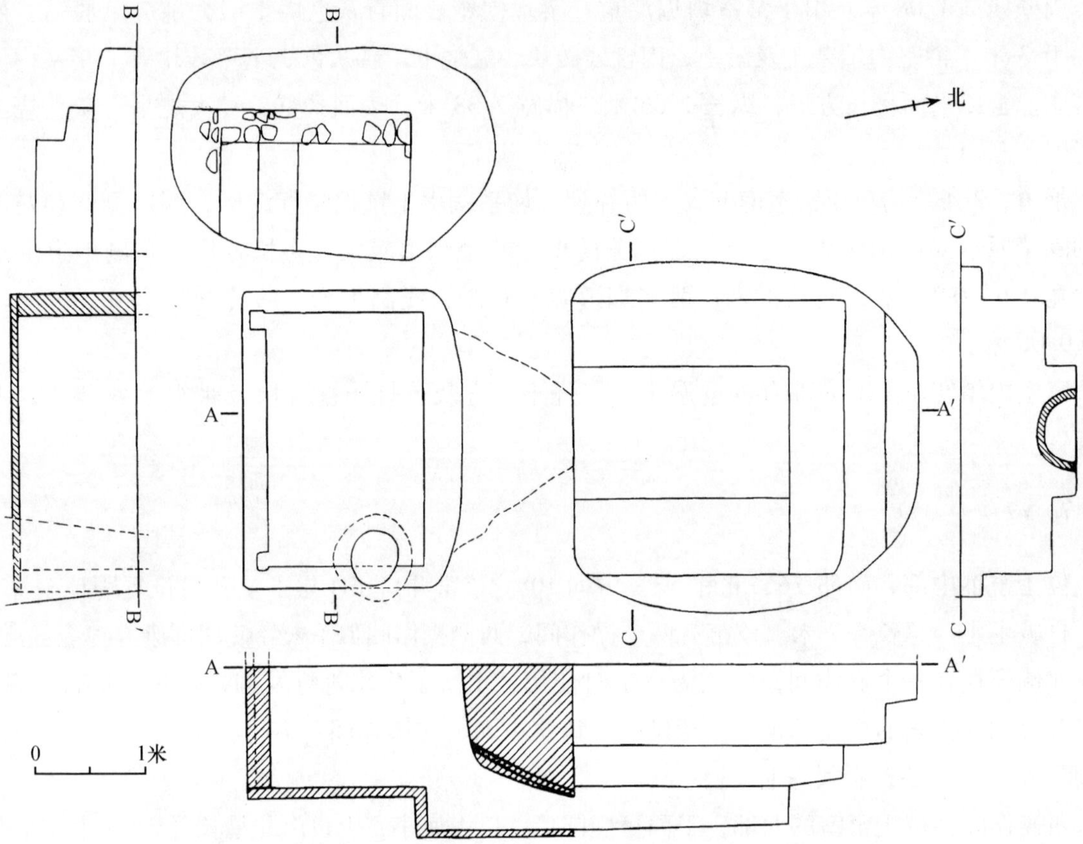

图六七　Y7 平、剖面图

米，横宽 2.3 米，表面平整，经火烧呈青灰色烧土面（图版二四，1）。

烟道：2 条。均位于窑室南壁，分居东、西两端，均系就生土壁挖竖直沟槽而成，东烟道截面为方形，长宽 0.16 米，进深 0.1 米，残高 1.1 米；西烟道截面呈方形，宽 0.16 米，进深 0.13 米，残高 1.1 米。两烟道由于破坏，青灰色烧土壁已全部脱落，残留壁均为红烧土。

窑室内填土较杂，含大量红烧土、青灰色烧土壁残块及炭灰渣等。

8. Y8

位于窑址北部，东邻 Y10、西邻 Y12。方向 185°。该窑开口于①层下。开口位置距地表深 1 米，窑底距地表深 2 米，打破生土。为半地穴式，总长 6.17 米。由操作间、窑门、火膛、窑室、烟道各部分组成（图六八；彩版一七，2）。

操作间：位于窑门的南部，平面不规则圆形，口大底小，上口南北最长径 3.08 米，东西最宽径 2.6 米，底部平整，平面近似长方形，南北长 1.64 米，东西宽 2.52 米，深 1 米。南部有三级台阶，自上而下，第一级台阶东西长 2.25 米，宽 0.63 米，高 0.16 米；第二级台阶东西长 2.44 米，宽 0.4 米，高 0.28 米；第三级台阶东西长 2.58 米，宽 0.4 米，高 0.2 米。内填花杂土，含烧土颗粒、炭灰渣。土质较硬。

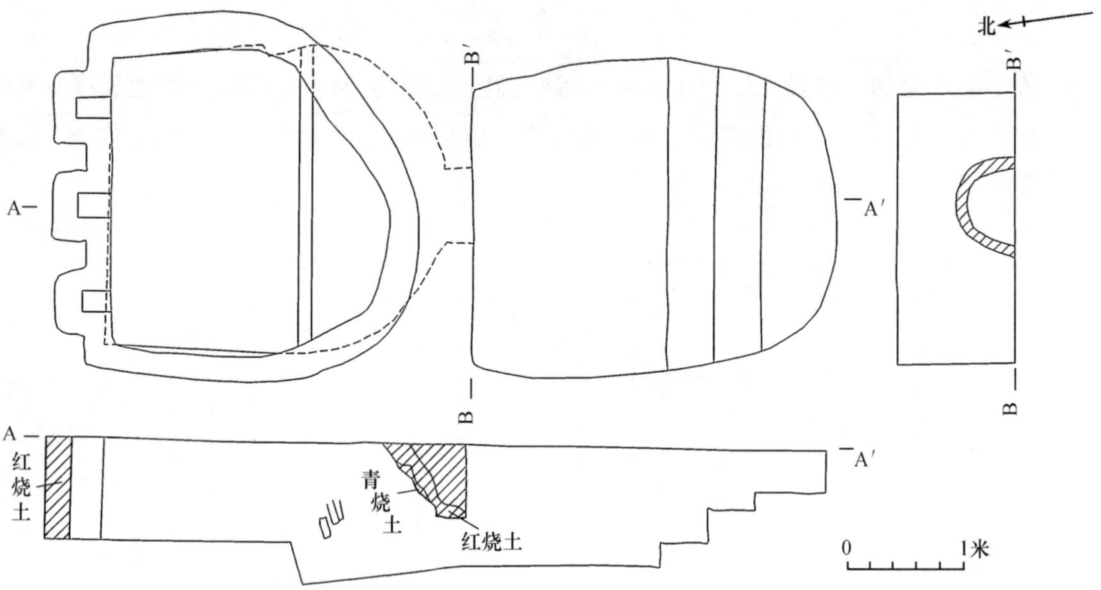

图六八 Y8平、剖面图

窑门：位于窑室南部，近半圆形，高0.4米，宽0.64米，进深0.24米。生土壁，经火烧呈红色，烧土壁厚0.03米，烧土壁外红烧土厚0.08～0.1米。

火膛：位于窑门北部，火膛平面呈半圆形，弧形顶，自窑门至窑床前空间逐渐扩大，底部微呈斜坡形，自窑门内至窑床前壁逐渐降低，宽2.52米，进深1.22米。底部南高北低，底面低于窑床面0.36米，周壁经火烧呈青灰色，厚0.04米（图版二四，2）。在周壁上残留挖制窑炉时的工具痕迹，皆近长方形，长0.16～0.2米，宽0.06米（图版二五，1）。内填黄灰色杂土，底部有0.2米的淤土及大量的炭灰渣、草木灰、烧土块。

窑室：位于火膛北部，平面呈马蹄形，顶部塌落，口小底大，上口南北残长2.38米，东西残宽2.54米；底长3.1米，宽2.5米，周壁残高0.83～1.18米。由于坍塌严重，窑室内壁表面青灰色烧土层大部分已脱落，残存壁厚0.02～0.05米，残高0.2～0.58米。周壁红烧土厚0.18～0.32米。内填杂土及青灰色烧土壁残块和红烧土残砖块。窑室内下部为窑床。窑床平面呈长方形，纵长1.6～1.71米，横宽2.48米，窑床前壁略向后倾斜，与火膛底面呈约101°的斜角，表面平整，经火烧呈青灰色烧土面。

烟道：3条。均位于窑室的北壁，均系就生土壁挖竖直沟槽而成，一条居北壁中部，截面呈长方形，宽0.2米，进深0.28米，残高0.83米；其余两条分别位于北壁东、西两端，东侧烟道距东壁0.31米，宽0.18米，进深0.29米，残高0.87米；西侧烟道距西壁0.29米，宽0.17米，进深0.24米，残高0.83米（图版二五，2）。

窑室内填黄灰杂土，土质稍硬，含大量红烧土、青灰色烧土壁残块、炭灰渣和残砖块等。

9. Y9

位于窑址北部，东邻 M5。方向 190°。该窑开口于①层下。开口位置距地表深 0.9 米，窑底距地表深 1.7 ~ 2 米，打破生土。为半地穴式，总长 6 米。由操作间、窑门、火膛、窑室、烟道各部分组成（图六九；彩版一六，3）。

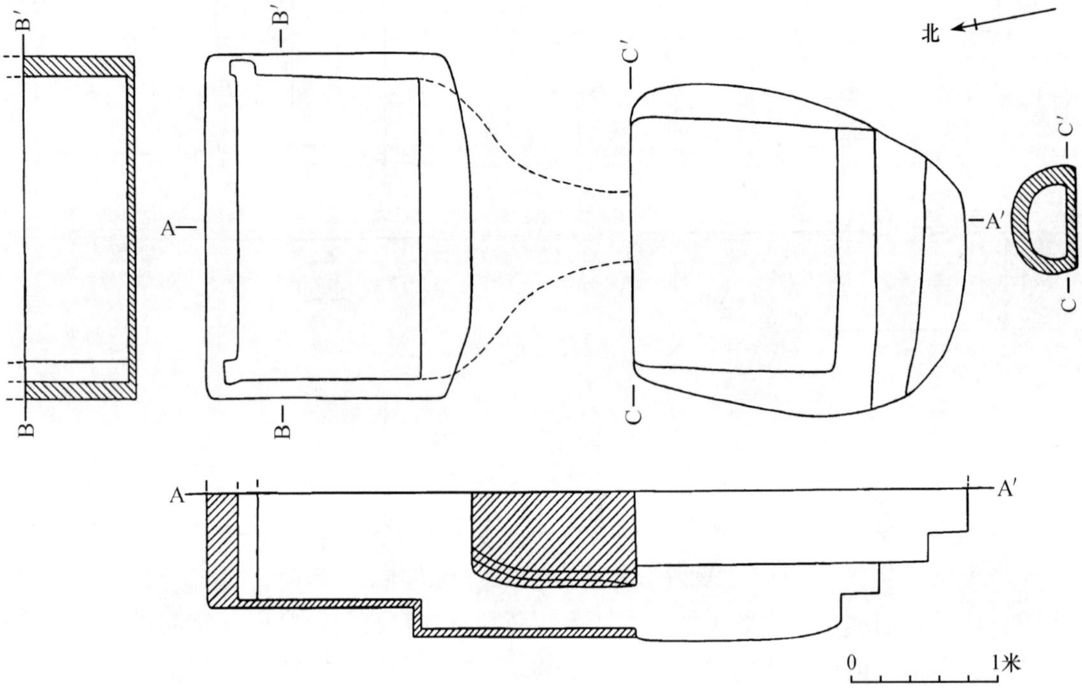

图六九　Y9 平、剖面图

操作间：位于窑门的南部，平面近椭圆形，口大底小，上口南北最长径 2.6 米，东西最宽径 2.34 米，底部平面近方形，东西宽 1.88 米，南北长 1.6 米，深 1.1 米。南部有三级台阶，第一级台阶宽 0.3 米，高 0.29 米；第二级台阶宽 0.4 米，高 0.22 米；第三级台阶宽 0.3 米，高 0.2 米。内填杂土，含少量残砖块及红烧土等。

窑门：位于窑室南部，近半圆形，高 0.3 米，宽 0.55 ~ 0.58 米。生土壁，经火烧呈红色，红烧土壁厚 0.06 ~ 0.1 米。

火膛：位于窑门北部，火膛平面呈半圆形，弧形顶，自窑门至窑床前空间逐渐扩大，平底，宽 2.27 米，进深 1.7 米，底平面低于火床 0.22 米。周壁经火烧呈青灰色，厚约 0.05 米（图版二六，1）。内填土较杂，含红烧土、青灰色烧土壁残块，底部有 0.06 ~ 0.08 米的淤土及炭灰渣等。

窑室：位于火膛北部，平面呈马蹄形，顶部塌落，口小底大，上口南北长 3.15 米，东西宽 2.28 米，周壁残高约 0.8 米。由于坍塌严重，窑室周壁大部分已脱落，残存烧土壁高 0.2 ~ 0.3 米。内填黄花杂土含大量红烧土、青灰色烧壁残块等。窑室内下部为窑床。窑床平面呈长方形，纵长1.46米，横宽2.27米，窑床前壁残存部分砖壁，推测窑床前壁原本或许用砖坯镶边，经火烧呈青灰色硬面（图版二六，2）。

烟道：2条。分别位于窑室北壁的东西两角处，均系就生土壁挖竖直沟槽而成，截面均呈长方形，东侧烟道东西宽0.13米，进深0.2米，残高1米；西侧烟道东西宽0.15米，进深0.13米，残高1米。

窑室内填土较杂，红烧土、青灰色烧土壁残块、残砖块、淤土、灰渣等。

10. Y10

位于窑址北部，东邻Y9、西邻Y8。方向185°。该窑开口于①层下。开口位置距地表深0.9米，窑底距地表深2米，打破生土。为半地穴式，总长6.2米。由操作间、窑门、火膛、窑室、烟道各部分组成（图七〇；彩版一六，4）。

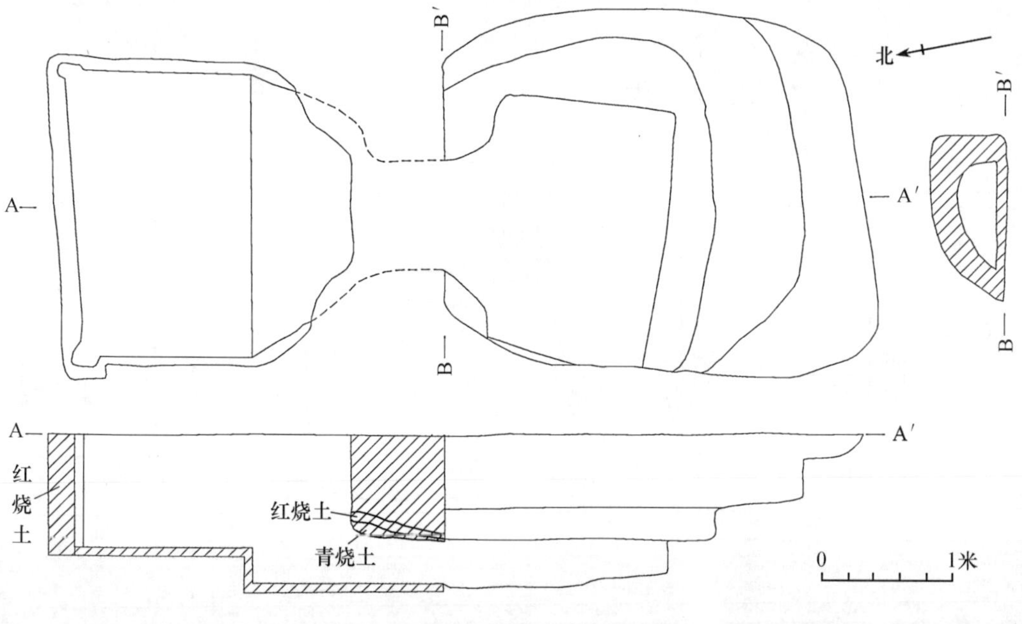

图七〇 Y10平、剖面图

操作间：位于窑门的南部，平面近椭圆形，东西2.6米，南北经探3.2米；底面呈长方形，南北1.66米，东西1.92米，深1~1.1米。南部有三级台阶，第一级台阶，呈半圆形，宽0.26米，高0.28米；第二级台阶，呈椭圆形，宽0.66米，高0.24米；第三级台阶宽0.36米，高0.25米。内填杂花土，含乱石块及烧土等。

窑门：位于窑室南部，呈扁圆形，底平，门壁弧形，宽0.8米，高0.28米。生土壁，经火烧呈红色，红烧土壁厚0.06~0.2米。

火膛：位于窑门的北部，火膛平面呈半圆形，弧形顶，自窑门至窑床前空间逐渐扩大，平底，宽东西2.08米，进深0.85米，底平面低于窑床0.26米。周壁经火烧呈青灰色硬面（图版二七）。内填淤花土，含残砖块、红烧土块、青灰色烧壁残块等。

窑室：位于火膛的北部，平面呈马蹄形，残存部分顶小底大，南北长 2.18 米，东西宽 2.06 米，周壁残高约 0.8 米。由于坍塌严重，窑室周壁表面青灰色烧土层大部分已脱落，残高 0.2 ~ 0.5 米。内填杂花土含红烧土块、青灰色烧壁残块、残砖块及炭灰渣等。窑室内下部为窑床。窑床平面呈长方形，纵长 1.3 米，横宽 2.08 米，表面比较平整，经火烧呈青灰色硬面（图版二八，1）。

烟道：2 条。分别位于窑室北壁东西两角处。均系就生土壁挖竖直沟槽而成，截面均呈长方形，东侧烟道南北 0.18 米，进深 0.12 米，残高 0.66 米；西侧烟道南北 0.2 米，进深 0.15 米，残高 0.66 米。

窑内填土较杂，含红烧土块、青灰色烧土壁残块、残砖块、炭灰渣等。

11. Y11

位于窑址北部，东邻 Y12、南邻 Y7。方向 180°。该窑开口于①层下。开口位置距地表深 0.9 米，窑底距地表深 2.1 米，打破生土。为半地穴式，总长 6 米。由操作间、窑门、火膛、窑室、烟道各部分组成（图七一；彩版一八，1）。

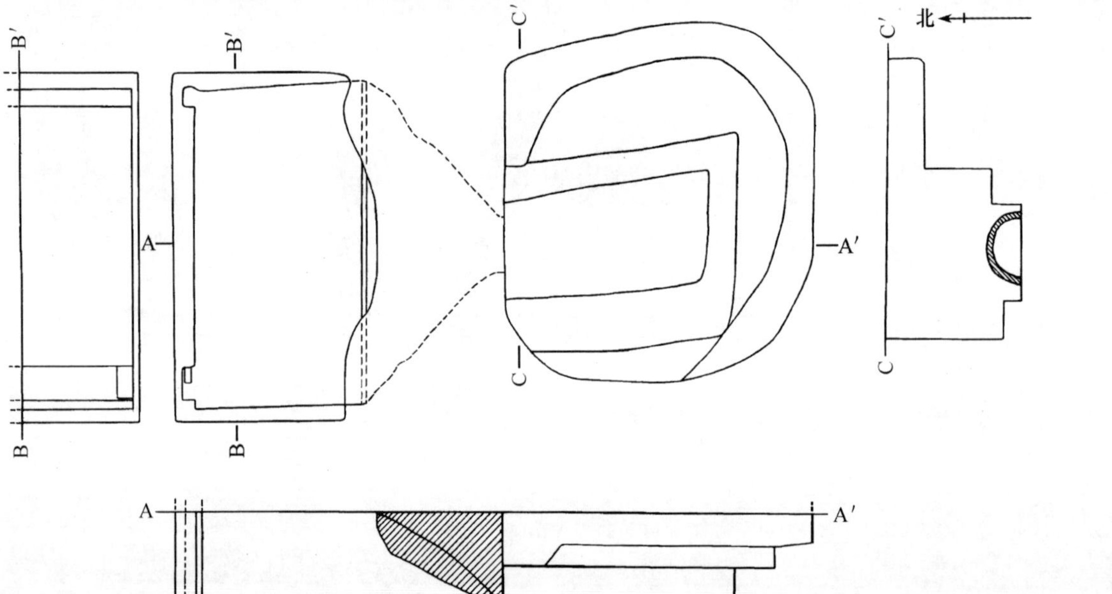

图七一　Y11 平、剖面图

操作间：位于窑室的南部，平面近椭圆形，东西 3.3 米，南北 2.9 米；底面呈长方形，南北长 1.92 米，东西宽 0.9 ~ 1.02 米，深 1.3 米。南部有四级台阶：第一级台阶，呈不规则形，宽 0.26 ~ 0.36 米，高 0.2 米；第二级台阶宽 0.36 米，高 0.2 米；第三级台阶宽 0.34 米，高 0.28 米；第四级台阶宽 0.24 米。内填黄花杂土，含乱石块及烧土等。

窑门：位于窑室的北部，呈半圆形，东西宽 0.52 米，进深 0.12 米，高 0.38 米。生土壁，红火烧呈红色，红烧土壁厚 0.05 ~ 0.08 米。

火膛：位于窑门的北部，火膛平面呈半圆形，弧形顶，自窑门至窑床前空间逐渐扩大，平底，南端宽0.54米，北端宽3米，进深1.28米，底平面低于窑床0.14米（图版二八，2；图版二九，1）。内填杂土，红烧土、青灰色烧壁残块等。

窑室：位于火膛的北部，平面呈马蹄形，残存部分顶小底大，南北长3.05米，东西宽3米，周壁残高约1.1米。由于坍塌严重，窑室周壁表面青色烧土壁大部分已脱落，残高0.2米。内填杂花土含砖块、红烧土块、青灰色烧壁残块底部有淤土等。窑室内下部为窑床。窑床平面呈长方形，纵长1.66米，横宽3米，表面较平整，经火烧呈青灰色硬面（图版二九，2）。

烟道：2条。分别位于窑室的北壁东、西两角处。烟道系先就生土壁掏挖竖直沟漕，继而用砖坯垒砌内壁，由于破坏严重，上部砖壁已脱落，仅残存留有红色烧土硬壁。烟道截面均为长方形，东侧烟道东西0.18米，南北0.12米，残高1.1米；西侧烟道东西0.32米，南北0.12米，残高1.1米（图版三〇，1）。

窑室内填土较杂，含红烧土块、青灰色烧土壁残块、残砖块、炭灰渣等。

12. Y12

位于窑址北部，东邻Y8、西邻Y11。方向185°。该窑开口于①层下。开口位置距地表深1米，窑底距地表深2.2米，打破生土。为半地穴式。由于晚期破坏严重，操作间、窑门等部分已荡然无存，现仅残留火膛、窑室、烟道三部分，残长2.68米（图七二；彩版一八，2）。

火膛：平面呈半圆形，弧形顶，窑门方向至窑床前空间逐渐扩大，平底，东西宽2.27米，进深1.02米，底部经火烧呈红色硬面，周壁经火烧呈青灰色，厚0.04米，底平面低于火床0.33米（图版三〇，2）。在火膛周壁上残留工具痕迹，均近长方形，长0.05～0.2米，宽0.05～0.06米（图版三一，1）。火膛内填红褐色杂土，底部有0.2米淤土，填土中含大量的炭灰渣、草木灰和烧土块等。

窑室：平面呈马蹄形，顶部塌落。残存部分口小底大，上口南北残长2.26米，东西残宽2.11米；底长2.68米，宽2.28米，周壁残高0.88～1.2米。由于窑室坍塌严重，窑室周壁青灰色烧土壁大部分已经脱落，残高0.2～0.4米，厚0.02～0.04米，周围红烧土厚0.24～0.3米。内填红褐色杂土、青灰色烧土壁残块、红烧土和少量残砖块。窑室内下部为窑床。窑床平面呈长方形，纵长1.52～1.67米，横宽2.26米，窑床前壁竖直，表面较平整，经火烧呈青灰色硬面。

烟道：3条。均位于窑室内的北壁，东西并列，均就生土壁挖竖直沟槽而成，截面均呈长方形。一条位于北壁中部，呈长方形，宽0.17米，进深0.18米，残高0.89米；其他两条位于窑室北壁东、西两侧，东侧烟道距东壁0.22米，宽0.18米，进深0.18米，残高0.9米；西侧烟道距西壁0.16米，宽0.18米，进深0.18米，残高0.88米（图版三一，2）。

窑室内填红褐色杂土，土质稍硬。含大量红烧土、青灰色烧土壁残块、少量残砖块、炭灰渣等。

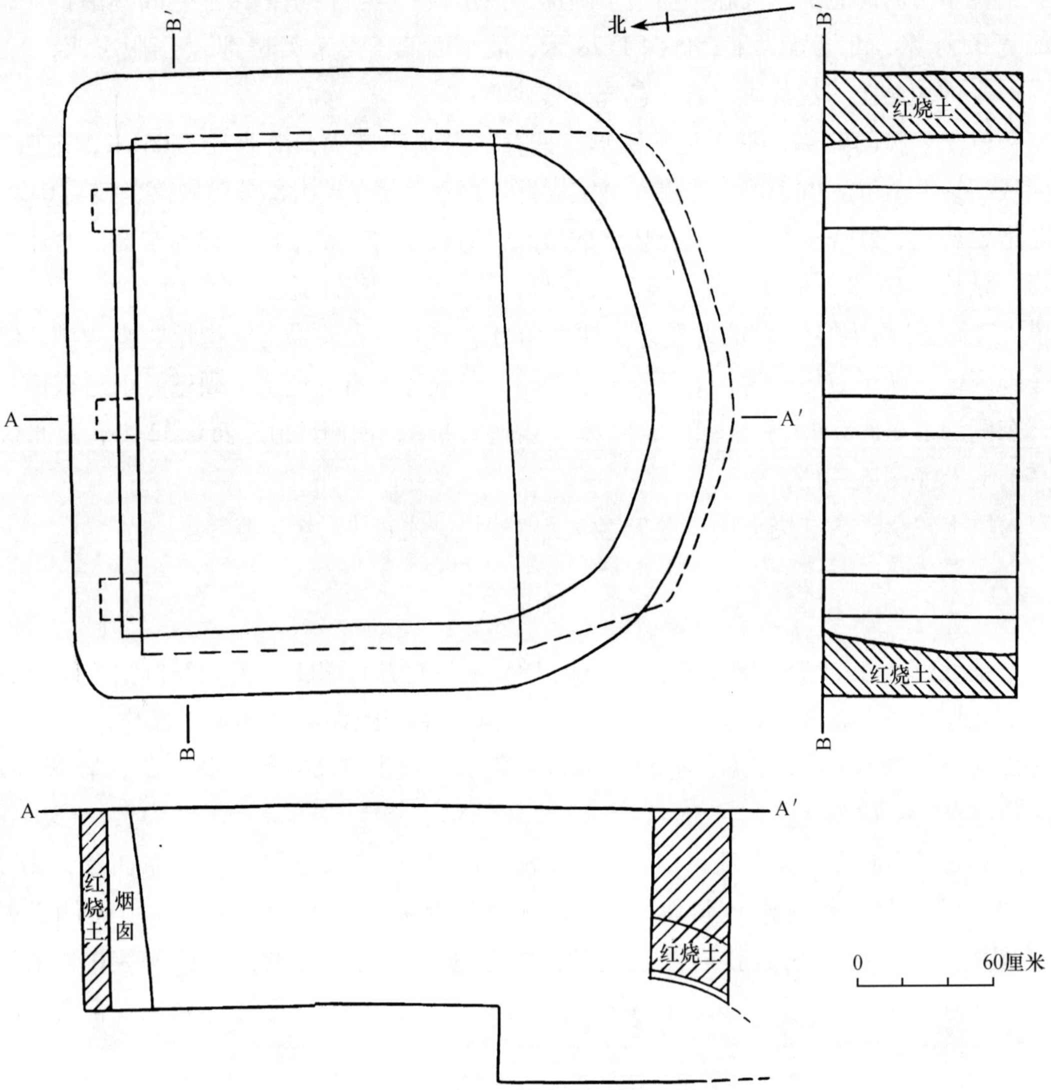

图七二　Y12 平、剖面图

第五章　明代墓葬

第一节　明代墓葬概况

杜辛庄遗址共发掘了12座明代的墓葬，均位于西区，分布在南北长约20米，东西宽约13米的范围内，相邻的墓葬间的距离不大，其中M26、M27墓壁紧贴（图七三）。12座墓葬的墓坑均为南北向，以墓坑内所葬死者的头向而言，3座墓葬的方向为355°，其余骨架头向明确的7座墓葬方向则为0°~17°。

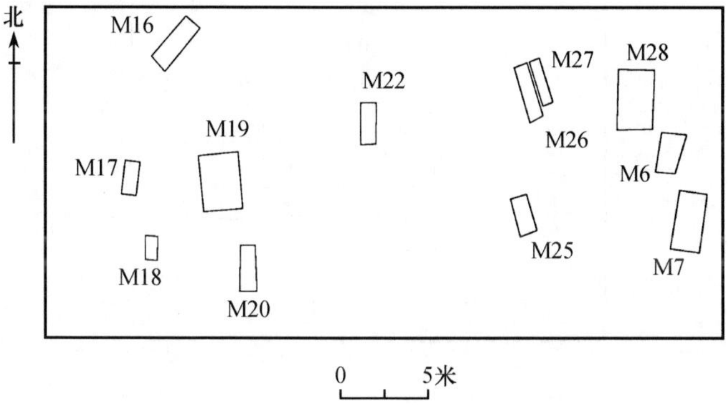

图七三　明代时期墓葬布局

12座明代的墓葬均为长方形竖穴土坑墓，规模均不大，长2.1~2.88米，宽0.7~2.22米，残存的深度0.5~1.3米。12座明代墓葬中的4座为二人合葬墓，7座为单人葬，另外1座墓葬墓坑内不见骨架，或许已经迁葬他处。所见葬具较为简单，一般为单层木棺，或者没有葬具直接葬于墓坑中；除2座墓葬中骨架情况不明外，9座墓葬中的死者均为仰身直肢葬，M17可能为自其他地方迁来此处，墓主骨骼整齐地堆于墓坑中部。

4座墓葬中发现墓主头部枕瓦或胸部覆瓦的现象，所用瓦均为青灰色板瓦。清理出土时，少量头骨滚落于板瓦一侧，胸部所覆板瓦则已将墓主胸骨压碎。一座墓葬（M6）的死者盆骨处清理出一件铲形铁器，这类现象应该属于一种镇墓现象。M28的西侧墓主头端墓壁内嵌一块方砖，根据以往的发现，这类方砖上一般会书写买地文或墓主生平等类文字，但是在这一块方砖上未发现任何文字痕迹。

明代时期的墓葬随葬器物较少，仅见少量陶罐、釉陶罐及一些铜钱，陶罐或釉陶罐一般均位于墓主头端木棺外部，铜钱则一般散置于棺内墓主骨架周围。

第二节　明代墓葬资料介绍

1. M6

位于该发掘区的西部，南邻 M7。方向 355°。开口于①层下。墓口距地表深 0.6 米，墓底距地表深 1.48 米（图七四；图版三二，1）。

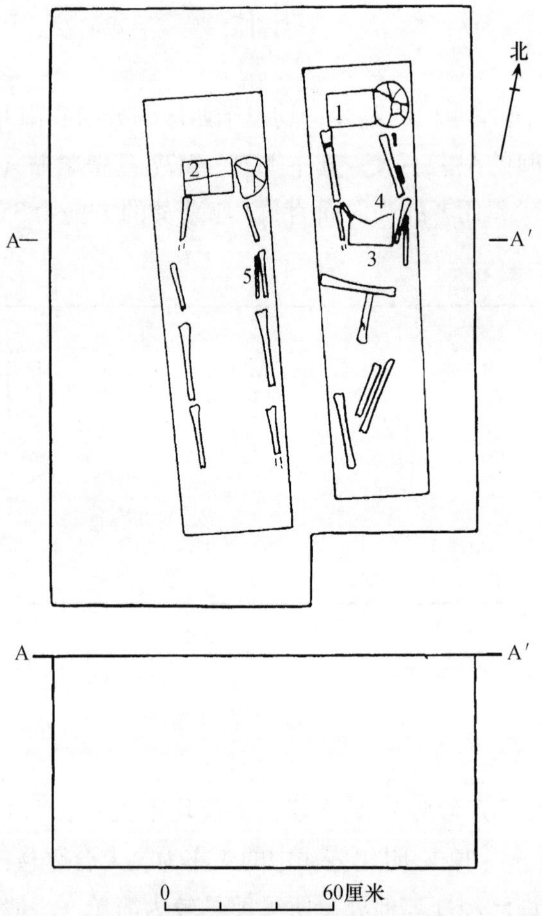

图七四　M6 平、剖面图
1、2. 板瓦　3. 铁片　4、5. 铜钱

长方形竖穴土坑墓，墓坑南北长 2.2～2.46 米，东西宽 1.82 米，残存深度约 0.9 米。墓内合葬二人，东西并列放置二棺，二棺棺底齐平。二棺均已腐朽，残存棺板灰痕。西棺长 1.8 米，宽 0.42～0.48 米，残高 0.22 米。棺内骨架腐朽严重，头向北，面向不清，头下枕板瓦三块，仰身直肢葬，性别、年龄不详。西棺内出土铜钱 1 枚，位于墓主胸部位置。东棺长 1.82 米，宽 0.48～0.52 米，残高 0.22 米。棺内骨架亦腐朽，头向北，面向不清，头下枕一块板瓦，胸部

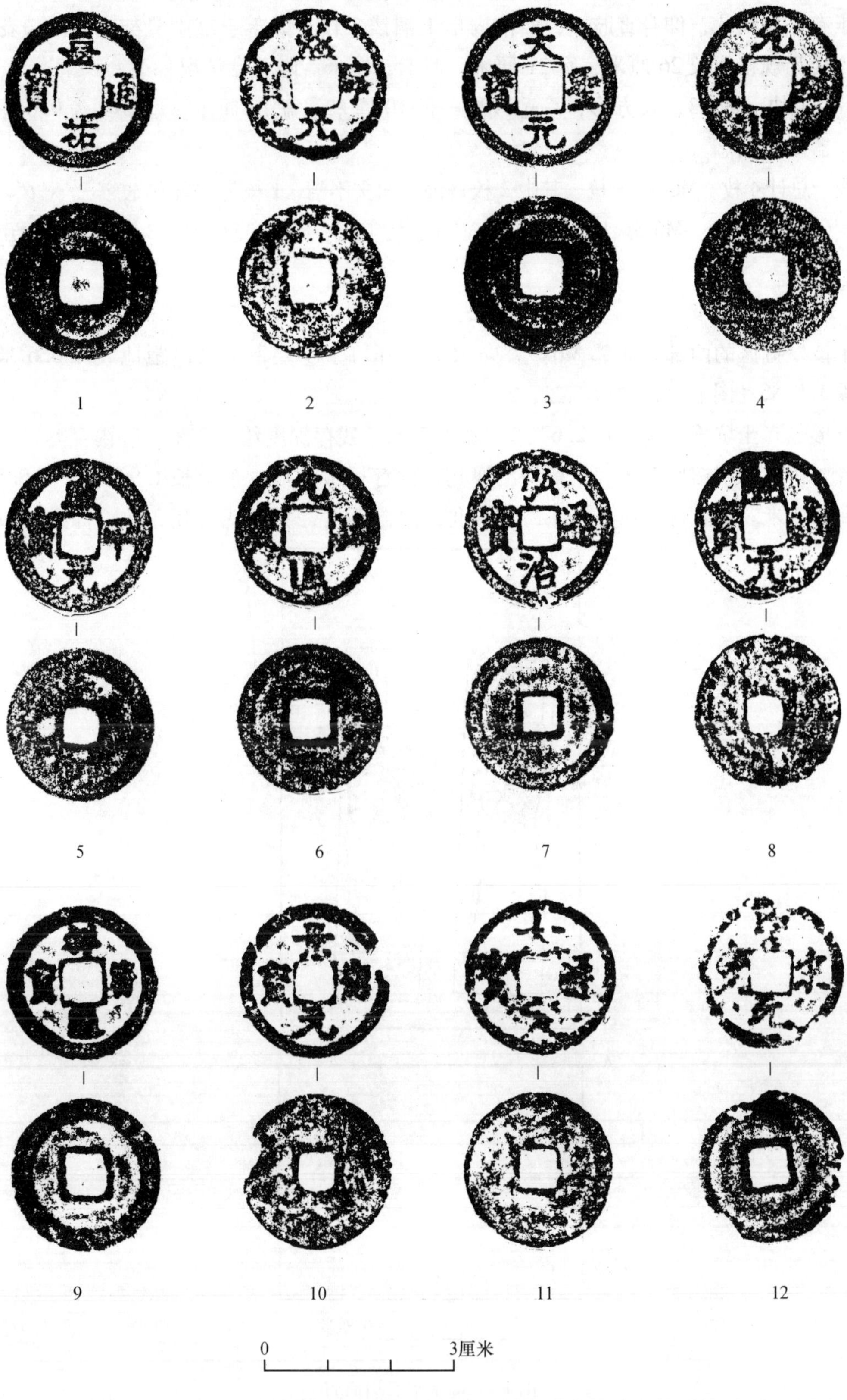

图七五 明代墓葬出土铜钱拓片

1. M6∶5 2. M6∶4 3、4. M7∶2 5～12. M17∶1

骨架上压有一块铁片，仰身直肢葬，西棺内出土铜钱3枚，散落于墓主骨架间。内填花土，土质较硬。板瓦规格为长26厘米，宽21厘米，厚1.5厘米。随葬品情况如下：

铁片　1块。M6:3，长方形，一边残缺，长10厘米，宽12厘米，厚度约为0.6厘米，锈蚀严重，器型不明。

铜钱　总计4枚。M6:4，3枚，其中2枚锈蚀，面文不清，1枚为"嘉祐通宝"，对读。直径为2.4厘米（图七五，1）。M6:5，1枚，面文为"熙宁元宝"，环读。直径为2.3厘米（图七五，2）。

2. M7

位于该发掘区的西部，北邻M6。方向355°。开口于①层下。墓口距地表深0.6米，墓底距地表深1.9米（图七六；图版三二，2）。

长方形竖穴土坑墓。南北长2.64米，宽1.7米，残存深度约1.3米。墓内合葬二人，东西并列放置二棺，二棺棺底齐平。二棺均已腐朽，残存棺板灰痕。东棺长1.94米，宽0.5~0.54米，残高0.2米。棺内骨架保存较差，头向北，面向不清，头下枕板瓦3块，仰身直肢葬，性

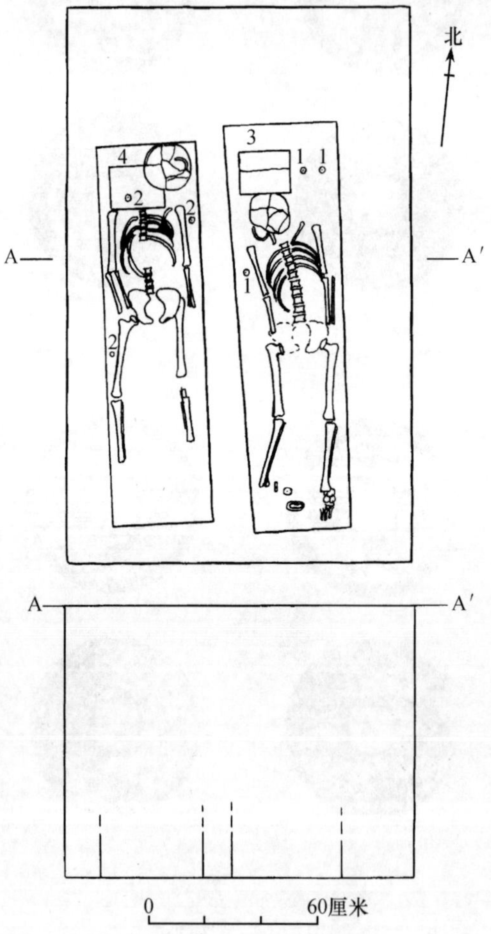

图七六　M7平、剖面图
1、2. 铜钱　3、4. 板瓦

别、年龄不详。东棺内出土铜钱3枚，散落于墓主骨架之间（图版三二，4）。西棺长1.9米，宽0.5～0.52米，残高0.2米。棺内骨架保存较差，头向北，面向不清，头下枕板瓦2块，为仰身直肢葬，性别、年龄不详。西棺内出土铜钱3枚，散落于墓主骨架之间（图版三二，3）。内填花土，土质较硬。板瓦规格为长26厘米，宽21厘米，厚1.5厘米。随葬品情况如下：

铜钱　总计6枚。M7∶1，3枚，均锈蚀严重，面文不清。M7∶2，3枚，其中1枚锈蚀，另外2枚分别为"天圣元宝"、"元祐通宝"。直径为2.4、2.35厘米（图七五，3、4）

3. M16

位于该发掘区的西部，南邻M17。方向13°。开口于①层下。墓口距地表深0.8米，墓底距地表深1.6米。

长方形竖穴土坑墓。长2.46米，宽0.76～0.84米，残存深度约0.8米。墓内葬一人，葬具为一棺，棺木腐朽，据棺板灰痕可知棺长2.04米，宽0.38～0.44米，残高0.1米，棺内骨架仅残留头骨和肢骨，头北足南，面向上，葬式为仰身直肢。未发现任何随葬品（图七七；图版三二，5）。

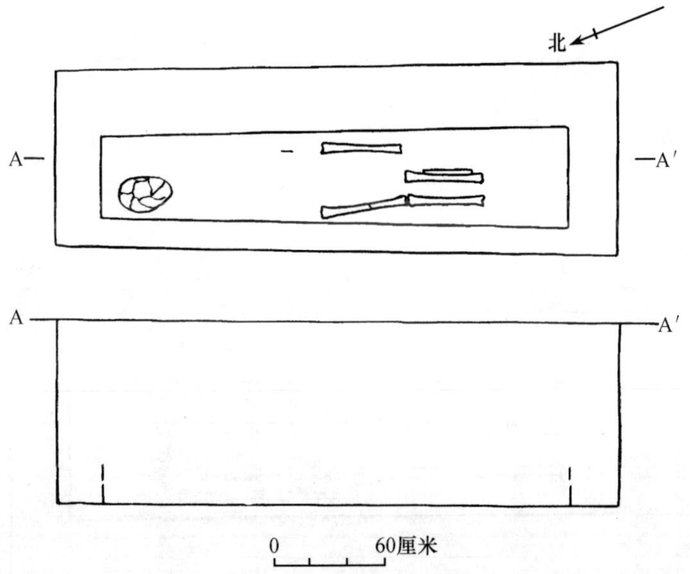

图七七　M16平、剖面图

4. M17

位于该发掘区的西部，南邻M18和M29。方向14°。开口于①层下。打破M29，墓口距地表深0.8米，墓底距地表深1.3米（图七八；图版三二，6）。

长方形竖穴土坑墓，南北长2.1米，东西宽0.74～0.84米，残存深度约0.5米。墓内葬一人，无葬具，在墓坑中部略偏北处清理出人骨架一具，出土时人头骨面向上，肢骨、盆骨等整齐地并拢于头骨南部，根据葬式情况推测，墓主骨架当系由他墓迁来，此墓应是迁葬墓。内填花土，土质稍松。墓内清理出铜钱10枚，均置于墓主骨架下面。随葬品情况如下：

铜钱　10枚。M17∶1，其中3枚锈蚀，面文不清，7枚分别为"开元通宝"、"圣宋元宝"、

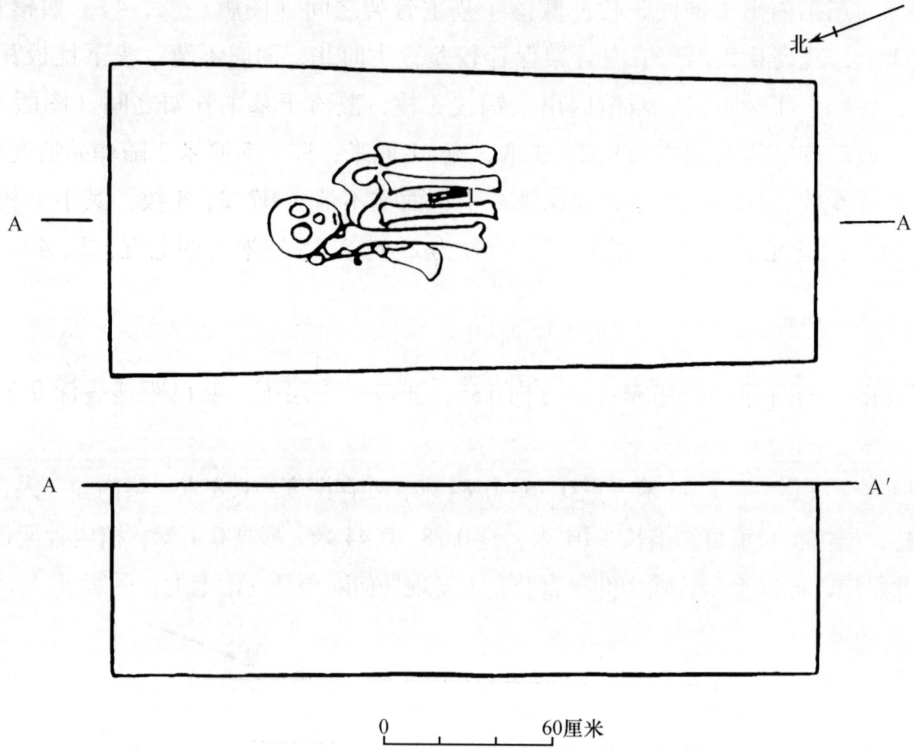

图七八　M17平、剖面图

1. 铜钱

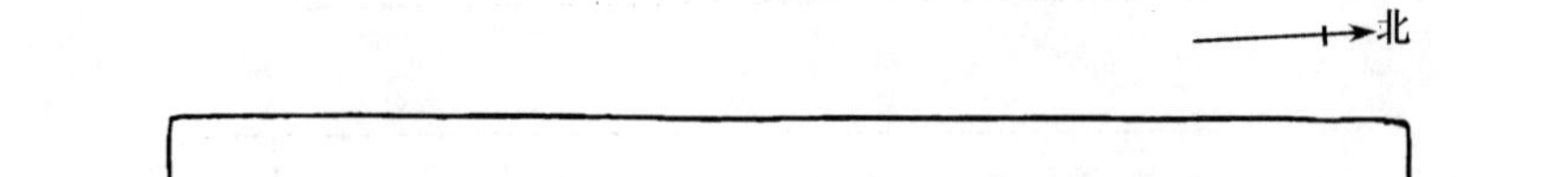

图七九　M18平、剖面图

“咸平元宝”、“元祐通宝”、“祥符通宝”、“景祐元宝”、“大定通宝”、“弘治通宝”，直径分别为2.35、2.3、2.4、2.35、2.35、2.4、2.4、2.3厘米，除“开元通宝”、“大定通宝”、“弘治通宝”面文为对读外，其余钱文均为环读（图七五，5~12）。

5. M18

位于该发掘区的西部，东邻M20。方向3°。叠压在M29之上，开口于①层下。墓口距地表深0.8米，墓底距地表深1.6米（图七九）。

长方形竖穴土坑墓，南北长2.3米，东西宽0.9米，残存深度约0.8米。墓内葬一人，葬具为一木棺，棺木腐朽，残存棺板灰痕长1.9米，宽0.44~0.48米，残高0.1米。棺内骨架保存较差，头北足南，面向上，仰身直肢葬，性别、年龄不详。内填花土，土质较软。未发现任何随葬品。

6. M19

位于该发掘区的西部，南邻M20。方向15°。开口于①层下。墓口距地表深0.8米，墓底距地表深1.8米（图八〇；图版三三，2）。

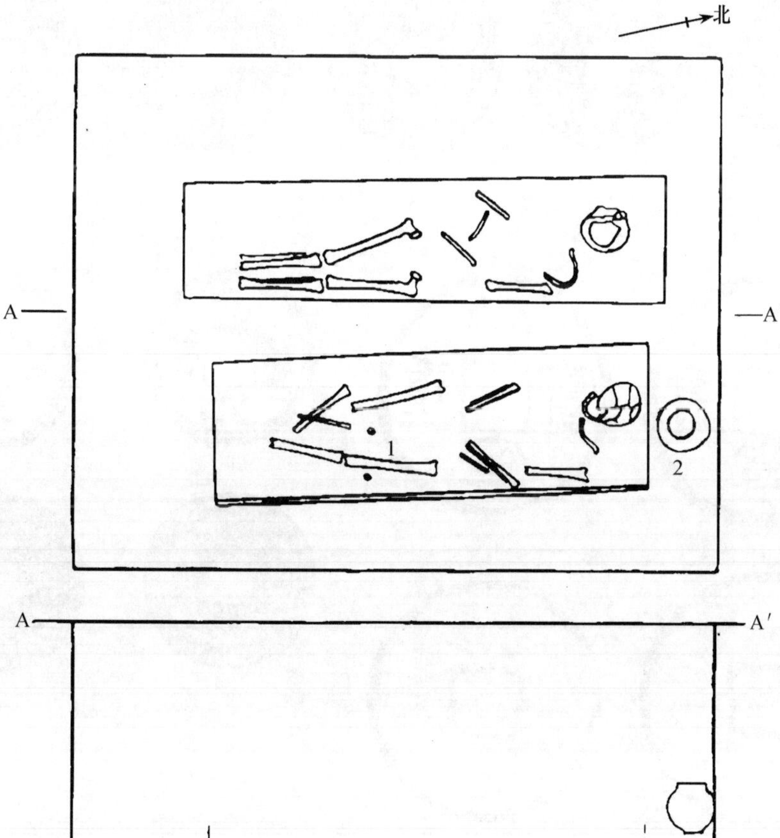

图八〇　M19平、剖面图

1. 铜钱　2. 釉陶罐

长方形竖穴土坑墓，南北长 2.6 米，东西宽 2 米，残存深度约 1 米。墓内合葬二人，东西并列置二木棺，棺木已朽，残存棺木灰痕。东棺长 1.76 米，宽 0.54 ~ 0.56 米，残高 0.1 米，棺内骨架保存较差，头北足南，面向上，仰身直肢葬，棺内清理出铜钱 2 枚，出土时散落于墓主下肢骨之间；西棺长 1.94 米，宽 0.44 ~ 0.5 米，残高 0.1 米，棺内骨架保存较差，头北足南，仰身直肢葬。东棺外北部棺北壁与墓坑北壁之间清理出 1 件釉陶罐（图版三三，1）。墓坑内填花土，土质稍软。随葬品情况如下：

铜钱　2 枚。M19∶1，其中 1 枚锈蚀，一枚为“咸平元宝”，面文环读，直径 2.35 厘米（图八一，1）。

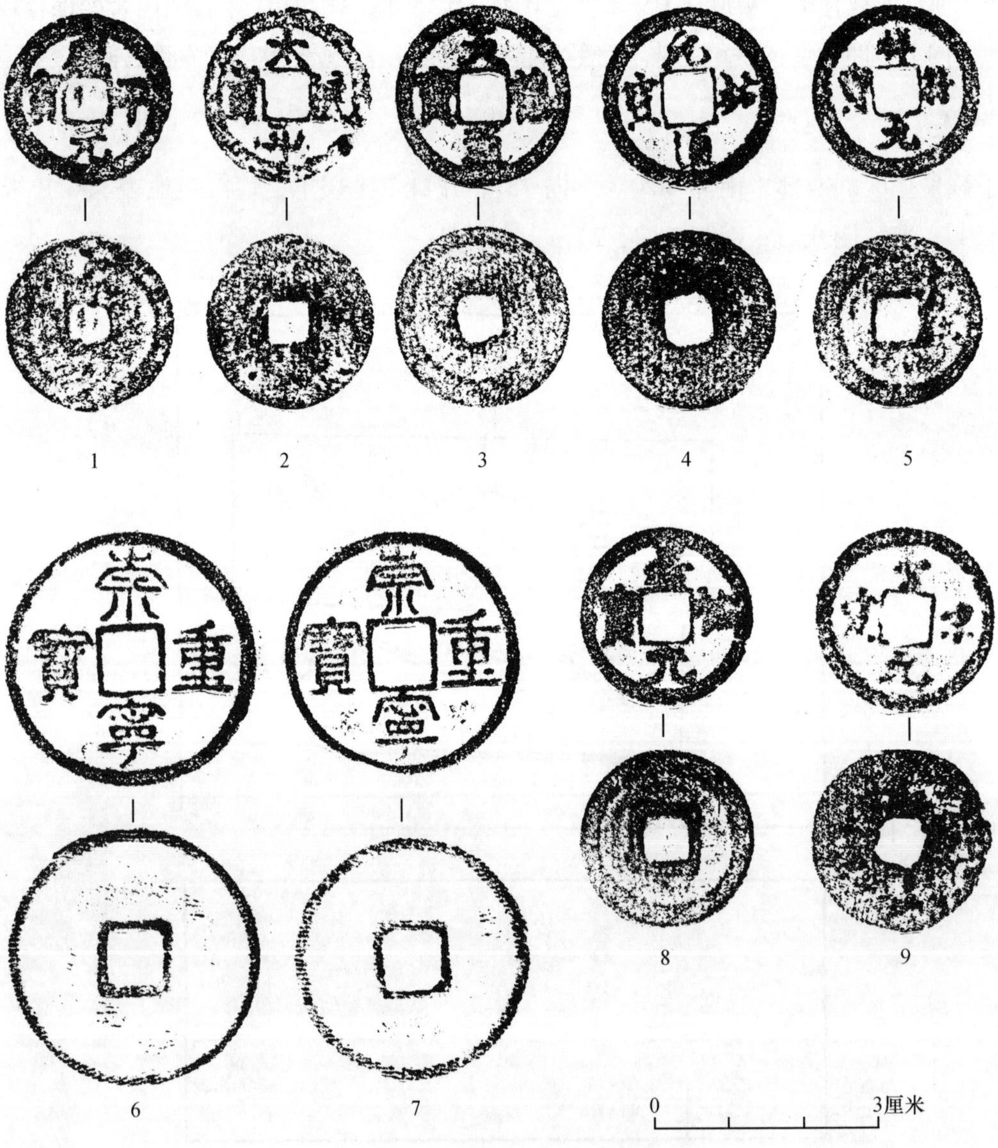

图八一　明代墓葬出土铜钱拓片

1. M19∶1　2 ~ 8. M26∶1　9. M27∶1

釉陶罐　1件。M19∶2，直口，方唇，圆鼓腹，矮圈足，口沿及肩部施黄褐色釉，釉层多已脱落，胎体细腻但火候不高，略泛红色。通高19.6厘米，口径10.8厘米，最大腹径19.6厘米，底径10.8厘米（图八二；图版五〇，1）。

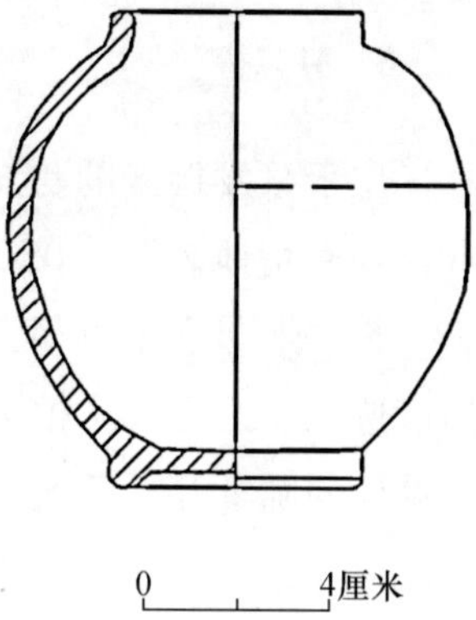

图八二　M19出土釉陶罐（M19∶2）

7. M20

位于该发掘区的西部，北邻M19。方向17°。开口于①层下。墓口距地表深0.8米，墓底距地表深1.8米（图八三；图版三三，5）。

长方形竖穴土坑墓，南北长2.4米，东西宽0.92米，残存深度约1米。墓内葬一人，葬具为一木棺，棺木已朽，残存棺板灰痕。棺长1.9米，宽0.38～0.48米，残高0.1米，棺内骨架保存一般，头北足南，面向上，仰身直肢葬。墓主头下枕一块板瓦，胸前盖一块板瓦。墓坑内填花土，土质较软。未发现随葬品。板瓦规格为长24厘米，宽18厘米，厚1.5厘米。

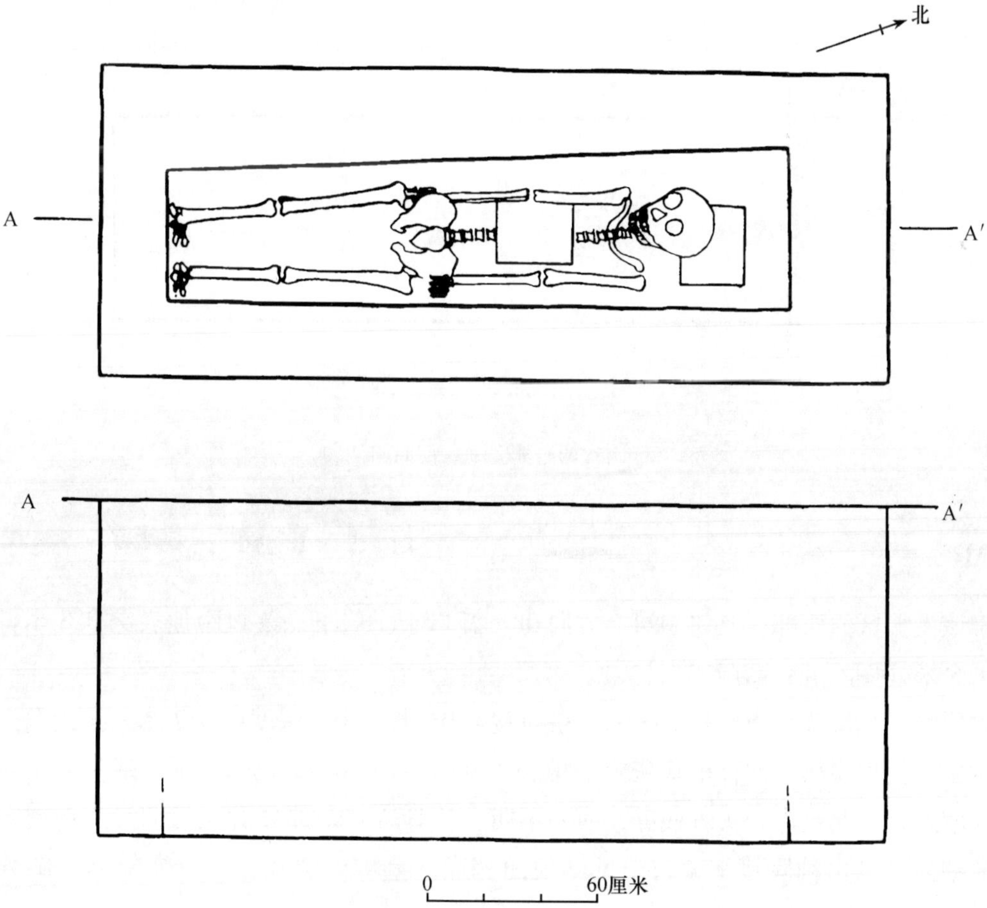

图八三　M20平、剖面图

8. M22

位于该发掘区的西部，东邻 M23、南邻 M21。方向 10°。开口于①层下。墓口距地表深 0.5 米，墓底距地表深 1.05 米（图八四）。

长方形竖穴土坑墓，南北长 2.2 米，东西宽 0.7 米，残存深度约 0.55 米。墓内残存棺木腐朽痕迹，据之可知木棺为长方形，长 1.75 米，宽 0.5 米，残高 0.05 米。棺内不见人骨架，亦不见任何随葬品。墓坑内填花土，土质稍硬。推测墓主已迁葬于其他地方。

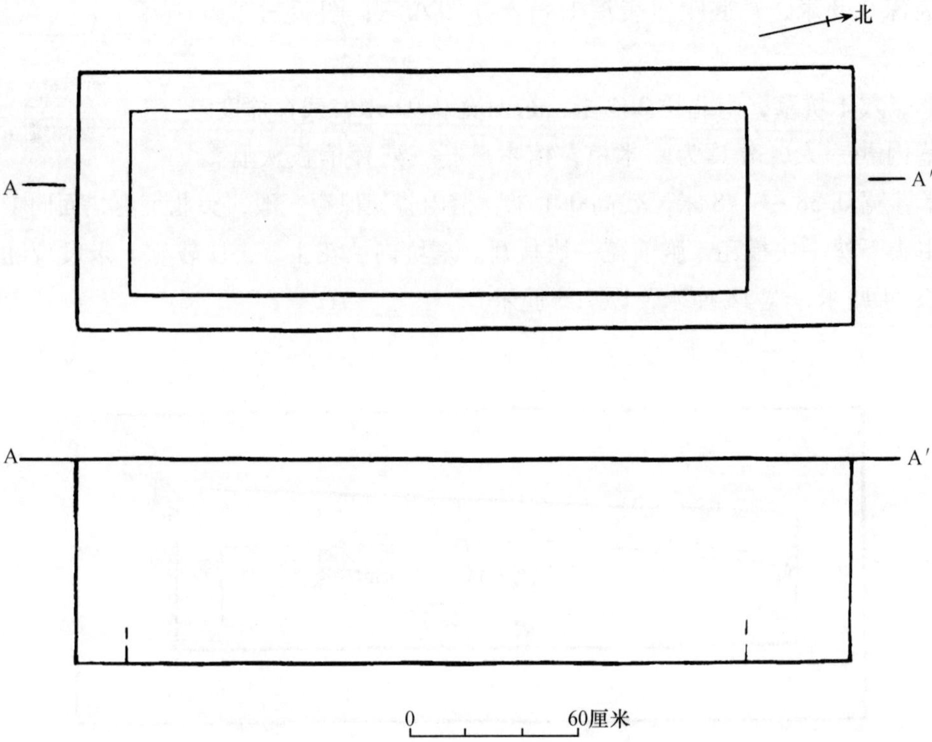

图八四　M22 平、剖面图

9. M25

位于该发掘区的西部，北邻 M24。方向 0°。开口于①层下。墓口距地表深 0.8 米，墓底距地表深 1.5 米（图八五；图版三三，4）。

长方形竖穴土坑墓，南北长 2.3 米，东西宽 1.08 米，残存深度约 0.7 米。墓内葬一人，葬具为一木棺，棺木腐朽，残存棺板灰痕。棺长 1.98 米，宽 0.42 ~ 0.58 米，残高 0.1 米。棺内骨架保存较差，头北足南，头骨残碎，面向不明，从骨架其余部分看应为仰身直肢葬。棺外紧贴墓坑北壁处清理出釉陶罐 1 个，未见其他随葬品。墓坑内填花土，土质较软。随葬品情况如下：

釉陶罐　1 件。M25∶1，侈口，口一侧有短流，微束颈，椭圆形腹部，腹中部微鼓，下腹

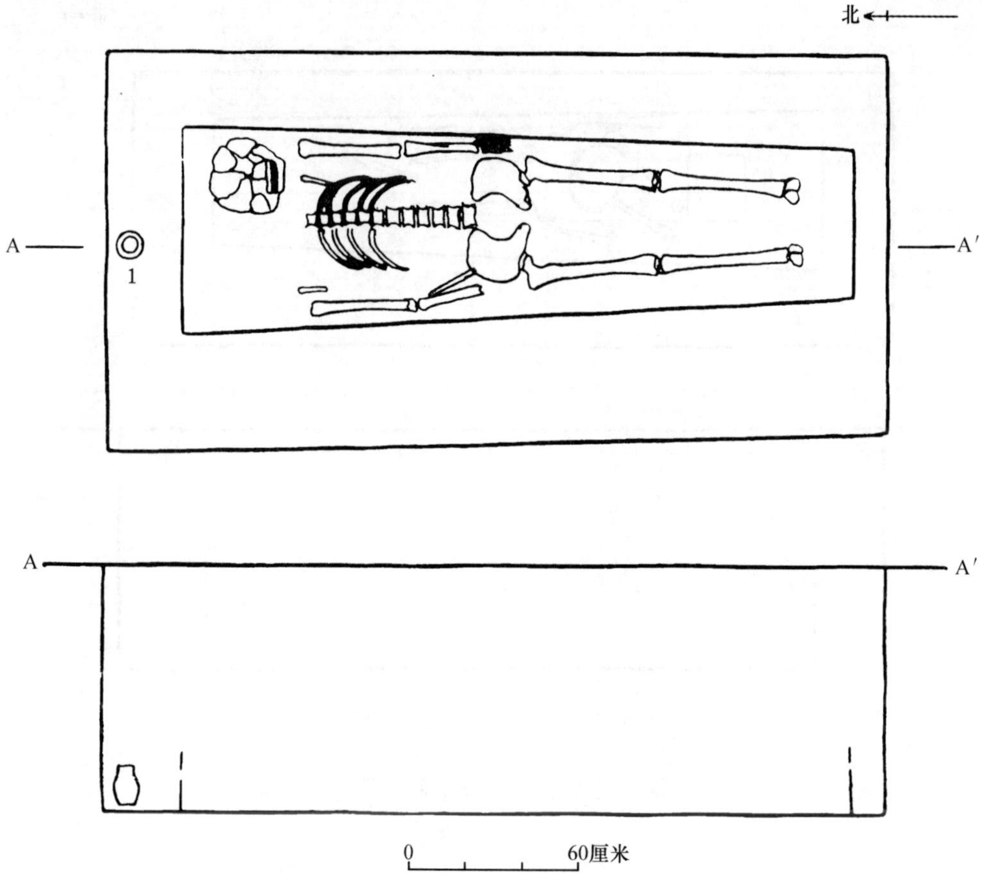

图八五　M25平、剖面图

1. 釉陶罐

部饰多周突棱，与流相对的器体一侧有曲柄，平底。口沿及颈下局部施黄褐色釉，肩部有流釉现象，胎体红褐，细腻竖致。通高10.8厘米，口径6.4厘米，最大腹径10.4厘米，底径6.4厘米（图八六；图版五〇，2）。

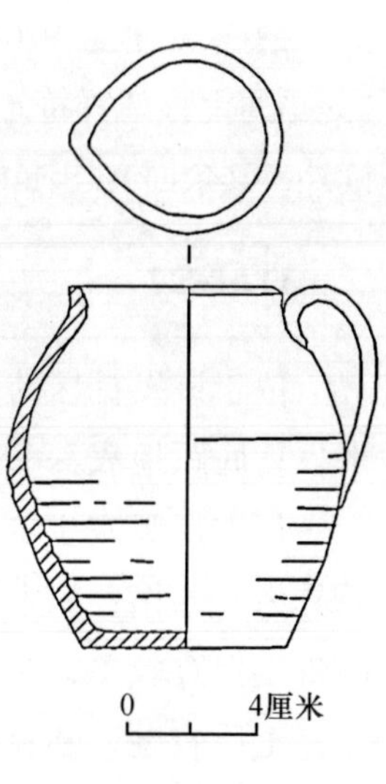

图八六　M25出土釉陶罐（M25∶1）

10. M26

位于该发掘区的西部，西邻M24、东邻M27。方向355°。开口于①层下。墓口距地表深0.8米，墓底距地表深1.6米（图八七；图版三三，6）。

长方形竖穴土坑墓，南北长2.52米，东西宽0.86米，深0.8米。墓内葬一人，葬具为一木棺，棺木腐朽，残存棺板灰痕，棺长2.1米，宽0.4～0.52米，残高0.24米。棺内骨架保存较差，出土时头骨位于胸骨间，当系由原本头枕的板瓦上滚落（图版三三，3）。据骨架其他部位

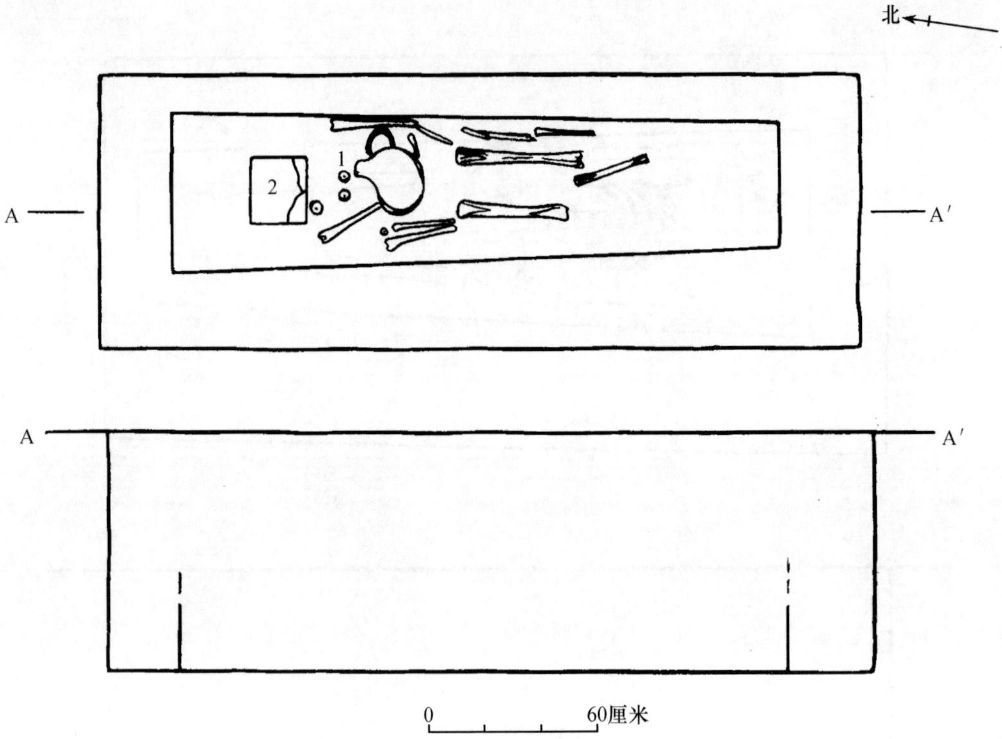

图八七　M26平、剖面图

1. 铜钱　2. 板瓦

情况看，原应为仰身直肢葬。棺内北部清理出板瓦1块，原应为墓主头下所枕，另于墓主胸骨间清理出铜钱8枚。墓坑内填花土，土质较软。板瓦规格为长26厘米，宽21厘米，厚1.5厘米。随葬品情况如下：

铜钱　8枚。M26∶1，其中1枚锈蚀，面文不清，其余7枚分别为“太平通宝”、“天禧通宝”、“元祐通宝”、“祥符元宝”、“崇宁重宝”2枚、“嘉祐元宝”，除“太平通宝”、“崇宁重宝”面文对读外，其余面文均环读，直径分别为2.35、2.4、2.4、2.3、3.4、3.2、2.3厘米（图八一，2~8）。

11. M27

位于该发掘区的西部，西邻M26、东邻M28。方向5°。开口于①层下。墓口距地表深0.8米，墓底距地表深1.58米（图八八；图版三四，1）。

长方形竖穴土坑墓。南北长2.5米，东西宽0.84米，残存深度约0.78米。墓内葬一人，葬具为一木棺，棺木腐朽，残存棺板灰痕，棺长1.98米，宽0.44~0.52米，残高0.3米。棺内骨架保存较差，头北足南，葬式不清。棺内清理出铜钱3枚，散置于墓主骨架间。内填花土，土质较硬。随葬品情况如下：

铜钱　3枚。M27∶1，其中2枚锈蚀，1枚为“圣宋元宝”，面文环读，直径为2.4厘米（图八一，9）

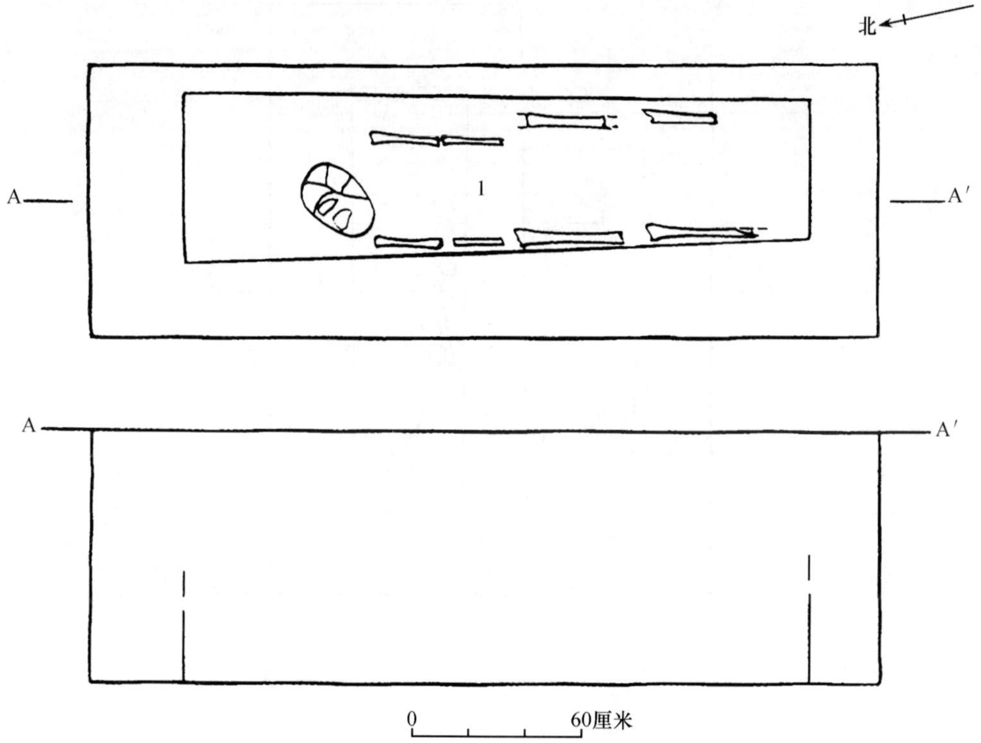

图八八　M27平、剖面图
1. 铜钱

12. M28

位于该发掘区的西部，西邻M27。方向5°。开口于①层下。墓口距地表深0.6米，墓底距地表深1.3米（图八九；图版三四，3）。

长方形竖穴土坑墓，南北长2.7～2.88米，东西宽2.22米，残存深度约0.7米。墓内合葬二人，东西并列放置二木棺，棺木腐朽，残存棺板灰痕。东棺长2.06米，宽0.52～0.6米，残高0.1米。棺内骨架保存较差，头北足南，仰身直肢葬，棺内清理出铜钱20枚（M28∶2），出土时散置于墓主骨架周围（图版三四，2），东棺外略偏西北处清理出釉陶罐1个（M28∶4）。西棺长1.72米，宽0.54～0.6米，残高0.1米。棺内骨架保存较差，头北足南，仰身直肢葬，棺内清理出铜钱10枚（M28∶1）、铁器1件，出土时铜钱散置于墓主骨架周围，铁器位于墓主腰部西侧，已锈蚀不明器型，西棺外清理出釉陶罐1个（M28∶3）、方砖1块，釉陶罐位于棺外紧靠北壁处，方砖则嵌入正对西棺的墓坑北壁（图版三四，4）。墓坑内填花土，土质较硬。随葬品情况如下：

铜钱　30枚。M28∶1，10枚，其中4枚锈蚀，6枚面文清晰，分别为“政和通宝”、“咸平元宝”、“天禧通宝”、“熙宁元宝”、“祥符通宝”、“元丰通宝”，除“政和通宝”面文对读外，其余面文均为环读。直径为2.4、2.3、2.3、2.3、2.3、2.75厘米（图九〇，1～6）。M28∶2铜

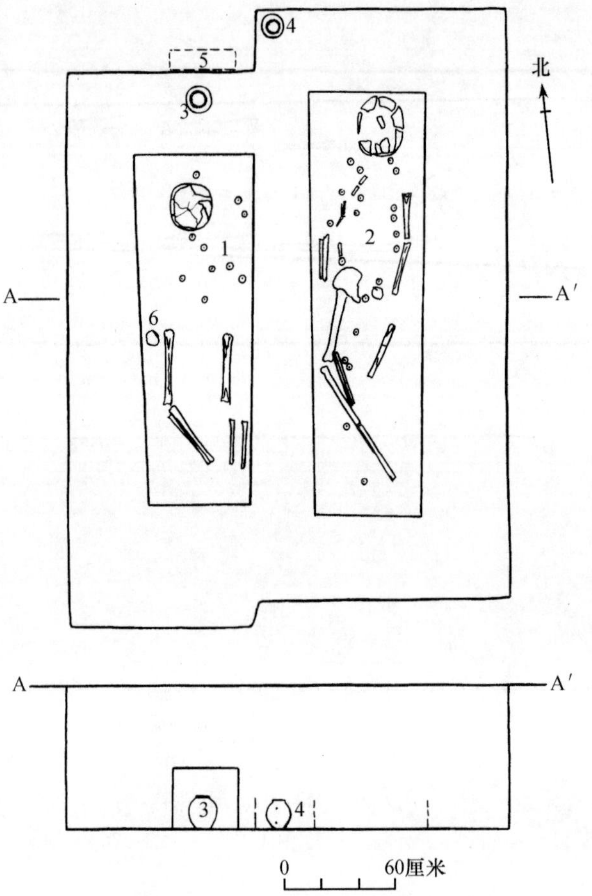

图八九　M28 平、剖面图

1、2. 铜钱　3、4. 釉陶罐　5. 方砖　6. 铁器

钱，20 枚，其中 14 枚锈蚀，6 枚面文清晰，分别为“元丰通宝”2 枚、“熙宁元宝”、“圣宋元宝”2 枚、“元祐通宝”，面文均为环读，直径为 2.3、2.3、2.35、2.3、2.4、2.4 厘米（图九〇，7～12）。

釉陶罐　2 件。M28∶3，侈口，口一侧有短流，束颈，肩部两侧各有一圆形乳钉形饰，肩下饰三周凹弦纹，椭圆形腹，腹中部微鼓，外壁饰多周凸棱，与流相对的一侧原本应有柄，出土时已残，仅存柄基部，平底略内凹。口沿、颈下及肩部施酱釉，口沿内壁有流釉现象，釉面略显粗糙，胎体红褐，细腻坚致。通高 15.5 厘米，口径 7.8 厘米，最大腹径 14 厘米，底径 7.5 厘米（图九一，1；图版五〇，3）。M28∶4，直口，方唇，圆肩，鼓腹，矮圈足，圈足外墙斜削，内墙略弧曲，外底中心部微凸起。口沿至下腹部施酱黑色釉，不及圈足，釉层略厚，釉面略显粗糙，局部釉层脱落。胎体细腻，火候较低，略泛红色。通高 14 厘米，口径 9 厘米，最大腹径 15.1 厘米，底径 10 厘米（图九一，2；图版五〇，4）。

方砖　1 块。M28∶5，长 34 厘米，宽 30 厘米，厚 10 厘米，通体素面无纹饰。

铁器　1 件。M28∶6，锈蚀严重，器型不明。

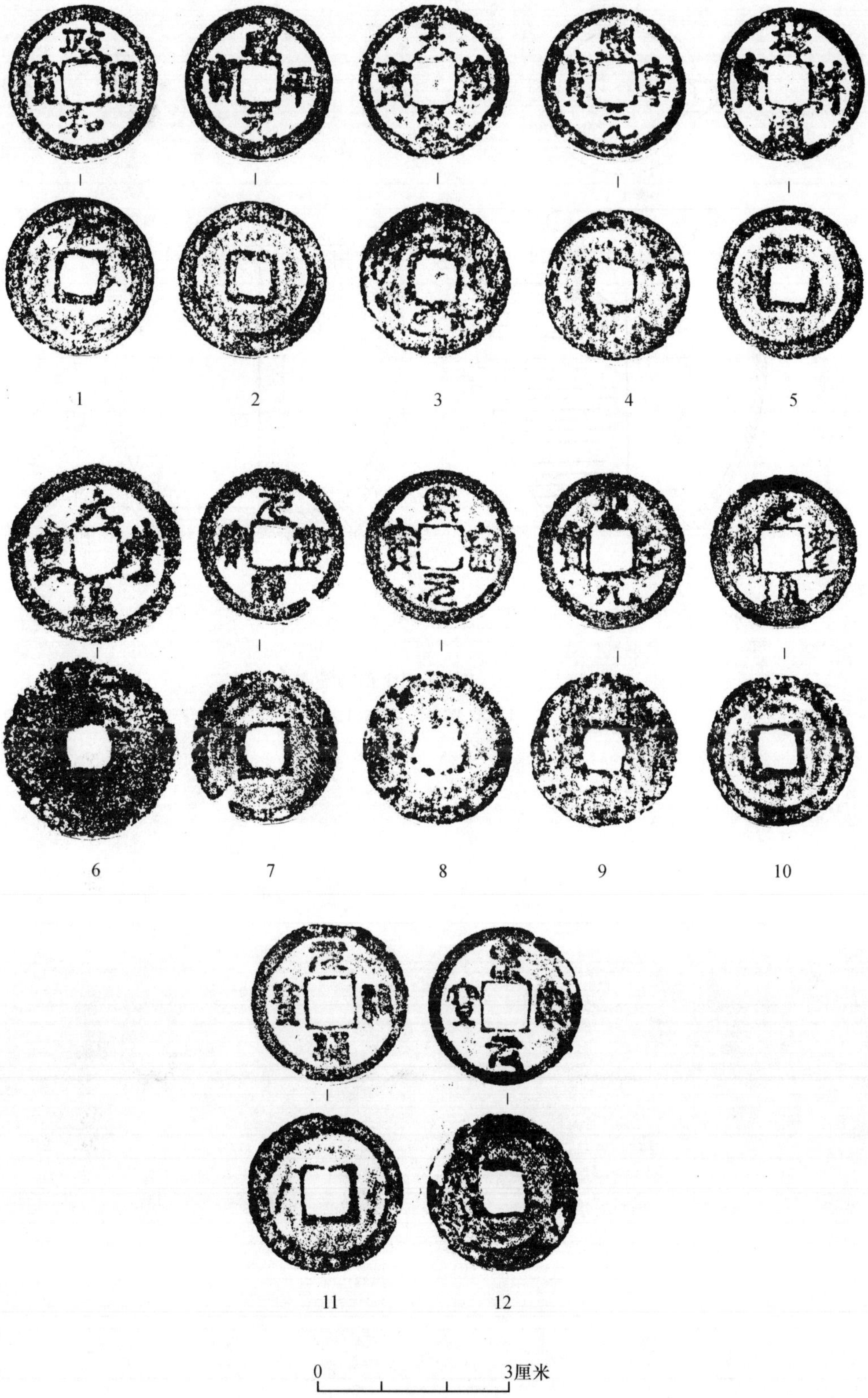

图九〇 明代墓葬出土铜钱拓片

1～6. M28∶1 7～12. M28∶2

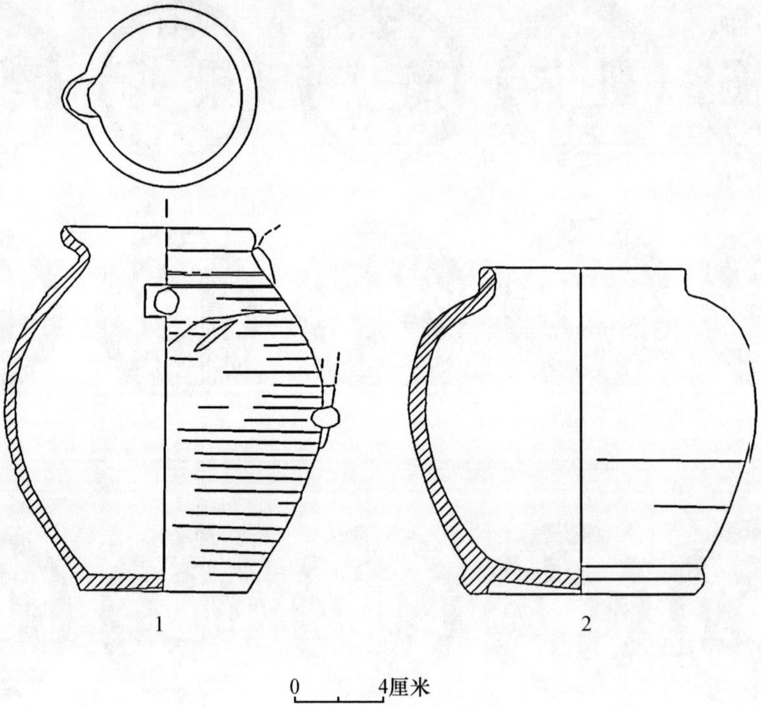

图九一　M28 出土釉陶罐

1、2. M28∶3、M28∶4

第六章 结　　语

第一节 遗址分期与年代

从本次发掘的结果来看，杜辛庄遗址的时代跨西汉、东汉、明代等三个大的时期，各个时期遗存的内涵各不相同，表现出来的面貌也有较大的差别。

西汉时期的遗存包括M1、M8、M11、M14、M15、M21、M23、M24、M29九座墓葬。M1为瓮棺葬，战国两汉时期的北京地区，是这类瓮棺葬墓的主要分布区之一，M1瓮棺所用深腹圜底釜是西汉时期常见瓮棺葬具，盆形器与战国末、西汉遗址常见的陶盆器型近似，釜、盆器体颈、腹部饰多周突棱纹的风格，也与战国末、西汉时期北京窦店①、天津宝坻秦城②、河北易县燕下都③等地所见深腹圜底釜风格近似，鉴于此，暂将M1的年代定于西汉时期。M8、M11、M15均为刀形土坑木椁墓，M8出土陶器组合为鼎、壶、罐，M11、M15出土器类仅陶罐一种，上述两类器物组合均为北京地区西汉早、中期墓葬中常见的器类组合，北京地区“刀”形竖穴土坑墓的数量也以西汉中期为多，M8出土陶壶盘口、颈略粗，圈足已较高，为西汉中期的形式，基于以上特征，M8、M11、M15的年代应该相当于西汉中期。M14、M29均为长方形土坑木椁墓，M14为二次合葬墓，西椁后葬，打破了东椁的椁室，所以西椁的年代相对晚于东椁，M14东椁、西椁出土随葬陶器组合均为壶、盒、罐，M29出土随葬陶器组合在壶、盒、罐之外，新增加了陶井，M29出土陶壶微侈口或浅盘口的风格与M14西椁出土陶壶形制近似，出土陶罐（M29:4）与M14东椁陶罐M14:3形制近似，那么这似乎可以说明：M14西椁虽较东椁下葬时间晚，但二者时代上的差距可能并不大，而且M14与M29年代近似。M14东椁出土陶壶颈部略粗，尚未脱离西汉早中期的风格，M14西椁、M29出土陶壶颈部则显得细长，与西汉晚期陶壶的风格近似，两墓出土矮直领大腹圜底罐与北京大葆台M1:37称之为陶瓮者风格近似，另外，北京地区墓葬中随葬陶井模型的现象广泛见于东汉时期，西汉时期不多见，M14与M29中各出土若干“五铢”铜钱，钱文中“五”交笔略直或屈曲，“铢”字中“朱”头方折，头尾与“金”近平齐，与烧沟汉墓中出土第一、二型五铢钱特征近似，基于以上情况，暂将M14、M29的年代定于西汉中晚期，M29的年代可能较M14略晚一些，但最晚也应在西汉晚期。M21出土陶器组合为壶、罐、仓，该墓出土陶壶与M8出土陶壶属于同一类型，但M21出

---

① 北京市文物研究所拒马河考古队：《北京市窦店古城调查与试掘报告》，《考古》1992年8期。

② 天津市历史博物馆等：《宝坻秦城遗址试掘报告》，《考古学报》2001年1期。

③ 河北省文物考古研究所：《燕下都》，文物出版社，1996年。

土陶壶颈部略显细长、腹部最大径上移而下腹部斜收等风格，与西汉晚期陶壶风格近似，M21出土陶仓与海淀区奥运场馆篮球馆 M13∶3 陶仓形态近似，这类罐形仓在北京地区一般出现于西汉晚期，东汉前期以后就不多见，鉴于此，暂将 M21 的年代定在西汉晚期。M23 未出土陶器，出土一枚“五铢”钱，钱文中“五”字交笔略直，与洛阳烧沟汉墓中所出第一型五铢近似，“铢”字笔划略有模糊，“朱”头好像有些圆折，与烧沟汉墓所出第一、二型五铢“铢”字书法略有不同，故本文暂将 M23 的年代定在西汉晚期。M24 出土随葬陶器组合为罐、仓，罐残存口沿形态与 M14∶16 陶罐口沿形态近似，出土陶仓造型较 M21 陶仓复杂，但也与东汉时期常见陶仓不同，另外，M24 出土“大泉五十”铜钱 2 枚，此种铜钱铸于王莽时期，基于以上情况，暂时将 M24 的年代定在王莽时期。

东汉时期的遗存包括墓葬和砖窑两类，共计 20 个遗迹单位，其时代情况如下：

东汉时期的墓葬包括 M2、M3、M4、M5、M9、M10、M12、M13 八座墓葬，但是因为早期的盗扰，这些墓葬的原始面貌遭到了较大的破坏，以至于我们今天所能看到的只能是一些碎裂的残片，对于这些墓葬的时代的判断，也只能根据这些不完全的证据。除 M13 为前横室后双室的多室墓以外，其余 7 座墓葬均为“刀”形单室墓，这可能是时代不同造成的，也可能是因为所葬死者的身份的不同造成的。M2、M9 出土随葬陶器组合为案、盘、樽、耳杯、猪圈、厕所、灶、井、罐，M9 残存了一件房楼形陶仓的顶盖，除 M2 不见陶仓外，其余各类器物形制均较近似，所以 M2、M9 的年代应该近似，陶盘、耳杯等器类见于北京地区西汉晚期大葆台汉墓，而案、樽、盘、耳杯等成套饮食类明器盛行于王莽时期及其以后的东汉时期，二墓所出土陶灶，均未前端圆角方形、后端近圆形的圆头灶，北京地区这类陶灶出现于西汉晚期墓葬中，东汉中期以后基本为方体陶灶所代替，M9 出土陶井造型相对简单，与东汉晚期常见造型、装饰复杂的陶井模型不同，鉴于以上特征，暂将 M2、M9 的年代定于东汉中晚期；M5 出土随葬陶器组合较 M2、M9 多出分节组合的陶灯、圆顶陶仓、扁壶等器类，均为东汉中晚期墓葬中常见器类，M5 出土陶灶的前、后两端均为方形，平面近似梯形，陶井做出井台，并于井体上伸出支架承托井台，灶、井装饰同心圆纹，较 M9 出土陶井造型更加复杂，分节组合的陶灯造型复杂，甚于天津蓟县东汉鲜于璜墓所出分节组合陶灯，基于以上特征，暂将 M5 的年代定于东汉晚期，M13 出土扁壶、井与 M5 扁壶、井形制近似，M10 出土分组合陶灯、房楼形仓与 M5 陶灯、房楼形仓形制近似，所以 M10、M13 的年代与 M5 应该接近，应为东汉晚期。M12 出土方盒为东汉时期常见随葬陶器，墓中所出陶壶粗长颈、矮腹、平底的见格，与顺义临河村东汉晚期墓内出土长颈壶风格近似，唯后者为盘口，与 M12 陶壶侈口不同，鉴于以上情况，暂将 M12 的年代定于东汉中晚期。M3、M4 两墓均未出土任何随葬器物，两墓形制均为“刀”形单室墓，为东汉时期常见墓葬形制，M4 与 M5 并列而葬，年代相距应该不远，推测 M3、M4 的年代也应该在东汉中晚期①。

---

① 本节有关汉墓年代的判断，多依据本书附录一《北京地区汉代墓葬初步研究》一文，此处不再赘述，具体可参看该文。

东汉时期的砖窑包括 Y1～Y12 十二座砖窑。发掘时，Y1 窑床表面还残存部分烧制的砖，这些砖与前述东汉墓葬建筑用砖的规格、装饰纹饰均近似，而且各窑炉的清理过程中，所发现的砖或残砖块等存在相同的情况，从这一方面判断，这批砖窑的年代与东汉墓葬的年代相同，应该为东汉中、晚期。另外，从河南新乡①、贵州洪渡②、湖南常德③、北京平谷西杏园④等处的考古发现来看，这类与墓地杂处的砖窑，一般都是为烧造墓葬建筑用砖而建的，杜辛庄遗址东汉墓葬建筑用砖应该就是由这批砖窑烧造，窑的年代自然也与墓葬的年代相始终。

明代遗存包括 M6、M7、M16、M17、M18、M19、M20、M22、M25、M26、M27、M28 十二座墓葬。除 M16、M18、M20、M22 四座墓未出土任何随葬器物外，其余各墓均或多或少出土一些随葬器物，而且除 M25 外均出土带有年号的铜钱，这就为这些墓葬的年代判断提供了较明确的依据。明代墓葬出土铜钱共计 16 种，包括唐代铜钱“开元通宝”1 种，北宋铜钱“太平通宝”、“咸平元宝”、“祥符通宝”、“天禧通宝”、“天圣元宝”、“景祐元宝”、“嘉祐通宝”、“熙宁元宝”、“元丰通宝”、“元祐通宝”、“圣宋元宝”、“崇宁重宝”、“政和通宝”13 种，金代铜钱“大定通宝”1 种，明代铜钱“弘治通宝”1 种。北京地区明代墓葬尤其明代早、中期的墓葬中，多见前朝铜钱出土，其中宋代铜钱尤多，另外金代发行量较大的铜钱如“大定通宝”也是较为常见的随葬品，直到明代后期的墓葬中，使用本朝铜钱随葬才成为较为普遍的现象，直到清代前期康、乾年间随葬明代铜钱的现象还存在较多，上述诸类现象在北京海淀、朝阳等地配合奥运场馆建设发掘的明、清时期墓葬中普遍存在。另外，M6、M7、M20、M26 四座墓葬均见死者骨架枕瓦或者胸部压盖板瓦的现象，这种现象广泛见于北京地区明、清时期的墓葬中，M19、M25、M28 三座墓葬随葬釉陶罐均位于墓主头端上方，这种放置随葬品的方式也广泛见于北京地区的明、清时期墓葬中，根据以上情况判断，上述 12 座墓葬的年代应该相当于明代早中期。

第二节 汉代墓葬形制和墓主身份

从墓葬的构筑和埋葬形式来看，杜辛庄遗址发现的汉代墓葬包括瓮棺葬墓、竖穴土坑墓和砖室墓三种类型，墓葬类型的不同，即存在时代变迁的因素，也是墓主存在不同身份、地位或者财富等诸多因素的表现。

瓮棺葬仅 1 座，即 M1，这类墓葬是东周两汉时期在北京地区广泛存在的一类墓葬形式，一般结构简单，形制或不规则，一般很少随葬器物，墓中所葬墓主一般为幼童，很少用来埋葬成年人。杜辛庄 M1 中墓主骨架已腐朽无存，无从知其年龄、性别等，瓮棺葬具均为日常生活用陶器，不见任何随葬品。从这些情况来看，M1 的墓主也有可能是未成年的儿童。

---

① 新乡市文管会：《新乡北站区前郭柳村汉代窑址发掘》，《考古》1989 年 5 期。
② 贵州省博物馆考古队：《贵州沿河洪渡汉代窑址试掘》，《考古》1993 年 9 期。
③ 王永彪等：《湖南常德市东汉砖窑遗址》，《考古》1997 年 7 期。
④ 刘保山等：《平谷区王辛庄镇西杏园村北的汉代窑址》，《北京文博》2006 年 4 期。

竖穴土坑墓8座，根据墓葬规模、葬具、随葬器物大致可以分为三类：

第一类，仅M29一座，为长方形竖穴土坑墓，墓室长3.1、宽1.9米，葬具为一椁一棺，随葬品中除壶、盒、罐等饮食器器类和仿现实生活场景的陶井之外，还有铁剑和刻有墓主名字的铜印。

第二类，包括M8、M11、M14、M15、M24五座墓葬，包括“刀”形土坑墓和长方形竖穴土坑墓两种类型。这5座墓葬规模近似，长3.18～4.3、宽1.9～4.12米，均为合葬墓，除M15椁室内不见木椁葬具痕迹外，其余每座墓葬中的墓主所使用的葬具均为一椁一棺，随葬品以陶器为主，主要器类组合包括“鼎、壶、罐”组合、“壶、盒、罐”组合、“罐、仓”或仅出陶罐，仅见少量铜器，如M8铜盆、M24铜带钩等。

第三类，包括M21、M23两座墓葬，均为长方形竖穴土坑墓，葬具均为一具木棺，M21出土壶、罐、仓组合，M23仅出土少量铜钱。

以上三种情况表现出较大的差别。根据郑同修、杨爱国等学者对山东地区汉代墓葬的研究①，像上述第二类葬具为一椁一棺、主要随葬陶器而少见铜器的竖穴土坑墓葬，可能为“一般地主或低级官吏”的墓葬；第一类墓葬与第二类墓葬规模近似，前者为单人葬，而后者多为二人合葬，考虑到单体墓主所使用的墓葬规格，M29与第二类墓葬的差别还是比较明显的，而且M29还出土了铁剑和墓主的私印，那么M29墓主的身份、地位可能较第二类墓主略高。至于第三类墓，葬具均为一棺，M23甚至连一般随器都未随葬，很可能是一般平民的墓葬。

砖室墓8座，包括7座“刀”形单室墓和1座前横室后双室的多室墓。7座“刀”形单室墓，结构近似，形制简单，墓室的规模也较近似，长3.5～5.34、宽1.24～2.27米，墓内出土随葬品主要为陶器，包括案、盘、樽、耳杯等饮食器类和猪圈、厕所、仓、灶、井等仿现实生活场景器类，M5、M10还出土有房楼形陶仓、多节组合的大型陶灯，如果这些随葬器类确实反映了墓主生前的日常生活的话，那么这些“刀”形单室墓的墓主应该为比较富裕的阶层；M13是一座多室墓，前后墓室通长6.65米、宽5.6米，规模较前述“刀”形单室墓大出许多，但出土器物却与之相仿，根据郑同修、杨爱国等学者对山东地区汉代墓葬的研究，山东地区东汉时期前、后双室的砖室墓葬的墓主“应为年秩二三百石的下层官吏或与之相当的地方豪强”，M13与山东地区前、后双室砖室墓规模近似，其中所葬墓主身份或许与之相近。

以上即是对杜辛庄遗址所见汉代墓葬所葬墓主身份的大致推断，主要参考了《山东汉代墓葬形制初论》一文的研究成果，还只是简单的比附，略显生硬之嫌，所以其中定然存在纰漏与不确定之处。

第三节　东汉砖窑的相关问题

窑炉的构筑方式。以往发现的汉代窑炉，多为地穴式或半地穴式，杜辛庄遗址发现的12

① 郑同修、杨爱国：《山东汉代墓葬形制初论》，《华夏考古》1996年4期。

座砖窑应该也不例外，这些窑炉的窑门一般高0.28～0.6米，这种高度的窑门似乎不太适合人进出，那么在装窑和取出产品时应该另有途径，而显然这个途径应该就在窑顶部——顶部装窑方式见于汉代窑业生产过程中①，那么杜辛庄这些窑炉最初建成时，应该均为半地穴式。这些窑炉的构筑过程大概是这样的：首先就当时的地表向下挖方形竖坑，将坑的四壁和底部修平，从而形成今天我们看到的窑室壁和窑床部分，发掘清理时各窑炉的窑室周壁残存高度为0.8～1.2米，推测原来这些窑炉窑室四壁的高度大就在1米左右；之后向方坑的前壁挖出火膛部分，操作间的挖造可能与窑室同时进行，一般挖到与火膛相同的深度，为便于上下还在操作间周壁留出多步台阶，贯通火膛与操作间，于是就形成窑门，窑门的高度、宽度根据需要进行开辟。烟道的形式有竖直沟槽形和方形孔道形，前者均为就窑室后壁直接穿凿而成，后者恐怕需要横向和竖向的掏挖，然后再下端贯通。窑炉的顶部均已毁掉，根据以往的考古发现，窑顶的封堵可能为泥壁或砖砌，从杜辛庄遗址窑炉残存的情况看，泥壁封顶的可能性较大。

窑炉的装烧过程。从窑门残存的高、宽情况来看，显然不太适合人进出窑室，装窑的途径自然就在窑室顶部，或许窑顶一侧留有装入坯件的“窑门”——而前文多次提到的窑门可能只是具有“火门”的作用——通风和观火。在装入坯件之后，顶部“窑门”封闭，火膛前部的窑门（或者说火门）则用砖或泥坯封堵，可能还会在封门墙的上部留出观火孔，用以通风以及察看窑内情况②。摆放坯件的方式可能就像Y1所展示的那样，不过上部的摆放形式就不得而知了。待最终烧制成功后要取出砖件时，还会选择从窑室顶部进行。

窑炉的技术结构。杜辛庄遗址发现的12座窑炉均为半倒焰马蹄形窑，这类半倒焰窑炉一般由窑门、火膛、窑室和排烟设施组成，排烟设施位于窑室后壁是这类窑炉最为明显的特征，半倒焰窑“利用火焰上升的力量和烟囱产生的抽力，使窑内火焰从燃烧室（火膛——笔者按）上升到窑顶，然后由于吸火孔的作用力，火焰又顺窑顶的弧度倒向后壁从吸火孔经烟囱排出窑外”③。根据以往的考古发现和研究，这类窑炉最早出现于商代晚期，东周时期开始盛行④，之后成为古代北方窑炉的主流形式。北京地区发现的春秋时期的窑炉还是升焰型窑炉⑤，至战国末期和西汉前期，半倒焰窑炉就已经出现⑥，西汉中、晚期到东汉时期的窑炉形式则全部为半倒焰窑炉⑦。另外，还有一些技术细节需要说明，首先，这些窑炉的窑床均为横宽方形，窑床

① 中国社会科学院考古研究所汉城队：《汉长安城窑址发掘报告》，《考古学报》1994年1期。

② 同类情况参见常德市博物馆考古部：《湖南常德市东汉砖窑遗址》，《考古》1997年7期。

③ 熊海棠：《东亚窑业技术发展与交流史研究》，南京大学出版社，1995年：29页。

④ 张明东：《黄河流域先秦陶窑研究》，《古代文明》（第3卷），文物出版社，2004年。

⑤ 张治强等：《前后朱各庄遗址区考古发掘报告》，《北京段考古发掘报告集》，科学出版社，2008年。

⑥ 北京市文物研究所：《房山南正遗址》，科学出版社，2008年。

⑦ 有关北京汉代窑炉的情况，可参见如下考古发掘简报或报告：北京市文物研究所：《北京亦庄考古发掘报告》，科学出版社，2009年；刘保山等：《平谷区王辛庄镇西杏园村北的汉代窑址》，《北京文博》2006年4期；北京市文物研究所：《北京市大兴新城北区8号地考古发掘报告》，《文物春秋》2008年4期；北京市文物研究所等：《北京市大兴新城北区8号地考古发掘报告》，《北京考古》（第二辑），北京燕山出版社，2008年；北京市文物研究所等：《奥运村绿化隔离带工程考古发掘报告》，《北京考古》（第二辑），北京燕山出版社，2008年。

长宽比为0.55~0.88，这种横宽方形窑床配合窑室后部均匀分布的多个烟道，可以有效实现窑炉内部温度的均匀；其次这批窑炉的窑床面积普遍偏小，基本上为2.7~4.9平方米，而火膛面积均略偏大，除去Y5火膛面积略小与窑床面积的比值仅为0.21外，其余11座窑炉的火膛面积与窑床面积的比值均可达到0.37~0.72，这种大火膛、小窑床的结构可以明显缩短烧成周期，加快烧造的速度；再者，前文已述，这些窑炉的烟道包括竖直沟槽形和方形孔道形两类，前者虽然可以加强通风的效果但是容易使热量过多的流失，后者则是东汉时期半倒焰窑炉较为普遍的烟道形式；又如，Y2、Y3的窑床前、后部存在高差，窑床前端一般较后端高出10厘米左右，河南新乡①、四川武胜②等地发现的汉代窑炉中也存在同样的现象，据研究，这种结构是“为了防止坯堆迎火的一面受热后快速收缩，而造成向燃烧室倾倒的弊端”③。需要提到的一点是，这批窑炉的耐火性能可能较差，各窑炉均是就生土直接挖造，窑壁表面除了简单整平以外，没有出现同时期其他地区窑炉中常在窑炉内壁抹一层夹砂泥面或草拌泥面这样的耐火设施，对于窑床的防护则仅在Y4的窑床前壁发现有用砖镶壁的现象，其他窑炉的窑床一般均为生土表面。

窑炉的用途。前文已经提到，杜辛庄遗址发现的这批砖窑，其作用就是烧制建造该墓地所见砖室墓葬的砖，一般与墓地杂处的这类砖窑或陶窑多数都是为墓葬的构筑或者随葬品的烧造而建造，这种现象在前文提及的河南新乡、贵州洪渡、湖南常德、北京平谷西杏园等地均曾见到。杜辛庄遗址东汉时期的墓葬均在东汉中晚期，这批窑炉杂处墓葬之间，年代同墓葬一样也有连续性，遗憾的是，我们无从得知哪些窑炉是为哪些墓葬而建。杜辛庄东汉墓葬所葬死者身份或许为比较富裕的阶层，那么建造这些窑炉以及烧砖的窑工们，又是些什么人呢？是这些死者的家属后代？还是专门的手工业者？这里倾向于后者，原因在于：首先，这批窑炉的结构以及体现的技术水平近似，所以它们的建造者应该掌握了建造窑炉的经验以及烧窑的技术，不是任何一些人都能随便做到的；其次，杜辛庄遗址东汉墓葬建筑所用的砖，规格均近似，砖体所见纹饰亦近似——唯一遗憾的是未对这些砖取样考察其制作技法——这种近似标准化的产品可能也要来自专业的窑工。如果确实如此，那么东汉时期，平谷地区可能已经有专业的手工业者或行业承办这类烧窑建墓的事情了。

第四节　两汉平谷社会的初步考察

（一）行政区划建置

西汉时已置平谷县，《汉书》卷二十八下《地理志》第八渔阳郡条下载县十二，其中就有平谷，“渔阳郡，户六万八千八百二，口二十六万四千一百一十六。县十二，渔阳、狐奴、路、

① 新乡市文管会：《新乡北站区前郭柳村汉代窑址发掘》，《考古》1989年5期。
② 陈丽琼：《四川武胜匡家坝汉代砖窑试掘记》，《考古与文物》1980年2期。
③ 熊海棠：《东亚窑业技术发展与交流史研究》，南京大学出版社，1995年：125页。

雍奴、泉州、平谷、安乐、厂奚、犷平、要阳、白檀、滑盐”①。但是，《汉志》的记载是西汉平帝元始二年即公元2年的疆域政区，据此，我们仅可以确认平谷县的建置不晚于公元2年，那么，公元2年之前情况呢？平谷县的初始建置是在什么时间呢？

对于这个问题，已有学者进行过探讨，代表性的观点有两种。一种观点见于陈平先生著《平谷置县岁月考》一文②，陈文根据明万历年间蒋一葵《长安客话》所言“（平谷）本古渔阳郡地，汉初封卢绾于此，绾亡始置县”推定，平谷县的初始建置年代应为汉高帝十二年，即公元前195年；另外一种观点见于商志䆪先生著《平谷县初置寻踪与舆志摭拾》一文③，商文认为其初置县的时间应该定在战国时期燕昭王十一年，即公元前300年。陈文所论，有所依据，但明人蒋一葵《长安客话》对于平谷初置县的时间记载，不见于其他载籍，不知所本，是否引申而言不得而知；商文所言，推论成分居多，但战国时期置郡县是正常的事，平谷县或为战国时期燕国所置或为秦代所置，均未必不能，但是要在这个时代范围内给定它一个确凿的初始建置的年代，恐怕倒是画蛇添足了。

东汉光武帝中兴，削平内乱，遂命并省县邑，与民休息，见之于《后汉书》卷一下《光武帝纪》，“建武六年并省诸县凡四百余所”，所以，西汉以来的区划建置，在东汉初年发生了一些变化。但是东汉地方的地方行政制度多循西汉制度，如刺史部与郡国以及县、邑、道、侯、国之类，均为西汉旧制④。

东汉时期，亦有平谷县，《后汉书》志第二十三《郡国五》渔阳郡条下载九城，有平谷，“渔阳郡（秦置，洛阳东北二千里。）九城，户六万八千四百五十六，口四十三万五千七百四十。渔阳（有铁）、狐奴、潞、雍怒、泉州（有铁）、平谷、安乐、傂奚、犷平”⑤，是为东汉顺帝永和五年的区划，当公元140年，距《汉志》所载西汉平帝元始二年建置已一百三十余年，这百余年间的作为县级建制的平谷县，是一成不变呢？有没有经过省并复置一类的过程呢？我们不得而知。东汉以后，曹魏、西晋时期平谷县的建置沿革，文献语焉不详，情况不甚明确。嘉庆重修《大清一统志》⑥顺天府平谷县条下一言带过，“晋废，后复置”。两汉及其稍后时期的平谷作为县级区划的沿革情况，大体如是。

（二）县治变迁

县城，应为一个县的政治、经济、文化各个方面的中心。县城所在，与县区内的社会情况有着千丝万缕的联系。所以，县城位置的变迁，对于区域社会的影响是不言喻的。

---

① （汉）班固 撰，（唐）颜师古 注：《汉书》，中华书局，1962年。
② 陈平：《平谷置县岁月考》，《北京平谷与华夏文明：国际学术研讨会论文集（2005）》，社会科学文献出版社，2006年。
③ 商志䆪：《平谷县初置寻踪与舆志摭拾》，《北京平谷与华夏文明：国际学术研讨会论文集（2005）》，社会科学文献出版社，2006年。
④ 顾颉刚、史念海：《中国疆域沿革史》，商务印书馆，1999年。
⑤ （宋）范晔 撰，（唐）李贤等注：《后汉书》，中华书局，1965年。
⑥ 《大清一统志》，上海书店印行，1984年。

“（沟）水出右北平无终县西山白杨谷，西北流迳平谷县，屈西南流，独乐水入焉。水出抱犊固南，迳平谷县故城东。后汉建武元年，光武遣十二将，追大枪五幡及平谷，大破之于是县也。其水南流入于沟。沟水又左合盘山水，水出山上，其山峻险，人迹罕交，去山三十许里，望山上水，可高二十余里，素湍皓然，颓波历溪，沿流而下，自西北转注于沟水。沟水又东南迳平谷县故城，东南与洳河会。水出北山，山在傂奚县故城东南，东南流迳博陆故城北，又屈迳其城东，世谓之平陆城，非也。汉武帝玺书，封大司马霍光为侯国，文颖曰：博大陆平，取其嘉名而无其县，食邑北海、河东。薛瓒曰：按渔阳有博陆城，谓此也。今城在且居山之阳，处平陆之上，帀带川流，面据四水，文氏所谓无县目，嘉美名也。洳水又东南流迳平谷县故城西，而东南流注于沟河”。

以上一段文字引自《水经注》[①] 卷十四鲍丘水条下郦注文字，学者探讨两汉平谷县治的地理位置，多依据这段记载，列于上便于下文的讨论。

这段文字记述了两个“平谷故城”，一为近独乐水的故城，一为近沟水之故城。

近独乐水这故城，东汉建武元年（公元25年）已存在，《后汉书》卷一《光武帝纪》载：“贼入渔阳，乃遣吴汉率耿弇、陈俊、马武等十二将军追战于潞东，及平谷，大破灭之”[②]，郦注则言“于是县也”，那么这座近于独乐水的平谷故城，就应当是西汉平谷县治所在。建武元年上距西汉平帝元始二年（公元2年）已是20余年，我们不知道在这些年里，当时平谷县的县治是否发生过什么变化，因为不见这样的记载，那么不妨暂时推定《汉志》记载的公元2年的平谷县，其政治中心或许就在这座城里。那么，这座西汉平谷县城在今天平谷区的什么位置呢？

几乎是所有追寻过这座城的位置的学者都认为，它应该就在今天平谷区山东庄镇的大、小北关村一带。尹钧科在其所著《北京历史建置沿革》[③] 首先提出这种观点，陈平先生赞同其说[④]；柴福善先生则进一步指出，“汉平谷故城大致应该在大、小北关村南一带。村以关名，或是长城关口，或是县城之关，那里没有长城，当与平谷故城有关了”，而杜辛庄遗址“地上可见汉以后的瓦砾，距县城也在十二里前后，不排除是故城遗址的可能”[⑤]。

杜辛庄遗址的考古发掘，没能证实柴文的推论，遗址区发掘的过程中，西汉时期的遗存，仅发现西汉中晚期墓葬12座，有关城址或者建筑生活类遗存均未发现。那么，或许可以说，西汉平谷县城并不在杜辛庄遗址范围内。

但是，杜辛庄西汉墓葬的发掘，却也为西汉县城的追寻提供了可以参考的线索。韩国学者

---

① （北魏）郦道元 著，陈桥驿 校证：《水经注校证》，中华书局，2007年。

② （宋）范晔 撰，（唐）李贤等　注：《后汉书》，中华书局，1965年。

③ 转引自陈平：《平谷置县岁月考》，《北京平谷与华夏文明：国际学术研讨会论文集（2005）》，社会科学文献出版社，2006年，未见尹书原文。

④ 陈平：《平谷置县岁月考》，《北京平谷与华夏文明：国际学术研讨会论文集（2005）》，社会科学文献出版社，2006年。

⑤ 张兴、柴福善：《西汉以来平谷县城的变迁》，《北京平谷与华夏文明：国际学术研讨会论文集（2005）》，社会科学文献出版社，2006年。

金秉骏根据考古发现的墓葬旁边祠堂内的石刻题记、墓葬内部墓壁上的墨书题记等资料分析，汉代的墓葬位于人们居住的空间附近，金秉骏收集了大量两汉中小型墓葬（除去帝陵、诸侯王墓、刑徒墓等性质特殊的墓葬），并将这些墓葬的位置与《中国历史地图集》所标示出的两汉时期的县城位置对比，之后金秉骏发现，西汉时期的中小型汉墓，大部分都位于离县城不远的地方，大多数都在县城周边紧密连接的地区；王莽时期及东汉时期以后的墓葬，大体上如同西汉时期的墓葬一样位于县城周边地区，但较之西汉时期，离县城较远地区的墓葬明显增多①。杜辛庄遗址发现的西汉时期的"刀"形土坑木椁墓，其中所埋葬的墓主身份可能为一般地主或低级官吏，这些人生前的居住地或者会不会就在当时的平谷县城里呢？如果确实如此，那么他们的葬地，自然离县城不远，那么，继续在杜辛庄附近的区域寻找西汉县城的所在，应该会发现些蛛丝马迹的。

近洵水之故城。学者一般推定东汉平谷县城，根据《水经注》的记载，此城应在西汉平谷县城的西南方向，地近洵水。柴文中提到，东汉故城在今平谷区城区的东部老城一带，位于今天洵河的西岸，与《水经注》记载的大致格局是一致的。只是还没有明确的遗存能够告诉我们这座东汉县城的四至范围。杜辛庄东汉时期大量砖室墓葬的发掘，根据前述金秉骏的研究，至少是不与柴文所言冲突的。另外，据《平谷文物志》记载，今上纸寨、东高村等地均发现东汉时期大型砖室墓葬，也似乎支持柴文的说法。

综合前面的论述，从西汉到东汉，平谷县的政治中心，自东北向西南进了迁移，但距离并不远。其中导致这种迁移的原因，我们不得而知，而杜辛庄遗址，始终在县城的附近。

（三）博 陆 城

汉代博陆城遗址，位于大兴庄镇北城子村东南200米台地上。该遗址是1980年5月文物普查中发现的，1985年被平谷县政府公布为县级文物保护单位。

遗址东北临泃河，南为洼地，西邻村庄，东西长180米，南北长250米，占地面积约4.5万平方米。1997年第三次文物普查时，遗址保存情况尚好。遗址所处位置地势较高，一般高出地面2～3米。所见汉代文化层均较厚，可达2米，可见这种城的使用时间是相当长的。遗址中遗存的种类相当丰富，从现存地表以及地层断面处可以看到部分城墙基础，均为夯筑而成；部分断面处可以看到石铺的甬路、水道，地表和土层中有大量汉代碎砖瓦和陶片堆积。

该城的性质，论者多以为应为西汉时期霍光所封博陆故城，事见《汉书》卷六十八《霍光金日磾传》②，传文载："先是，后元年，侍中仆射莽何罗与弟重合侯通谋为逆，时光与金日磾、上官桀等共诛之，功未录。武帝病，封玺书：'帝崩发书以从事。'遗诏封金日磾为秺侯，上官桀为安阳侯，光为博陆侯，皆以前捕反者功封。"郦道元注《水经》，引薛瓒曰："渔阳有博陆城，谓

① 金秉骏：《汉代墓葬分布与县城的位置关系——以山东地区为中心》，《汉代考古与汉文化国际学术研讨会论文集》，齐鲁书社，2006年。

② （汉）班固 撰，（唐）颜师古 注：《汉书》，中华书局，1962年。

此也。”① 现今泃河从平谷北店村到中桥村为东南流向，到北埝头村为东西流向，经北城子村北部转而南下，绕城址东侧流过，与《水经注》所记地理格局大体吻合。但两千年来，河道变迁，昔日泃水与今日泃河面貌不一，博陆城的确定，还有待于以后的工作，比如科学的考古发掘。

（四）一般的聚落遗址

今天有关平谷地区汉代聚落遗址的信息，绝大部分来自于20世纪以来北京地区进行的历次文物普查工作，而这些信息，集中在2005年出版的《平谷文物志》② 一书中，该书中公布了现平谷辖区内的18处汉代遗址，包括南独乐河、东洼、英城、石佛寺、北城子、北杨桥、上纸寨、塔山、东高村、前台头、西高村、莲花潭、金海湖、南宅、贤王庄、张各庄、韩庄、轩辕庙等居住址或一般遗址③。

这18处汉代居住遗址或一般遗址，主要分布于平谷盆地的中部和西南部平坦地带，集中在泃河、洳河的中、下游两岸地区的一级阶地上。北部、东南部山区，很少发现汉代遗址或者其他遗存，这与史前以及先秦时期遗址的分布存在较大的差别，比如新石器时代的上宅遗址、商代的刘家河墓葬，均位于北部、东部的山地间。根据环境考古学的研究，“距今3000年直至现今的全新世晚期，环境变坏，气候变干旱，生物生长环境不如前期，洳河、泃河河水减少，沿河高出河面3～5米的一级阶地形成”④。新的地理环境的形成，导致新的文化格局的出现。汉代的人们充分利用了这些新的有利环境，不仅城市如两汉时期县治所、博陆城等选择了建在泃、洳两河的岸边，一般的小的聚邑村落也都夹河而建（图九二）。

《平谷文物志》对其中7处遗址进行了略为详细的介绍，从调查的资料来看，这些聚落遗址规模有大有小，长50～800米，宽20～500米，遗址规模大小不一，最小的金海湖遗址埋藏面积仅约1000平方米，最大的塔山遗址埋藏面积则近40万平方米。不过，这仅仅是初步调查的收获，少有经过科学的考古发掘，所以不排除其中会有其不准确的地方。

这些聚落遗址，分布较为密集，而且均位于靠近城址的地方。山东庄镇大、小北关村一带，推测为西汉县治所在，据说曾在此发掘出汉代砖窑遗存，2006年冬在杜辛庄遗址发掘时，笔者曾到遗址周边的地方查看，在遗址周围较大的范围内，多处地表上可以看到古代陶片，尤其以汉代砖瓦残块较多；北城子村博陆故城遗址周围也发现有居住遗址；而东汉平谷县城的周围，所见聚落遗址尤其多。

（五）汉代墓葬以及墓葬埋藏区

根据历年来在平谷区境内的考古调查、发掘工作，两汉时期的墓葬遗存已有多处发现。就已发表的资料而言，最早经过科学的考古发掘的汉墓，为1959年前首都博物馆筹备处在西柏

① （北魏）郦道元 著，陈桥驿 校证：《水经注校证》，中华书局，2007年。
② 北京市平谷区文化委员会：《平谷文物志》，民族出版社，2005年。
③ 北京市平谷区文化委员会：《平谷文物志》，民族出版社，2005年：73、74页。
④ 周昆叔：《北京市平谷区20世纪末两件文化盛事》，《平谷文物志》，民族出版社，2005年：22页。

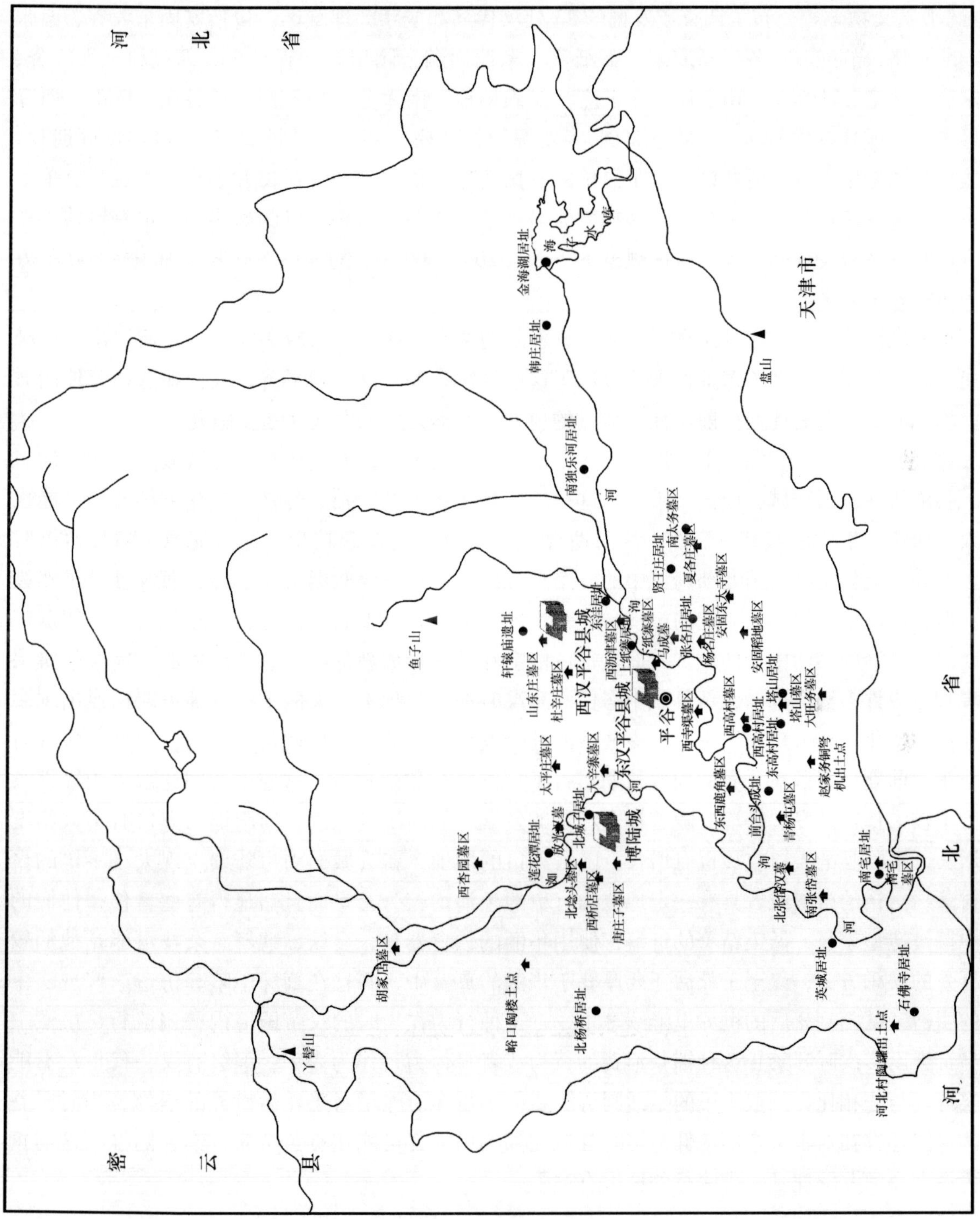

图九二　平谷汉代城址、聚落遗址、墓葬分布图

店、唐庄子两地发掘清理的15座东汉时期的砖室墓葬。自此以后，虽然还有数次发掘，但资料并未公布，最近的一次考古发掘，大概就是杜辛庄汉代墓葬的发掘了。

《平谷文物志》公布了调查或发掘的23处汉代墓葬或墓葬埋藏区，包括安固东大寺、南张岱、北张岱、放光、马各庄马成墓、下纸寨、东西鹿角、园田队、青杨屯、西高村、大旺务、胡家店、南宅、西沥津、山东庄、太平庄、安固稻地、南太务、杨各庄、夏各庄、塔山、西寺渠等处墓葬或墓葬埋葬区①，加上2006年发掘的杜辛庄墓葬区，共计24处。这些墓葬遗存，有些仅是调查中发现，有些则经过了简单的发掘清理。墓葬类型包括长方形竖穴土坑墓、单室砖室墓、多室砖室墓、石室墓等；多数墓葬出土了一些随葬器物，以陶器为主，也有铜器、铁器等遗物。调查发现的墓葬埋藏区规模不一，长20～4000米，宽40～500米，面积从800平方米到200万平方米不等。

墓葬区的位置，也多处于泇、泃河中、下游的两岸地区，分布较为密集。之所以出现这种格局，恐怕与城址、聚落遗址也大部分位于这些区域有关。汉代的平谷，人们在选择葬地的时候，均可能要求靠近他们生前居住生活过的地方，而不会离得太远（参见图九二）。

综上所述，西汉时期，平谷地区已经出现县级行政区划，而且还有部分区域划为功臣的封地，县治所在及博陆城，应该属于当时这一地区较为集中的政治、经济、文化的中心，可能也是人口居住的集中区域——当然，西汉遗存在今平谷境内发现较少，这可能意味着，西汉时期，平谷可能仅是汉帝国北部疆域中的一个平凡的小县；东汉时期县城迁治，西汉县城虽然废弃，但有可能依然保持着一定的经济、文化水平，也是人口聚居的地方，新建的县城可能取代了西汉旧县治的政治中心的位置，而且很可能会在其中形成新的经济、文化中心，富裕的阶层或者官吏或许多数会选择在新县城中居住。东汉时期，面积不算大的平谷盆地可能已经出现多个经济、文化以及人口聚居中心，该区域的社会发展和繁荣程度由此可见一斑。另外，西汉时期至东汉前期汉帝国对北方的匈奴长期实行了打击以及和亲政策，这使得帝国北部诸边缘郡县获得了较为稳定的发展环境，随着社会经济的发展，从西汉到东汉，渔阳郡的人口有了大幅度的增长，平谷县的人口应该也有增长。随着人口的增加，新县城的周边陆续出现大小不等的聚邑村落。富裕的阶层或者具有一定地位的官吏的生活均较为富足而且略显得有些奢侈，他们的家中摆设造型繁复、做工精美的灯盏，使用华丽的饮食器具，宴饮、歌舞、杂技可能是他们较为喜爱的娱乐方式，以至于死后还要厚葬于华丽的墓室中，并且在墓葬中陪葬仿造这些现实生活的明器，试图到死后的世界里继续享乐——这种行为在当时的汉帝国境内普遍流行，虽然上至皇帝大臣多次呼吁禁止这种铺张浪费的行为或者身体力行作为表率，但终有汉一代也没有能够实现。与之相比，一般平民的生活则可能要简单得多。除了对于死后世界的信仰，当时平谷地区可能还存在对于黄帝的信仰，当时县域北部的山上，可能建有黄帝庙，学者们推断这与黄帝传说在今河北涿鹿县一带流行的原因有关②。

---

① 北京市平谷区文化委员会：《平谷文物志》，民族出版社，2005年：95、96页。

② 陈平：《黄帝传说与平谷黄帝庙陵》，《北京平谷与华夏文明：国际学术研讨会论文集（2005）》，社会科学文献出版社，2006年。

附　　录

附录一　北京地区汉代墓葬初步研究

胡传耸

一、发现与研究概况

（一）北京地区汉代墓葬发现概况

就已公布的资料粗略统计，自20世纪50年代以来，北京地区发现的汉代墓葬，已逾千座，时代历西汉、东汉，跨越四百余年。发现汉代墓葬的区域包括西城区、海淀区、朝阳区、丰台区、石景山区、房山区、大兴区、通州区、顺义区、怀柔区、平谷区、密云县、延庆县等区县，分布区域较为广泛。下文以发现或考古发掘的年代顺序略述其概况：

1957年9月，北京丰台区三台子出土若干件汉代画像石①。

1959年，北京市文物工作队在平谷西柏店、唐庄子两地发掘了15座砖室墓，发掘者认为，这批墓葬的年代属东汉至西晋，而个别墓的年代则应属于北朝②。

1959年到1960年2月，北京市文物工作队在昌平白浮村清理了46座汉墓，均为中小型墓葬，据发掘者判断，这批汉墓跨西汉初期、西汉中期和王莽前后三个时期③。

1959年冬到1960年春，北京市文物工作队在怀柔城北发掘了两汉墓葬30座，据发掘者判断，其中西汉墓有21座，年代皆当西汉中期；其余9座墓葬的年代历新莽时代、东汉中期到东汉晚期④。

1960年，北京市文物工作队在昌平半截塔村发掘两汉墓葬21座，发掘者将其年代分别定于西汉早中期和东汉晚期⑤。

1960年3至5月间，北京市文物工作队在昌平区史家桥村发掘了48座汉代墓葬，发掘者

① 喻震：《丰台区三台子出土汉画像石》，《文物》1966年4期。
② 向群：《北京平谷县西柏店和唐庄子汉墓发掘简报》，《考古》1962年5期。
③ 苏天钧；《北京昌平白浮村汉、唐、元墓葬发掘》，《考古》1963年3期。
④ 北京市文物工作队：《北京怀柔城北东周两汉墓葬》，《考古》1962年5期。
⑤ 北京市文物工作队：《北京昌平半截塔东周和西汉墓》，《考古》1963年3期。

将其分为三期，分别相当于西汉初期、西汉中期、新莽时期至东汉早期①。

1962 年冬，北京市文物工作队在永定路清理了一座小型的土坑墓，发掘者认为该墓的年代应为东汉早期②。

1964 年 6 月，在西郊石景山上庄村东，因采石工程发现一批汉代石刻，其中有石表、石柱、石柱础、石阙顶等，石柱柱额上书“汉故幽州书佐秦君之神道”③。

1974 年 6 月至 1975 年 4 月，北京市古墓发掘办公室在丰台区郭公庄南隅大葆台发掘了西汉广阳王刘建及其夫人墓④。

1975 年 4 月，北京市文物管理处在顺义县平各庄公社临河村发掘清理了一座东汉墓，发掘者将其年代定在东汉晚期⑤。

1982 年 1 月，北京东南郊朝阳区三台山基建施工过程中发现两座多室砖室墓，北京市文物工作队对其进行了发掘，发掘者认为其年代当东汉中后期⑥。

1982～1984 年，第二次文物普查期间，在平谷区北张岱村、放光村均发现东汉大型砖室墓，其中北张岱村汉墓墓门上还刻有画像；在马各庄村还发现清代嘉庆元年据旧碑改制的“东汉全椒侯马成之墓”墓碑⑦。

1983 年在通县永乐店畜牧场发现一座东汉中晚期多室砖室墓；1985 年在昌平县沙河镇辛力屯村南岗子清理了 5 座汉墓⑧。

1991 年 11 月，北京市文物研究所、西城区文物管理所在北京教育学院发掘了一座东汉墓，墓葬前室南壁出土一块“永平元年三月三日”刻铭砖，墓内出土少量铜器和陶器⑨。

1991 年 12 月，北京市文物研究所、海淀区文物管理所在海淀区上地村发掘了 5 座东汉砖室墓⑩。

1998 年 3 月，北京市文物研究所、密云县文管所在密云县河南寨镇提辖村西北发掘了 10 座墓葬，发掘者将这批墓葬的年代定在东汉晚期⑪。

1999 年春，北京市文物研究所、顺义文物管理所在顺义田各庄村南发掘清理了 45 座汉代砖室墓，发掘者认为这批墓葬的年代当东汉中晚期⑫。

---

① 喻震：《北京昌平史家桥汉墓发掘》，《考古》1963 年 3 期。

② 喻震：《北京永定路东汉墓》，《考古》1963 年 3 期。

③ 北京市文物工作队：《北京西郊发现汉代石阙清理简报》，《文物》1964 年 11 期。

④ 北京市古墓发掘办公室：《大葆台西汉木椁墓发掘简报》，《文物》1977 年 6 期；大葆台汉墓发掘组、中国社会科学院考古研究所：《北京大葆台汉墓》，文物出版社，1989 年。

⑤ 黄秀纯：《北京顺义临河村东汉墓发掘简报》，《考古》1977 年 6 期。

⑥ 北京市文物工作队：《北京东南郊三台山东汉墓发掘简报》，《北京文物与考古》（第一辑），1983 年。

⑦ 北京市平谷区文化委员会：《平谷文物志》，民族出版社，2005 年：78～80 页。

⑧ 文物编辑委员会：《文物考古工作十年 1979～1989》，文物出版社，1990 年：9 页；有关通县、房山汉墓资料参见《北京通县、房山等地汉墓》，《中国考古学年鉴》，文物出版社，1984 年。

⑨ 李达、王武钰：《北京教育学院东汉墓》，《中国考古学年鉴（1991）》，文物出版社，1992 年。

⑩ 李达：《海淀上地村东汉墓》，《中国考古学年鉴（1991）》，文物出版社，1992 年。

⑪ 李大儒：《密云又出土十座汉墓》，《北京文物报》1998 年 7 期。

⑫ 李建林：《北京顺义田各庄汉墓发掘简报》，《北京文博》1999 年 4 期。

2000年前后，北京市文物研究所在海淀区上地高科技信息产业基地发掘战国至汉代墓葬1000余座，在延庆颖泽洲住宅区建设施工过程中发现汉至辽时期墓葬72座，在北京地铁八通线的施工过程中发掘了汉至明清时期墓葬百余座，这些资料目前均尚未发表①。

2000年2月，北京医科大学第一附属医院第二住院部在基建施工时，发现一座东汉砖室墓葬②。

2000年，石景山区老山发掘汉代大型岩坑木椁墓一座，目前详细资料尚未公布③。

2002年7月，延庆县妫河南岸配合基本建设施工中清理了2座东汉时期的砖室墓④。

2003年10月至2004年7月，为配合北京市亦庄经济开发区工程建设，北京市文物研究所在亦庄经济技术开发区79号地、80号地、西环南路、兴业街、博兴路、新凤河路等6处地点进行了多次发掘，据已公布的资料来看，共发掘清理了55座东汉时期的墓葬⑤。

2004～2005年，北京市文物研究所在海淀区复兴路的五棵松篮球馆工程占地范围内发掘汉代墓葬7座⑥；在棒球馆工程占地范围内发掘汉代砖室墓1座，发掘者将其年代定在东汉中晚期⑦。

2005年出版的《平谷文物志》公布了大旺务、大辛寨、园田队、夏各庄、西寺渠、东西鹿角、西沥津、东高村、太平庄、塔山等数个汉代墓葬区，其中的多数墓葬区内都曾经发现过汉代墓葬或者文物⑧。

2005年11月至2006年5月，配合南水北调北京段工程建设，北京市文物研究所在房山区南正遗址发掘了23座东汉中晚期砖室墓葬⑨。

2006年5～7月，配合南水北调北京段工程建设，北京市文物研究所在房山区长沟镇南正村西北的岩上墓葬区发掘了11座东汉砖室墓葬⑩。

2006年10～11月，配合通州区武夷花园小区工程建设，北京市文物研究所在通州潞城镇发掘了10座东汉砖室墓葬⑪。

2006年12月至2007年1月，为配合当地基本建设，北京市文物研究所在平谷区杜辛庄村东北发掘汉代墓葬17座，年代当西汉中晚期至东汉晚期，参见本报告第二、三章。

---

① 宋大川：《近年来北京考古新成果》，《北京文物与考古》（第5辑），北京燕山出版社，2002年。
② 王清林、王鑫：《2000～2002年基建考古成果》，《北京文物与考古》（第5辑），北京燕山出版社，2002年；北京市文物研究所：《厂桥地区一东汉砖室墓发掘简报》，《北京文物与考古》（第6辑），民族出版社，2004年。
③ 王鑫：《北京老山汉墓》，《2000年中国重要考古发现》，文物出版社，2001年。
④ 北京市文物研究所：《延庆妫河南岸奇特的两座东汉砖室墓》，《北京文物与考古》（第6辑），民族出版社，2004年。
⑤ 北京市文物研究所：《北京亦庄考古发掘报告（2003～2005年）》，科学出版社，2008年。
⑥ 张智勇等：《五棵松篮球馆工程考古发掘报告》，《北京奥运场馆考古发掘报告》，科学出版社，2007年。
⑦ 胡传耸等：《五棵松棒球场工程考古发掘报告》，《北京奥运场馆考古发掘报告》，科学出版社，2007年。
⑧ 北京市平谷区文化委员会：《平谷文物志》，民族出版社，2005年：89～92页。
⑨ 北京市文物研究所：《房山南正遗址——拒马河流域战国以降时期遗址发掘报告》，科学出版社，2008年。
⑩ 孙勐等：《岩上墓葬区考古发掘报告》，《北京段考古发掘报告集》，科学出版社，2008年。
⑪ 张智勇等：《北京市通州区武夷花园二期项目遗址考古发掘报告》，《北京考古》（第二辑），北京燕山出版社，2008年。

2007年7～9月，配合当地基本建设，北京市文物研究所在在延庆县延庆镇南辛堡村东，发掘了22座汉代砖室墓葬，目前这批资料还在整理中尚未公布①。

2007年4～6月，配合当地基本建设，北京市文物研究所在大兴区亦庄开发区10号地鹿圈镇鹿圈村发掘了59座两汉时期的墓葬②。

2007年5月，配合当地基本建设，北京市文物研究所在平谷区东高村南清理了一座西汉土坑木椁墓，目前该墓资料还在整理中，详细资料尚未发表。

2007年7～8月，为配合大兴新城北区8号地建设，北京市文物研究所在大兴区黄村镇前高米店村发掘了5座东汉中晚期砖室墓葬③。

2007年12月至2008年1月，配合当地基本建设，北京市文物研究所在丰台区王佐镇银河星座居住小区内发掘了37座两汉时期墓葬④。

2008年6月，配合综合市政工程，北京市文物研究所在大兴区亦庄镇博兴七路发掘了4座汉代砖室墓，发掘者认为墓葬年代为王莽前后至东汉初⑤。

2008年11月，配合卡拉克汽车检测技术中心工程，北京市文物研究所在亦庄经济开发区西南部发掘了9座汉代墓葬⑥。

新中国成立以来至今北京地区汉代墓葬的发现情况，即如上文所述。从已公布的相对明确的资料统计，北京地区已经发现的汉代墓葬数量已有1700余座，其余各区县汉代遗址或墓葬埋藏区的零散发现尚未统计在内，其中已经发表了简报或详细报告的墓葬约有200余座，尚不及已知汉代墓葬数量的十分之二。更多、更详细的资料整理及发表，对未来北京地区汉代考古的研究，有着非常重要的意义。

（二）北京地区汉代墓葬考古学研究概况

对于北京地区汉代墓葬的研究，就目前情况而言，是比较薄弱的。20世纪五六十年代发表的昌平、怀柔等地汉墓的发掘报告中，报告作者对北京地区汉代墓葬的分期、年代等问题曾经作过论述，尤其以《怀柔城北东周两汉墓葬》较为深入，该文总结了西汉、新莽时期、东汉中期、东汉晚期四个时期北京地区墓葬的一般特征，唯因当时汉墓资料发现有限，使得这一时期汉墓的研究受到限制而显得粗略。

1974年大葆台汉墓的发现成为北京汉代考古的大事，随之发表了一批有关墓主考证以及汉代诸侯王葬制研究的文章⑦。

---

① 北京市文物局：《奥运场馆、南水北调考古工作》，内部资料。

② 北京市文物局：《奥运场馆、南水北调考古工作》，内部资料。

③ 于璞等：《北京市大兴新城北区8号地考古发掘报告》，《北京考古》（第二辑），北京燕山出版社，2008年。

④ 张智勇：《北京丰台王佐遗迹考古发掘取得重要收获》，《北京文博》2008年4期。

⑤ 北京市文物研究所：《2008年文物工作年报》，内部资料。

⑥ 北京市文物研究所：《2008年文物工作年报》，内部资料。

⑦ 鲁琪：《试谈大葆台西汉墓的“梓宫”、“便房”、“黄肠题凑”》，《文物》1977年6期；王灿炽：《大葆台西汉墓墓主考》，《文物》1986年2期。

1990 年出版的《北京考古四十年》①，对 1950 ~ 1988 年北京地区发现的汉代墓葬资料进行了较为详细的综述。

吉林大学考古系郑君雷博士在对东北汉墓全面梳理并与周边汉墓进行比较研究的基础上，提出东北、北京、冀东、平壤同属于汉幽州文化区的观点②；在之后的一篇文章中，提出“汉墓幽州分布区”的概念③，被认为是“对汉代考古学墓葬分区的一次成功性尝试”④。

2004 年发表的《北京市考古工作的回顾与展望》一文，也对北京既往汉代墓葬的发现与研究情况进行了回顾和总结⑤。

姜佰国对京、津、冀地区发现的汉代墓葬进行了系统的研究，将这一地区的墓葬划分为西汉早期至曹魏时期等八个时期；并在进行文化因素分析的基础上，将京津冀地区汉代墓葬划分为五个墓葬文化分布区，北京地区大致属于其中的“西汉墓幽州南部分布区”和“东汉墓幽州南部分布区”⑥。

上文即是北京地区既往汉代墓葬发现与研究的大致情况，限于笔者所识，难免会有遗漏，不过主要的情况应该即如上述。从上文的叙述来看，北京地区汉代墓葬发现的数量已经相当多，只是对于这些资料的发表还极为有限，尤其欠缺的是对已发现中小型墓葬的资料信息的发表，而早期发表的昌平、怀柔等地汉墓资料，由于时代的局限，透露的信息在一定程度上还很模糊和不完备。以上这些情况大大制约了学界对于北京汉代墓葬考古的研究，这就可以解释为什么在前述的研究中，北京汉墓往往仅被捎带论及，而专门性的研究则迟迟不能出现。近几年北京地区汉代墓葬屡有发现，数量不断增多，为进一步的研究增添了丰富的资料，诸多问题可以进行再讨论。本文拟在前人研究的基础上，对北京地区既往发现的汉代墓葬的分期和年代问题略作探讨，不揣浅薄，就教于方家。

本文所讨论的北京汉墓资料，涉及怀柔城北汉墓、昌平半截塔汉墓、昌平白浮汉墓、昌平史家桥汉墓、海淀五棵松篮球馆汉墓、房山岩上汉墓、顺义田各庄汉墓、顺义临河村汉墓、平谷西柏店和唐庄子汉墓、房山南正汉墓、亦庄汉墓、平谷杜辛庄汉墓的，下文会在一些文字部分分别简称为怀 M、半 M、白 M、史 M、篮 M、岩 M、田 M、临 M、平 M、南 M、亦 M、杜 M，特此说明。

二、墓葬形制分析

北京地区发现的汉代墓葬，根据墓葬构筑形式的不同，大致可以分为六类：瓮棺葬墓、砖

① 北京市文物研究所：《北京考古四十年》，北京燕山出版社，1990 年。
② 转引自赵化成、高崇文等：《秦汉考古》，文物出版社，1999 年：113 页，未见郑原文。
③ 郑君雷：《论“西汉墓幽州分布区”》，《考古与文物》2005 年 6 期。
④ 姜佰国：《京津冀地区汉代墓葬研究》，《边疆考古研究》（第 6 辑），科学出版社，2007 年。
⑤ 北京市文物研究所：《北京市考古工作的回顾与展望》，《考古》2004 年 2 期。
⑥ 姜佰国：《京津冀地区汉代墓葬研究》，《边疆考古研究》（第 6 辑），科学出版社，2007 年。

椁墓、画像石墓、竖穴土坑墓、竖穴岩坑墓、砖室墓。这六类形式的墓葬中，土坑墓和砖室墓为较常见也是发现数量较多的两类，瓮棺葬墓数量次之，而砖椁墓、画像石墓、岩坑墓数量则较少。随着时代的发展以及不同文化因素的汇入，各类墓葬的形制结构也不断发生着变化。为了准确把握北京地区汉代墓葬的情况，本文首先将以往发现的汉代墓葬按其形制分类叙述如下。

（一）瓮棺葬墓

瓮棺葬墓形制较单一，一般先于地上直接挖掘墓坑，规模不大，平面形制也不规则，其次在墓坑内葬置瓮棺葬具和人骨。北京地区是瓮棺葬分布的主要区域之一，东周、秦汉时期的瓮棺葬墓在以往的考古工作中已发现较多，其中多数是战国时期燕文化的瓮棺葬，两汉时期的瓮棺葬数量不多。瓮棺葬墓结构均较简单，所用葬具一般为日常生活用陶釜、盆、罐等常见器类，其中陶釜是京、津、冀、辽地区最为常见的瓮棺葬具，用陶釜组合作为瓮棺，是东周燕文化及其波及地区的特点，这个特点一直延续到西汉时期①。瓮棺葬墓中葬人多为幼儿或儿童，墓中很少有随葬器物。鉴于瓮棺葬的形制结构较为简单，本文暂不多加讨论。

（二）砖椁墓

砖椁墓是指于地下挖出长方形墓坑后，用砖于墓坑周壁及墓底砌出椁室，再于椁室内葬置木棺葬具和死者。从已公布的资料来看，北京地区发现的汉代砖椁墓数量不多，仅有数座见于北京亦庄经济开发区②和丰台区王佐镇③。与同时期的其他类墓葬相比，砖椁墓均为小型墓葬。

根据椁室的构筑情况暂时可以看到三种类型的砖椁墓：

A 型　长方形单砖壁砖椁墓，椁室壁以单行砖错缝砌筑，椁壁较薄。如亦庄 79 号地 M11，平面长方形，南北长 2.84、东西宽 0.86 米，椁室壁用青砖顺砌而成，厚 0.11 米，墓底用青砖铺地，墓内葬一人，头北脚南，未见葬具痕迹，墓主骨架头端出土 3 件陶壶（图一，1）。

B 型　“刀”形单砖壁砖椁墓，墓室结构形制与 A 型砖椁墓近似，只是墓室前部挖出一条近长方形的墓道，墓道中轴线偏于墓室中轴线一侧，所以墓葬整体平面近似“刀”形。如房山南正 M24，由墓道、墓门、墓室组成，墓道后端与墓门之间有土洞甬道，墓葬通长 7.4、宽 2 米，墓室四壁均用单砖斜向错缝砌筑，每两层砖呈斜置“人”字形，墓室底部用单层砖铺底。墓内合葬成年男、女二人，葬具不明，随葬品中残存陶罐 1、陶盆 1、陶瓮 1 件（图一，3）。

C 型　长方形双砖壁砖椁墓，椁室以平砖和竖砖砌筑，椁壁较厚。如亦庄西环南路 M8，该墓平面呈长方形，南北长 4.4、东西宽 1.6 米，椁室壁用青砖两平一竖砌筑，厚约 0.3 米，墓底用青砖铺地，墓内发现少量残骨，不见葬具。由于早期破坏严重，墓内随葬品仅残存 1 枚铜钱和 1 件小陶釜（图一，2）。

---

① 白云翔：《战国秦汉时期瓮棺葬研究》，《考古学报》2001 年 3 期。

② 北京市文物研究所：《北京亦庄考古发掘报告（2003～2005 年）》，科学出版社，2008 年。

③ 张智勇：《北京丰台王佐遗迹考古发掘取得重要收获》，《北京文博》2008 年 4 期。

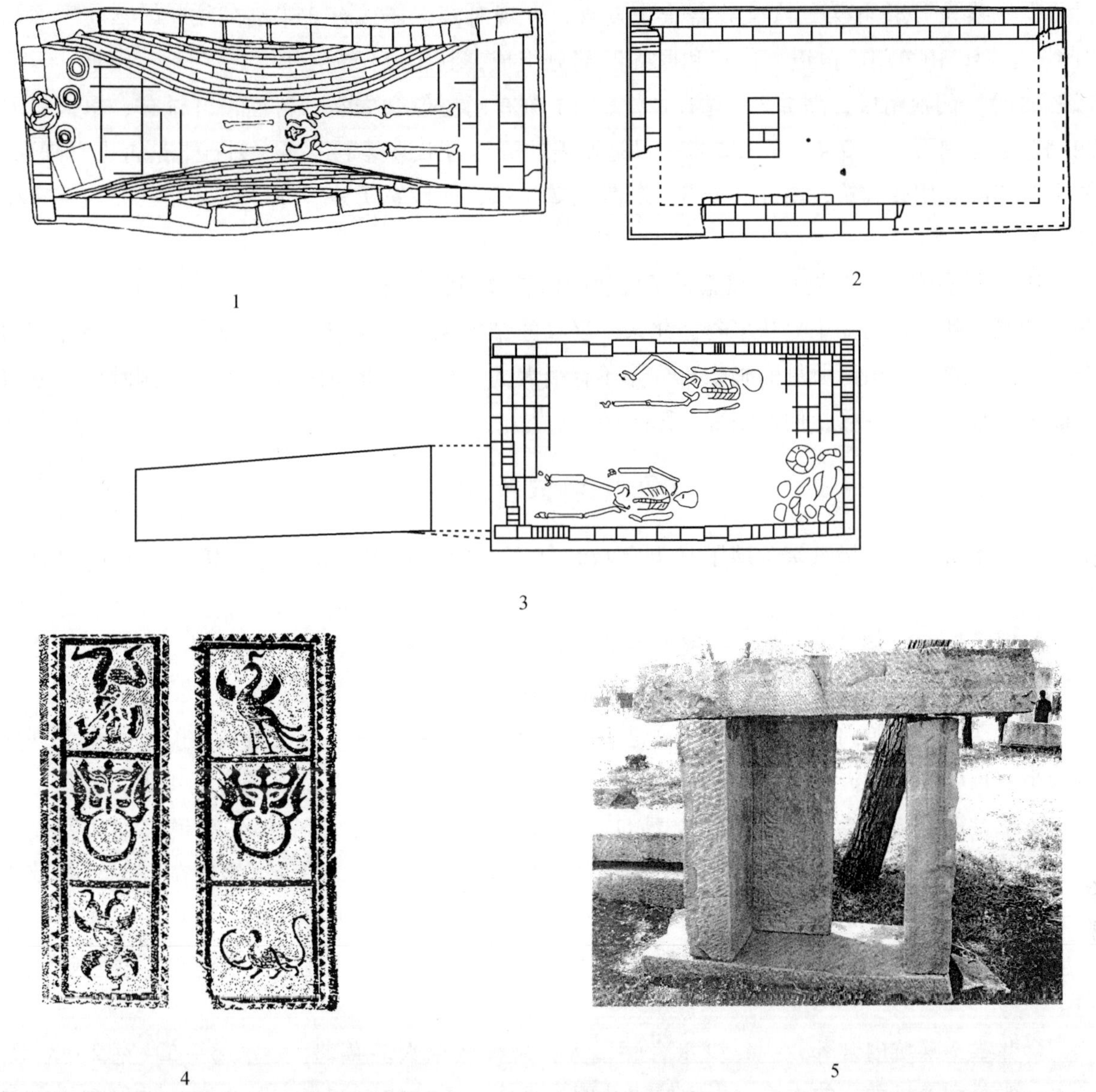

图一　砖椁墓、画像石墓葬示意图

1. 亦庄 79 号地 M11　2. 亦庄西环南路 M8　3. 房山南正 M24　4. 丰台三台子画像石墓门　5. 平谷北张岱画像石墓门

（三）画像石墓

北京地区尚未发现过完整的画像石墓，只发现过一些构筑墓葬的画像石构件，这些简单的发现，截至目前，只有两例：一为 1957 年在丰台区右安门外三台子出土的 2 块画像石墓门，正反两面刻朱雀、玄武等四神像以及禹遇伏羲神话故事等①（图一，4）；另一例为平谷区北张岱

① 喻震：《丰台区三台子出土汉画像石》，《文物》1966 年 4 期。

汉墓，该墓为1983年第二次文物普查中发现，发现时墓上还残存3米高的坟丘，墓葬平面呈“凸”字形，由墓门、甬道、墓室和回廊四部分组成，其中墓门为石质，由门框、门楣、门扇（缺一扇）、门槛组成，高1.2、宽1.1米，门上刻有门吏像和朱雀、兽面衔环铺首，甬道口内两侧壁也有刻石，宽0.4、高1.2米，只是发表的资料内未透露是否这些刻石上是否也有画像，墓室主体部分用砖砌筑，南北长6.3、东西宽2.3米，回廊宽1米，东、西、北三面与墓室相通①（图一，5）。

1957年右安门外的发现，仅报道了两块画像石墓门的情况，具体有关出土这两块墓门的墓葬的情况，就不得而知了。从平谷区北张岱汉墓的结构来看，这类带有画像石墓门的墓葬与山东、河南、陕西、山西所见的画像石墓葬还有很大的差异——北京地区所见的两例画像石墓很可能只有墓门为画像石，而墓室部分则为砖室。

（四）竖穴土坑墓

竖穴土坑墓，是指直接于地下挖掘墓坑，并于其中葬置木质棺、椁。按其形状可以分为三类。

A型　长方形竖穴土坑墓，一般平面呈长方形，四壁较直，底部平整，口、底同大或略有不同。按照埋葬形式可以分为单人葬、合葬墓、并葬墓三类。

单人葬墓，墓坑内仅埋葬一人，这是土坑墓中最为常见也是发现数量最多的一类墓。规模均较小，长度短者略近于2米，长者可近4米；宽度窄者略小于1米，宽者近4米。葬具一般为一木棺，部分为一棺一椁，就已发表的资料而言，单棺墓与一棺一椁墓规模方面无明显差别。葬式以仰身直肢葬为主，还有少量侧身直肢葬和仰身屈肢葬。单人葬墓内随葬品一般放于墓主骨架头部上方，单棺墓内随葬品均位于棺外前端，如篮球馆M13（图二，1），带木椁的墓一般于椁内辟出头箱、棺室两部分，随葬品尤其是陶器置于头箱内，如怀柔城北M63（图二，4）。

合葬墓，墓坑内合葬二人，少量合葬三人，规模较单人葬墓略大，长3～5、宽2～3米。二人一般分别葬于独立的木棺，无木椁或共用一个木椁。葬式以仰身直肢为主，也见少量侧身屈肢。就所见墓例而言，随葬品一般堆于一处，位置大致位于墓主头上方，如史家桥M2（图二，2）、杜辛庄M14（图二，7）。

并葬墓，又称同坟异穴墓，是指将两个墓主分别葬于并列相邻的两座墓坑中，而这两座墓坑可能共用一座坟丘。并葬墓的规模与合葬墓近似，长2～5、宽2～4米。每个墓主均有独立的葬具，为单木棺或一椁一棺。葬式以仰身直肢葬为主。每个墓主均有各自的随葬品：随葬品一般放于棺外一侧或头部上方，如怀柔城北M61、M62（图二，3）；有的木椁内隔出头箱和棺室，那么随葬品则放入头箱内，如史家桥M39、M40（图二，5）。史家桥M16、M17西侧墓主葬具为瓮棺，是比较特殊的现象（图二，6）。

① 北京市平谷区文化委员会：《平谷文物志》，民族出版社，2005年：78页。

图二　长方形竖穴土坑墓葬示意图

1. 篮球馆 M13　2. 史家桥 M2　3. 怀柔城北 M61、M62　4. 怀柔城北 M63　5. 史家桥 M39、M40　6. 史家桥 M16、M17　7. 杜辛庄 M14

B 型　“刀”形竖穴土坑墓，是指在墓室的前端挖掘一条平面近长方形的墓道，而墓道的位置一般偏于墓室中轴线的一侧或者墓道一侧壁与墓室一侧壁位于同一条直线上。“刀”形墓的墓室部分均为长方形竖穴土坑，与前述 1 类墓形制近似。“刀”形墓发现数量不多，其总长为 5 ~ 8 米，宽 1 ~ 3 米。包括单人葬墓、合葬墓两类，所见墓例葬具一般为单棺。随葬品尤其是陶器一般出土于墓主头部上方棺外位置，即使是二人合葬墓，随葬品也均堆于一处，如篮球馆 M15（图三，1）。怀柔城北 M110 封门、墓室四壁及墓底均用河卵石砌成，是较为少见的现象，原报告根据其竖井墓道推断该墓可能为洞室墓，可备一说，因原报告公布资料有限，尚见不到其为洞室墓的有力证据，故本文暂将其系于“刀”形土坑墓一类以下（图三，2）。

C 型　“甲”字形竖穴土坑墓，是指在墓室的前端一条平面近长方形的墓道，而墓道和墓室的中轴线基本靠近或处于同一条直线上。北京地区所见“甲”字形墓均为大型墓，如大葆台 M1、M2，墓葬规模大，等级高，墓室内均筑黄肠题凑等（图三，3）。大葆台 M1、M2 有详细的报告①，兹不详说。

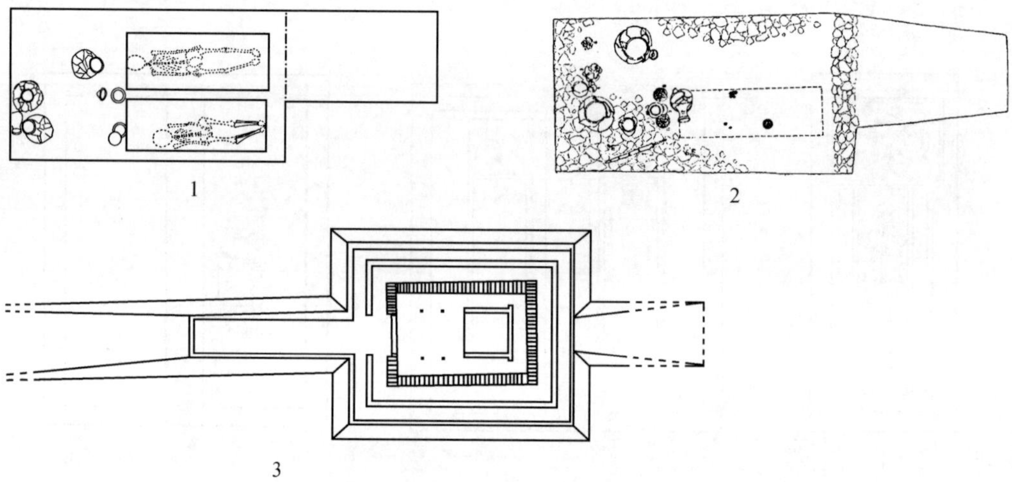

图三　刀形、“甲”字形土坑墓葬示意图
1. 篮球馆 M15　2. 怀柔城北 M110　3. 大葆台 M1

（五）竖穴岩坑墓

目前这种类型的墓葬仅发现老山汉墓 1 座，位于北京市石景山区，墓葬依山体而建，平面为“甲”字形，由封土、墓道、墓坑和墓室四部分组成，方向 355°。封土呈覆斗形，墓道位于墓室的南侧正中，残长约 24 米，墓坑平面为长方形，南北长 24.5～26、东西宽 22～23.5 米，墓室位于墓坑的底部略偏西，平面亦呈长方形，南北长 16、东西宽 13 米，由外回廊、题凑和内回廊三部分组成。由内回廊围起的墓室中凡部位又分为前后两室，南部为前室，南北长 3、东西宽 6 米，北部为后室，南北长 7、东西宽 6 米，葬具为两椁三棺。随葬品主要放置在前室和内外回廊，由于早期被盗，很多遭到破坏。发掘者根据出土陶器等随葬品判断，该墓的年代应该为西汉中期，墓主人为女性，应为一代燕王的王后②。

① 大葆台 M1、M2 墓室后端皆有较短的斜坡状短道，以致从发表的墓葬平面图来看总体近似“中”字形，但报告推测墓室后部斜坡状短道当“系造墓时为运料和出土方便而开的出口，用毕即回填封固”，故本文仍称之为“甲”字形。参见大葆台汉墓发掘组等：《北京大葆台汉墓》，文物出版社，1989 年：7 页。

② 北京市文物研究所：《北京老山汉墓》，《2000 年中国重要考古发现》，文物出版社，2001 年。

（六）砖室墓

是指于土坑墓圹内用砖砌筑墓室，墓室的主体部分如墓门、墓壁、墓顶、墓底均用砖砌筑。这类墓葬前端一般挖出一条长方形墓道，墓道底部或为斜坡状，或于墓道前端设置几步台阶。砖室墓葬具、人骨一般腐朽较严重，所透露的信息自然也就受到限制，保存完整的砖室墓不多，墓室内随葬品大部分曾经扰动，鉴于此，下文不再述及各类砖室墓的葬具、葬式以及随葬品出土情况等。砖室墓按照其墓室的多寡、结构规模可以分为如下五种类型。

A型　“刀”形单室墓，平面形制近似前述“刀”形土坑墓，但也有少量墓葬的墓道与墓室中轴线接近，兹不单列出，墓室平面均为长方形，墓门偏于墓室前端一侧，墓顶一般应为拱形券顶，但是不排除少量墓葬的墓室顶部可能为四角攒尖顶。怀柔、昌平等地发表的“刀”形砖室墓未见墓道相关信息，其墓室的长度为2.7～4、宽度为0.9～3米。房山岩上墓地发现“刀”形单室砖室墓7座，资料发表较为完备，可知此批“刀”形墓总体长度（含墓道长度在内）为7～12、宽度为1.4～3米。房山区南正遗址发现“刀”形单室砖室墓15座，资料发表亦较为完备，这批刀形单室墓墓室的长度为2.95～7.95、宽度为1.7～4.15米。另外，房山区岩上、南正两处遗址所见“刀”形单室墓葬中，多数墓葬的墓室后部有一个横长方形台，这类方台一般为生土台，台前缘和表面用砖镶面，这类方台，或者认为是器物台，或者认为是棺床①（图四，1）。

B型　“甲”字形单室墓，结构与前述A型“刀”形单室墓近似，只是墓室较“刀”形墓墓室要宽出许多，平面近似方形或呈横宽长方形，即墓室面宽与进深相似或略大于进深。部分墓葬的墓室内部有砖砌棺床，棺床平面呈长方形或曲尺形。所见“甲”字形砖室墓葬数量不多，较为明确的仅有亦庄经济开发区发现的2座，即亦庄博兴路M7、新凤河路M4。博兴路M7，方向184°，由墓道、墓门、墓室三部分组成，通长5.1米，墓道为长方形竖穴式，后经墓门通入墓室，墓室南北长3、东西宽3.72米，棺床平面呈长方形，位于墓室西半部，棺床上残存少量骨骼，残存随葬器物均发现于棺床下墓室东半部（图四，2）。新凤河路M4，方向194°，由墓道、墓门、墓室三部分组成，通长5.1米，墓道为长方形竖穴式，后经墓门通入墓室，墓室南北长2.42、东西宽3.4米，墓室内西北侧有曲尺形棺床，棺床表面青砖铺砌，残存器物皆位于墓门内棺床前的位置（图四，3）。

C型　前、后双室墓，墓室纵向布局大致可以分为两部分，一般包括前、后两进墓室，两进墓室前后相接，之间由甬道联通。部分墓葬前室一侧或两侧会开辟出1～2个小型的耳室，

① 从房山区岩上、南正两处遗址的发现来看，这类长方形台表面一般很少见到人骨架或葬具痕迹，而且台的横长一般在1.5米左右，多数不足以横置一具木棺，若遇到合葬墓，台面的宽度也不足以并列放置两具木棺，所以就此两处的发现来看，可以暂时排除此类方台为棺床的可能。但是，岩上、南正“刀”形墓内出土器物也很少见到集中放置于此类方台上的例子，清理时多数方台表面无任何器物或仅仅有少量器物，而且多数随葬器物均出土于墓室内方台以外的其他部位。所以关于此类墓室后部的方台，本文虽然倾向于器物台的说法，但也不敢断言其必为器物台。当然，随着时代的变迁或者地域的差异，这类方台的用途可能会发生改变。

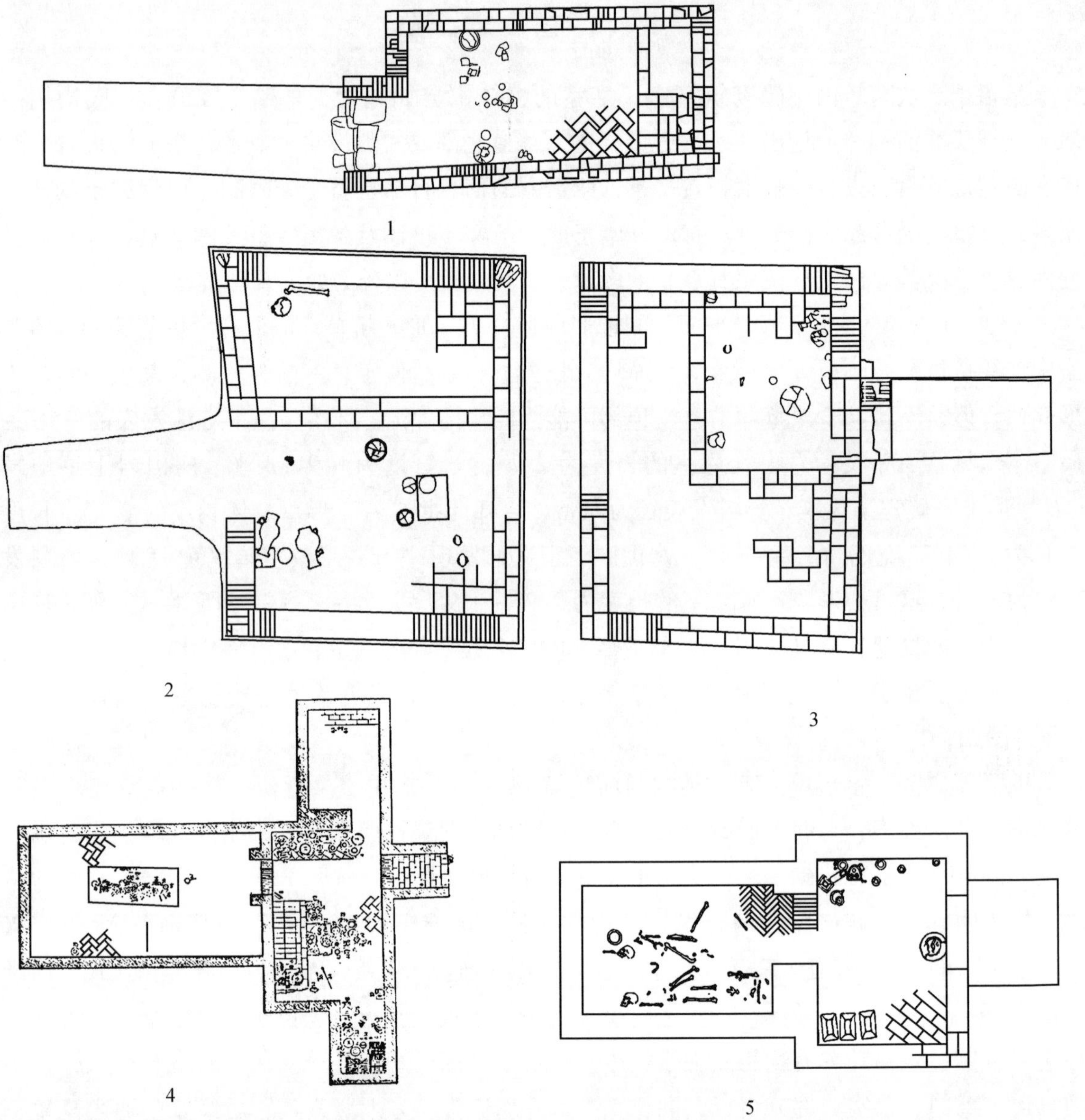

图四　砖室墓葬示意图

1. 岩上 M34　2. 亦庄博兴路 M7　3. 亦庄新凤河路 M4　4. 顺义临河村汉墓　5. 怀柔城北 M48

但这类耳室规模一般较前、后主室小。典型的前后双室墓有临河村东汉墓、怀柔城北 M48 等。临河村东汉墓，由墓道、甬道、前室和东西耳室、后室组成，南北长 11.7、东西宽 11.1 米，墓道为斜坡式，后接砖筑甬道通前室，前室平面为横长方形，长 4.8、宽 3 米，左右皆开一耳室，前室和西耳室内放置大量随葬器物，后室为长方形，长 6.3、宽 3.5 米（图四，4）。怀柔城北 M48 形制与之近似（图四，5）。

D 型　前横室后双室墓，墓葬主体包括三个墓室，平面形制一般为横长方形前室后接两个长方形后室，两个后室之间一般留有生土隔墙。前室一般面宽大于进深或与进深相近，典型的前横室后双室墓如平谷M103、篮M9。平谷M103，由墓道、甬道、前室、双后室组成，前室为横长方形，面宽远大于进深，前室西部还用砖筑出器物台，西侧后室内后部砌出宽大棺床，棺床上见双棺、人骨痕迹，东侧后室情况不明（图五，1）。五棵松篮球馆M9，由墓道、前室、双后室组成，通长11.8米，最宽处为5.04米。长方形墓道前端带有台阶，前室平面近方形，面宽2.76、进深2.74米，面宽、进深极其相近，前室后部接双后室，两室并列接于前室后壁，两室墓门处于同一条东西线上，两室之间有一道宽0.5米的生土隔梁，东后室南壁较西后室南壁向南凸出：东后室面宽1.54、进深约2.36米；西后室面宽1.58、进深2.36米（图五，2）。

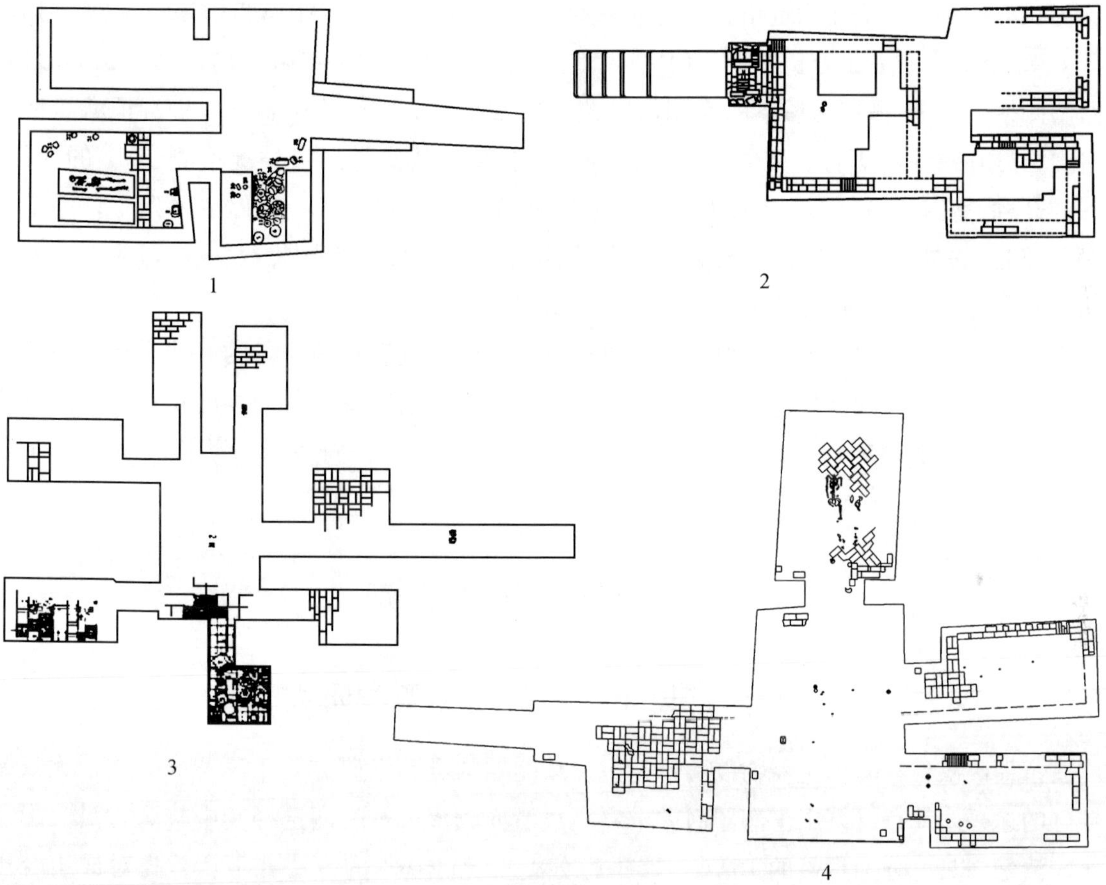

图五　砖室墓葬示意图

1. 平谷西柏店M103　2. 五棵松篮球馆M9　3. 三台山M2　4. 房山南正M2

E型　前、中、后三进布局多室墓。这类墓葬的墓室纵向布局可以分为前室、中室、后室三部分，一般中室一侧或两侧会辟出1~2个侧室，中室后部接1~2个后室。典型前、中、后三进布局多室墓如房山南正M2，该墓方向280°，由墓道、甬道、墓门、前室、中室、双后室及北耳室组成，墓葬总体长度为19.55、最宽9.7米。前室紧接墓道后端，平面近方形，东西长2.88~3、南北宽2.76~2.8米。前、中室间有短甬道相连，中室面积较大，平面为横长方形，面宽4.2、进深3.5米，中室北侧开辟出一间侧室，由短甬道联通；中室后部南北并列两座后室，两座后室与中室间均有甬道联通，墓室长 3. 7、宽 2. 15 米。前、中、后室及侧室内均发现随葬陶器，但仅在侧室内发现部分骨架（图五，4）。

F 型　多室墓，所见多室墓不多，资料发表较为详细的而且较为典型的有三台山 M1、M2，两座墓葬形制极为相近，均有较为明显的一个特点，即均有一个长方形或近似方形的主室，这个主室位于整座墓葬的中心位置，而且其面积往往较其他的墓室略大，其他墓室均位于主室的周围，与主室之间有略长的甬道相通。三台山 M1、M2 结构近似，均是由墓道、前室、主室、后室、东西侧室组成，推测前、主室顶或均为四隅券进式穹隆顶，侧室顶部当为券顶，墓道平面均为长方形，前室平面均近正方形，前室后有甬道通主室，M1 主室近方形，面宽 3. 15、进深 3. 1 米，M2 主室平面为长方形，面宽 4. 55、进深 2. 78 米。主室后部均接两个长方形后室，东西两侧接 1 ~ 2 个侧室。后室的面积均较侧室的面积大。由于均受盗扰，埋葬原状不明，但各室内均见有残碎的头骨、肢骨及零碎器物残片。简报从头骨出土情况推测，M1 的西后室、M2 的两座后室内各葬一人。清理时，随葬器物残片散布在室内各处，但主要出于墓的主室内（图五，3）。另外，2007 年配合延庆县南菜园小区工程建设的过程中，发现过与 F 型多室墓形制相近的墓葬，目前这批资料尚在整理中，详细情况不明。

由于资料发表有限，上文仅对较为常见而且图文资料发表较为完备的墓葬进行了简略的讨论。实际工作中发现的汉代墓葬形制是多种多样的，它们之间既有共通性的特征，也或多或少的存在自已独特的地方，上文论述简略，自然难免存在疏漏，尚待以后新资料的发现予以丰富、充实。

三、分期与年代研究

（一）常见出土陶器的类型学研究

北京地区汉代墓葬出土器物以陶器为主，从陶器的类型学研究入手汉墓的分期，无疑是一个较好的途径。北京汉墓出土陶器门类丰富，数量亦较多。本文即选择其中较为常见，形制演变比较清楚，具有分期意义的 16 类陶器进行分类排比。基本的方法如下：首先对成组合出土的陶器进行排比，找出其发展的规律；继而参照目前已经发现的部分纪年墓以及既有汉墓分期断代成果推断各器类的大致年代。对各类型器物形制分析如下。

1. 鼎

可以分为三型。

A 型　撇耳鼎，可以分为五式。

Ⅰ式：覆钵式盖，附耳基部位于口沿外缘，微起子母口，腹较浅，腹部最大径偏上，圜底，三足较矮，如篮 M18∶1（图六，1）。

Ⅱ式：覆钵式盖，盖顶三环纽，附耳基部位于口沿外缘略下移，子口凸出，腹较深，腹部

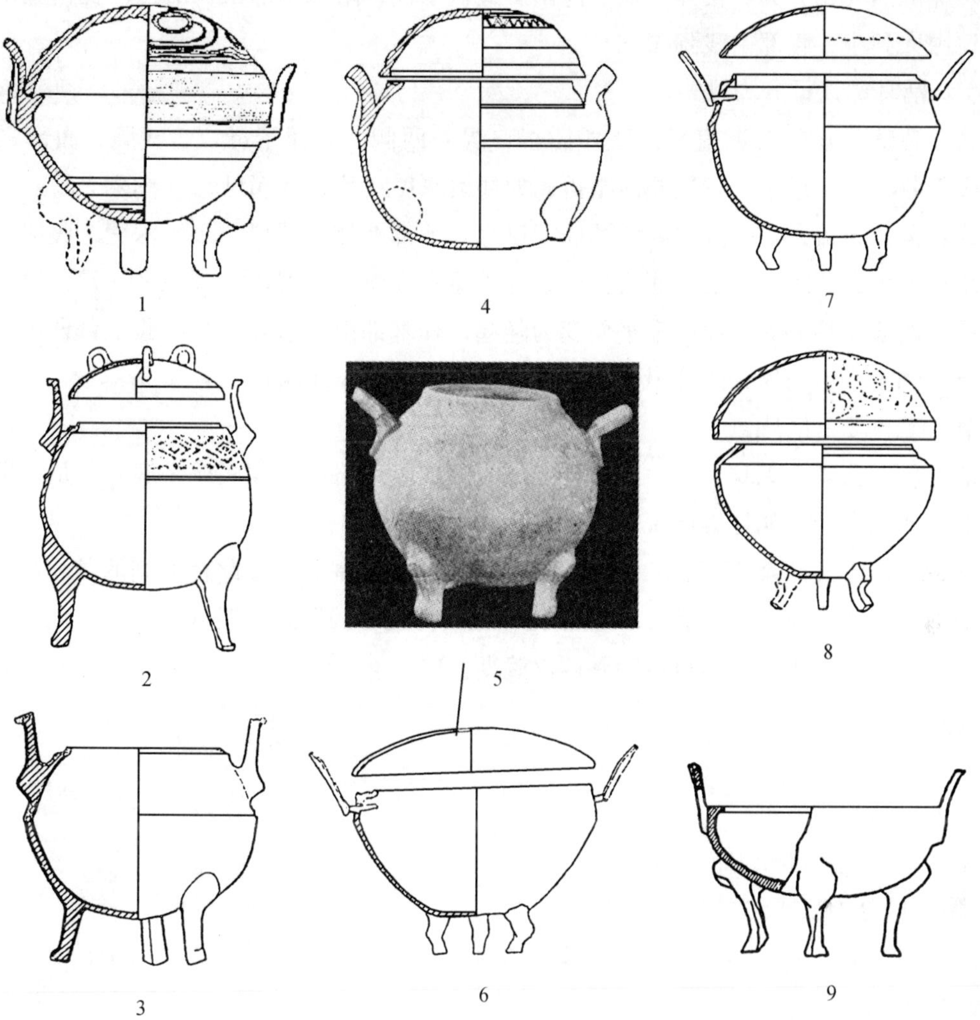

图六 陶鼎

1. A型Ⅰ式（篮 M18:1） 2. A型Ⅱ式（怀柔原Ⅰ式鼎，怀 M110） 3. A型Ⅲ式（大葆台 M1:1） 4. A型Ⅳ式（篮 M12:5） 5. A型Ⅴ式（白浮原Ⅱ式鼎） 6. B型Ⅰ式（怀柔原Ⅳ式鼎，怀 M112） 7. B型Ⅱ式（怀柔原Ⅱ式鼎，M105） 8. C型（怀柔原Ⅲ式鼎，怀 M6） 9. 白浮原Ⅰ式鼎

最大径居中，圜底，三足较高，如怀柔原Ⅰ式鼎（怀 M110）（图六，2）。

Ⅲ式：博山式盖，耳部形态如Ⅱ式，子母口，深腹，圜底，三足较高，如大葆台 M1:1（图六，3）。

Ⅳ式：推测亦为覆钵式盖，附耳基部位于腹部中间略偏上，微起子母口，腹部较深，腹部最大径居中，圜底，足一般较矮，如篮 M12:5（图六，4）。

Ⅴ式：附耳基部位于腹部中间略偏上，小口，子母口不明显，腹部较深，腹部最大径居中，圜底，三足较矮，如白浮原Ⅱ式鼎（图六，5）。

撇耳鼎的演变趋势为：覆钵式盖由博山炉式盖取代，附耳基部由口沿外两侧向腹上部两侧下移，口由大到小，腹部由浅到深。

B型　活耳鼎，可分为二式。

Ⅰ式：覆钵式盖，盖近扁平，活耳插于口缘外两侧，微起子母口，浅腹，腹部最大径偏上，下腹斜收，底小近平，三足矮而略折，如怀柔原Ⅳ式鼎（怀M112）（图六，6）。

Ⅱ式：覆钵式盖，盖略隆起，活耳插于口缘外下部两侧，子口凸出，深腹，腹部最大径位于中部略偏上处，圜底，三足矮而略折，如怀柔原Ⅱ式鼎（怀M105）（图六，7）。

活耳鼎的演变趋势为：盖由扁平而变为隆起，耳基部由口沿外两侧向腹上部两侧下移，由微起子母口到子母口明显，腹部最大径由上向下移，腹由浅变深。

C型　无耳矮三足鼎。

一般为覆钵式盖，无耳，敛口或子母口，浅腹或腹部略深，圜底或平底，三足一般较矮或略折。器体或饰彩绘，如怀柔原Ⅲ式鼎（怀M6）（图六，8）。

另外，白浮Ⅰ式鼎（图六，9），就发表的线图所见形制而言，此种形制的鼎与春秋战国时期的铜鼎形制相似，与本文A型Ⅰ式鼎相比，也当为较早的形式，但从白浮墓地此类鼎共出的器物来看，此类鼎的年代恐怕可以晚到西汉晚期。

2. 壶

目前所见可分为五型。

A型　侈口壶，可分为二亚型。

Aa型　可分为三式。

Ⅰ式：口较大，唇外侈，内缘略内敛，颈粗较短，圆鼓腹，最大腹径居中，圈足较矮，如篮M3∶3（图七，1）。

Ⅱ式：侈口，短颈，最大腹径偏上，圈足较矮，通体彩绘，如篮M18∶4（图七，2）。

Ⅲ式：侈口，唇略外翻，颈略细，溜肩，腹较浅，最大腹径偏上，圈足较高，如半截塔原Ⅰ式壶（图七，3）。

Aa型壶演变趋势为：由微侈口向到侈口略外翻，腹部最大径逐渐上移，由圆鼓腹到下腹部斜收，圈足由矮到高。

Ab型　可分为三式。

Ⅰ式：侈口，颈粗，腹瘦长，椭圆形，腹部最大径居中略偏下，圈足较矮。如怀柔原Ⅰ式壶（怀M102）（图七，4）。

Ⅱ式：侈口，曲颈较细，圆鼓腹，腹部最大径居中，圈足较矮，如怀柔原Ⅱ式壶（怀M105）（图七，5）。

Ⅲ式：侈口，颈部略直或较细，腹变浅，最大腹径偏上，圈足较高或折圈足，如怀柔原Ⅳ式壶（怀M63）（图七，6）。

Ab型壶的演变趋势为：颈由粗变细，腹部由椭长形到圆鼓腹以致下腹部略斜收，圈足由

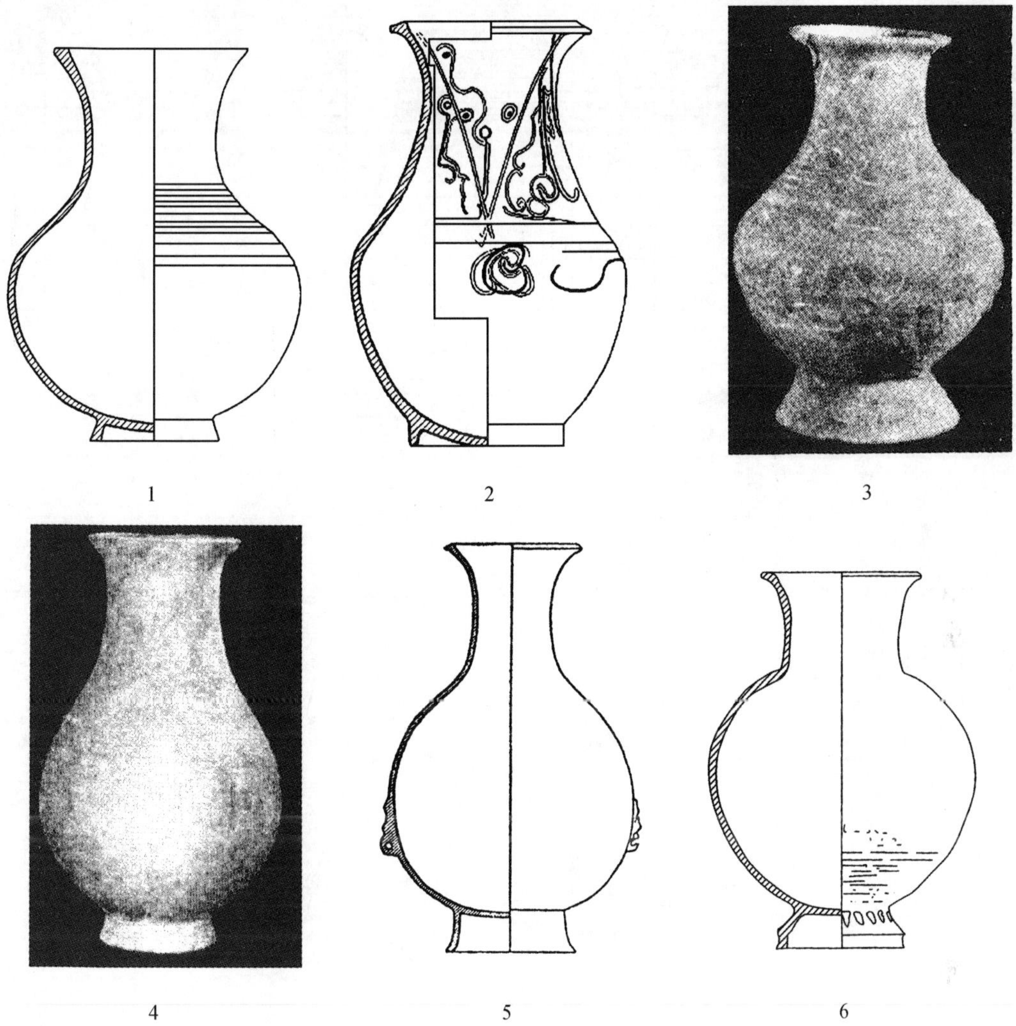

图七　A型侈口壶

1. Aa型Ⅰ式（篮M3:3）　2. Aa型Ⅱ式（篮M18:4）　3. Aa型Ⅲ式（半截塔原Ⅰ式壶）　4. Ab型Ⅰ式（怀柔原Ⅰ式壶，怀M102）　5. Ab型Ⅱ式（怀柔原Ⅱ式壶，怀M105）　6. Ab型Ⅲ式（怀柔原Ⅳ式壶，怀M63）

矮到高或折圈足。

B型　盘口壶，可分为四亚型。

Ba型　可分为四式。

Ⅰ式：浅盘口，颈较粗，圆腹，最大腹径居中或略偏上，圈足较矮，如篮M3:5（图八，1）。

Ⅱ式：浅盘口，颈较粗，最大腹径偏上，下腹略斜收，圈足较矮，如篮M15:3（图八，2）。

Ⅲ式．盘口略深，颈较细，耸肩，最大腹径靠上，下腹斜收较甚，圈足略高，如大葆台M1:2（图八，3）。

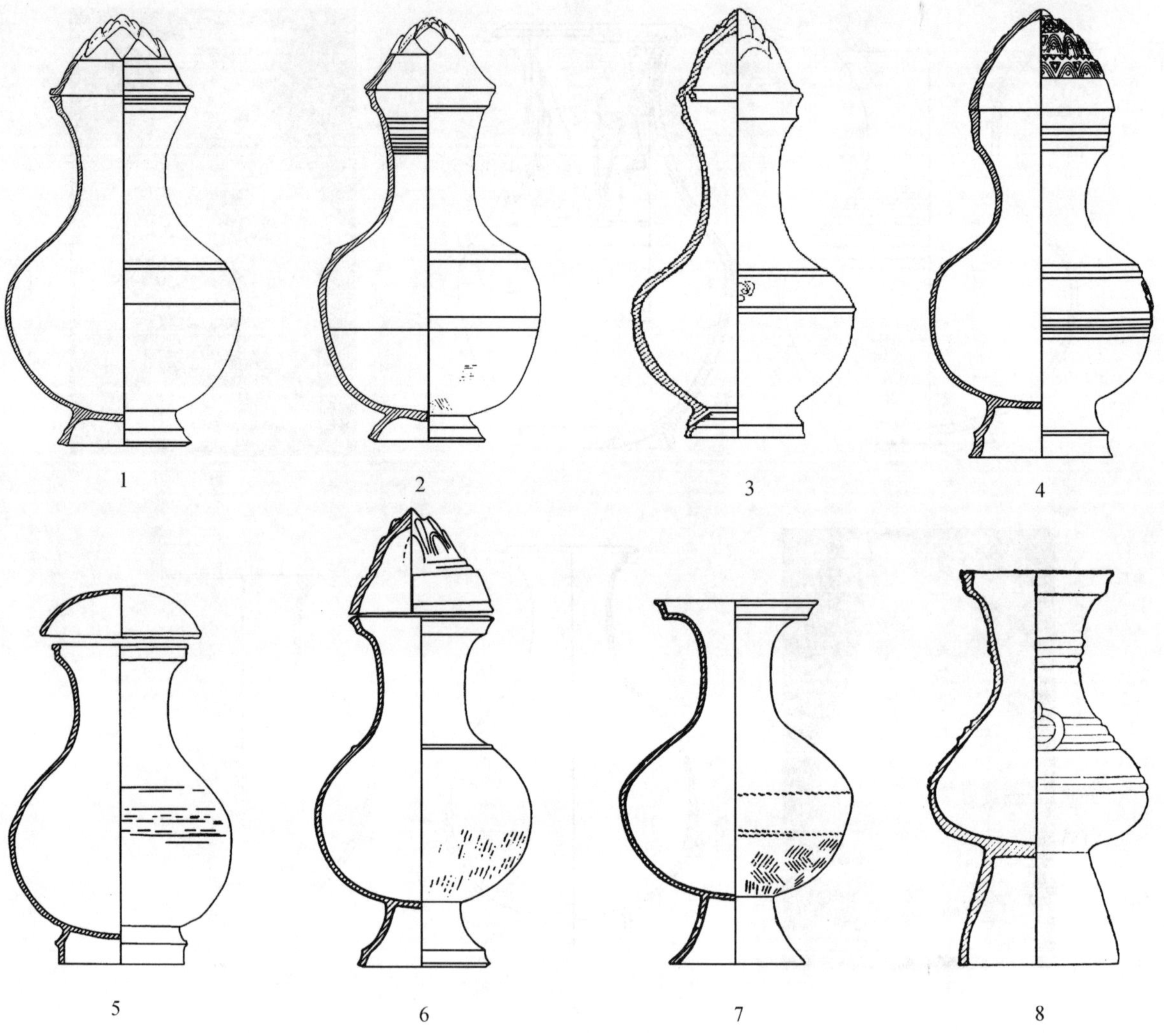

图八　Ba、Bb 型盘口壶

1. Ba 型Ⅰ式（篮 M3∶5）　2. Ba 型Ⅱ式（篮 M15∶3）　3. Ba 型Ⅲ式（大葆台 M1∶2）　4. Ba 型Ⅳ式（篮 M12∶3）
5. Bb 型Ⅰ式（怀柔原Ⅷ式壶，怀 M55）　6. Bb 型Ⅱ式（杜 M8∶4）　7. Bb 型Ⅲ式（杜 M21∶2）　8. Bb 型Ⅳ式（临 M∶45）

Ⅳ式：盘口较深，盘口外有弦纹，颈细，较短，腹扁圆，最大腹径居中，圈足较高，折圈足，如篮 M12∶3（图八，4）。

Ba 型壶演变趋势为：盘口由浅到深，颈部由短粗到细长进而细短，腹部由圆鼓到下腹斜收再到扁平，圈足由矮到高，器型整体由口颈、腹、足线条连贯向口颈、腹、足分界明显的三段式发展。

Bb 型　可分为四式。

Ⅰ式：覆钵式盖，盘口略深，颈较粗，圆鼓腹，腹部最大径居中，圈足略矮，下部竖折，如怀柔原Ⅷ式壶（怀 M55）（图八，5）。

Ⅱ式：博山式盖，盘口壁略外斜，颈较Ⅰ式略长，圆鼓腹，腹部最大径居中，圈足较高，下部斜折，如杜 M8∶4（图八，6）。

Ⅲ式：盘口略深，颈细长，腹部最大径上移，下腹部略斜收，喇叭形高圈足，如杜 M21∶2（图八，7）。

Ⅳ式：浅盘口，颈部细长，微曲颈，或近乎直颈，颈腹分界明显，扁圆腹，腹两侧或做出兽面衔环形铺首，圈足较高，如临 M∶45（图八，8）。

Bc 型　斜直颈壶，可分三式。

Ⅰ式：直口，颈斜直，腹部瘦长，腹部最大径位于中部偏上，圈足较矮，如史家桥原Ⅰ式壶（图九，1）。

Ⅱ式：覆钵式盖，直口，口沿处略厚，似微起盘口，颈部斜直，腹部变矮，腹部最大径居中部偏上，圈足较矮，如篮 M3∶6（图九，2）。

Ⅲ式：口沿略外折，微起盘口，颈部斜直，腹圆鼓，腹部最大径位于中部偏上，腹下部饰绳纹，圈足较矮，如怀柔原Ⅶ式壶（怀 M46）（图九，3）。

Bc 型壶演变趋势为：由近直口到微起盘口，由近椭长腹到腹部变矮或圆鼓腹。

Bd 型　壶体与圈足分离式壶，可分为二式。

Ⅰ式：盘口略浅，粗颈，扁圆腹，腹壁缓折，腹部最大径居中，小平底近似圜底，圈足较矮，斜直壁筒形，与壶体分离，如杜 M14∶5（图九，5）。

Ⅱ式：器体较大，盘口略深，粗颈近直，扁圆鼓腹，腹部最大径居中，近圜底，圈足较高，直壁中空，下部折壁，与壶体分离，如田 M31∶9（图九，6）。

C 型　平底壶，壶体整体较小，盘口，细颈，圆鼓腹，平底，如亦庄 79 号地 M11∶1（图九，7）。

D 型　假圈足壶，腹下部束收如同圆柱形，外视如同圈足，平底。可分为三式。

Ⅰ式：侈口，颈略粗，腹部矮扁，假圈足部位较高，如亦庄 80 号地 M75∶4（图九，9）。

Ⅱ式：盘口略浅，曲颈略粗，腹部矮扁或略鼓，似圈足部位略矮，如南正 M10∶20（图九，10）。

Ⅲ式：盘口较深，曲颈较细，溜肩，腹部矮扁，假圈足部位略矮，如临 M∶5（图九，11）。

E 型　长颈平底壶，所见有盘口、侈口两类，一般为直颈，颈部较长而粗，或有菱形镂空，腹部圆鼓，平底，如临 M∶79（图九，4）、杜 M12∶3（图九，8）。

3. 盒

可分为三型。

A 型　所见大部分为覆钵式盖，可以分为三式：

Ⅰ式：平沿或微子口，口较大，腹部或浅或深，腹部最大径位于口缘下，平底，如篮 M3∶7（图一〇，1）。器身或饰彩绘，如篮 M18∶5（图一〇，2）。

Ⅱ式：覆钵式盖，或盖与盒体形制近似，子母口，口较大，腹部或浅或深，腹部最大径位于口缘下，平底，如怀柔原Ⅰ式盒（怀 M110）（图一〇，5）。

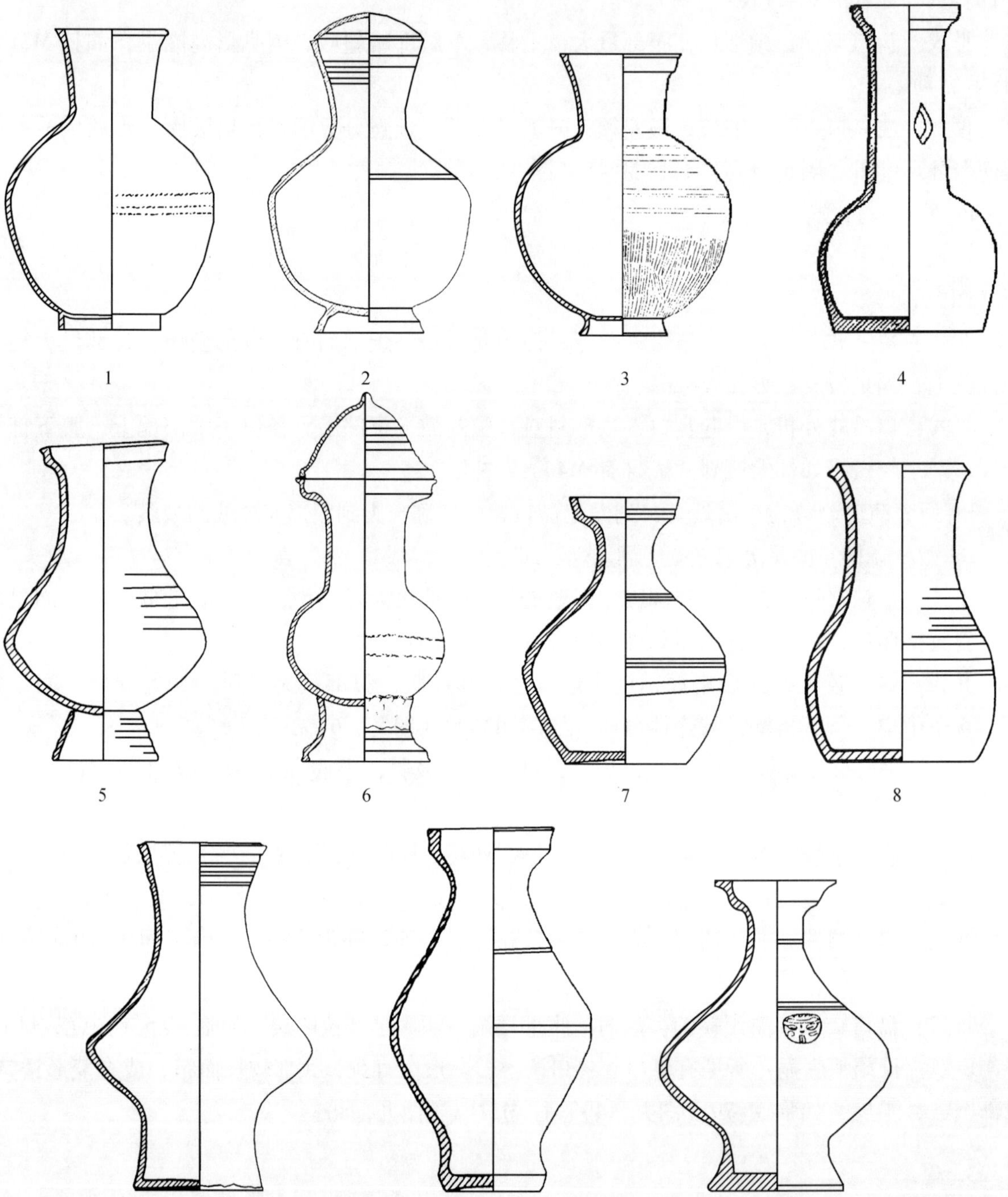

图九　Bc 和 Bd、C、D、E 型陶壶

1. Bc 型Ⅰ式（史家桥原Ⅰ式壶）　2. Bc 型Ⅱ式（篮 M3∶6）　3. Bc 型Ⅲ式（怀柔原Ⅶ式壶，怀 M46）　4. E 型（临 M∶79）　5. Bd 型Ⅰ式（杜 M14∶5）　6. Bd 型Ⅱ式（田 M31∶9）　7. C 型（亦庄 79 号地 M11∶1）　8. E 型（杜 M12∶3）　9. D 型Ⅰ式（亦庄 80 号地 M75∶4）　10. D 型Ⅱ式（南正 M10∶20）　11. D 型Ⅲ式（临 M∶5）

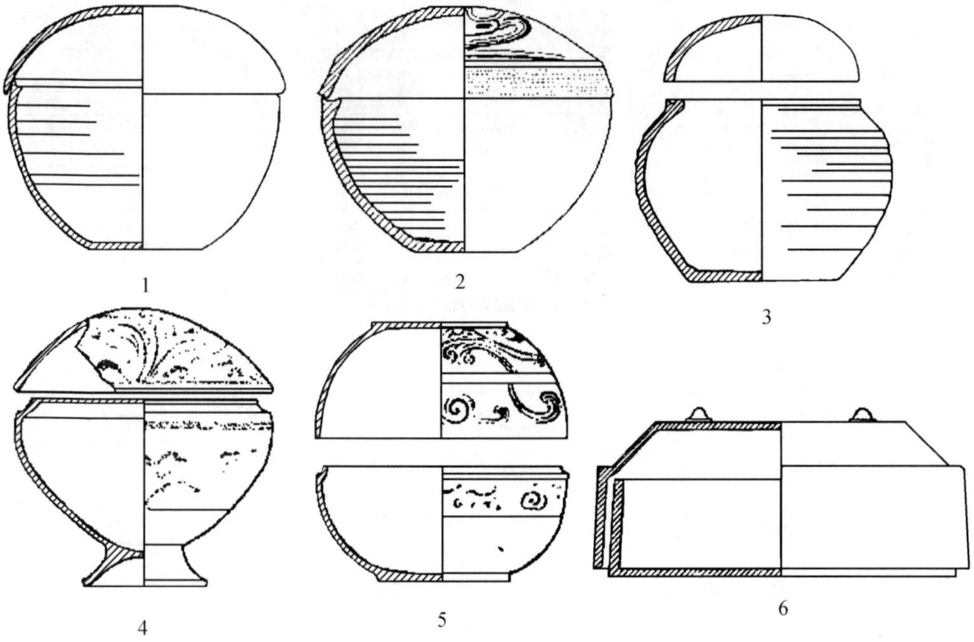

图一〇　陶盒

1、2. Aa型Ⅰ式（篮M3:7、篮M18:5）　3. Aa型Ⅲ式（篮M12:2）　4. B型（怀柔原Ⅰ式豆）　5. Aa型Ⅱ式（怀柔原Ⅰ式盒，怀M110）　6. C型（临M:21）

Ⅲ式：小口，微起子母口，腹部较深，腹部居中或略偏上，平底，如篮M12:2（图一〇，3）。

A型盒的演变趋势为：口由大到小，子母口由轻微到显著，腹部最大径由口缘下侧向腹中部略偏上处下移。

B型　即怀柔城北墓地、史家桥墓地所谓“豆”者，覆钵式盖，盖扁平或略隆起，敛口或子母口，腹部均较深，腹部最大径一般位于口缘略下处，圈足或矮或略高，如怀柔原Ⅰ式豆（图一〇，4）。

C型　方盒，所见形制均较近似，多数为长方形，少量近似方形，盖作盝顶式，直壁，器身亦直壁，一般为平底，如临M:21（图一〇，6）。

4. 罐

陶罐出土数量较多，形制也最为复杂多样，限于资料，此处仅举常见、共存器物组合较明确的五个类型。

A型　高领长腹罐，方唇，平折沿或外翻，高领近直，溜肩，肩部一般有弦纹，椭长腹或微鼓，腹部最大径居中，下腹部一般饰绳纹，平底，如史家桥原Ⅰ式罐、白浮原Ⅰ式罐（图一一，1、2）。

B型　弦纹大腹罐。侈口近直或外折沿，矮领，微束颈，圆鼓腹，腹部施多周弦纹，下腹部近底处饰绳纹，底略内凹或平底，如大葆台M2:32、篮M12:1（图一一，3、4）。

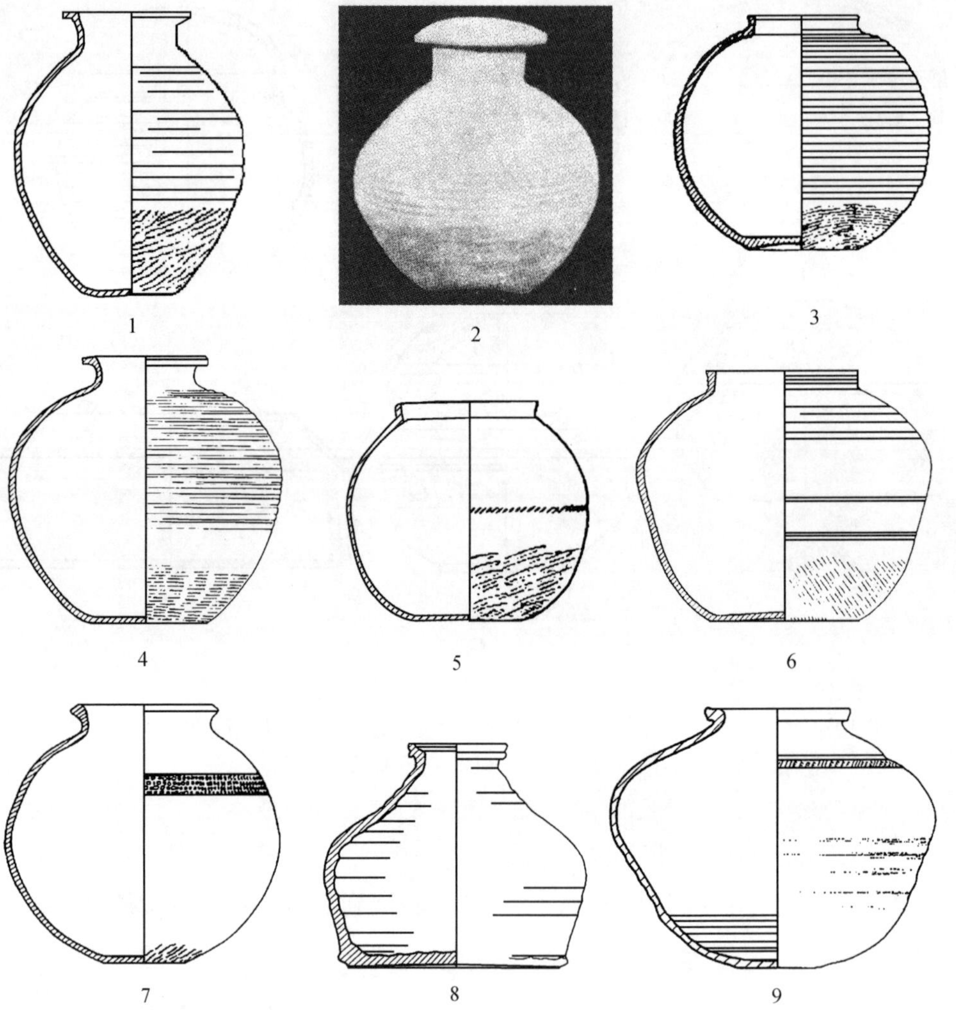

图一一　陶罐

1、2. A 型（史家桥原Ⅰ式罐、白浮原Ⅰ式罐）　3、4. B 型（大葆台 M2:32、篮 M12:1）
5、6. C 型Ⅰ式（大葆台 M1:11、篮 M15:1）　7. C 型Ⅱ式（田 M31:1）　8. D 型（岩 M40:10）　9. E 型（岩 M38:4）

C 型　矮领大腹罐，可分为二式。

Ⅰ式：近直口，矮直领，微折肩，腹部最大径居中略偏上，腹部有轮制痕迹，腹底相接处施绳纹，底部略内凹，如大葆台 M1:11、篮 M15:1（图一一，5、6）。

Ⅱ式：侈口或近直口，矮直领或微束颈，圆鼓腹，腹部最大径居中，肩上一般饰一周水波纹或圈点纹，小平底或近圜底，如田 M31:1（图一一，7）。

D 型　扁腹平底罐，侈口尖圆唇或叠唇，束颈，溜肩，扁腹，大平底，肩腹部有较为明显的轮制痕迹，如岩 M40:10（图一一，8）。

E 型　折沿大腹罐，折沿外翻，束颈，颈部一般较短，略显耸肩，腹部最大径靠上，下腹部弧收，一般为平底，或略近圜底，多数肩部有方格纹或斜线纹宽带，少量通体素面，如岩

M38∶4（图一一，9）。

5. 仓

可分为三型①。

A型　直筒罐形仓，可分为三亚型。

Aa型　可分为二式。

Ⅰ式：推测为覆钵式盖，近直口，矮直领，折肩，腹壁竖直，平底，如篮M13∶3（图一二，1）。

Ⅱ式：推测为覆钵式盖，近直口，矮直领，折肩，腹壁斜直，下部较上部窄，底略内凹，如篮M12∶7（图一二，2）。

Ab型　无盖，折沿，直筒形腹，平底，器身有明显的轮制痕迹，如岩M28∶2（图一二，3）。少量略束颈，微鼓肩，腹壁斜直，如岩M28∶11（图一二，4）。

Ac型　盘口，直筒形腹，平底，器身较长，如南正M5∶7（图一二，5）。

B型　房形仓，分为圆体和方体两亚型。

Ba型　圆体仓。仓盖作四阿式顶，仓体平面椭圆形，仓向内收敛成折肩，正面肩下开一方形仓门，平底，如怀柔原Ⅱ式仓（怀M48）（图一二，6）。

Bb型　方体仓。整体如木结构房形，一般有两面坡顶或四阿式顶盖，顶盖直接盖于仓体上或由仓体伸出的斗拱承托，仓体为长方体，单或多层，仓体一般中空，上部或中部有方形仓眼，下部无底或有平底。如杜M10∶9（图一二，10）、岩M57∶12（图一二，11）。

C型　圆顶仓，仓顶为圆形，与仓体或连为一体，或者分离如覆钵式盖，所见可以分为三个亚型。

Ca型　仓顶与器身连为一体，顶部或隐做出瓦、脊等仿木结构，顶部一侧开三角形仓门，门上覆三角形盖，盖上或有圆纽。仓体圆形，上粗下细，下部近底处开一圆形孔，平底，如杜M5∶24（图一二，7）。

Cb型　数量不多，仓顶与器身分离，筒形仓体，中空，无底，如平谷原Ⅲ式灰陶仓（平M101）（图一二，8）。

Cc型　数量不多，仓顶与器身分离，仓体为圆筒形，口大于底，仓体上粗下细，方形仓门开于上部近顶处，平底，底下有矮三足支撑，如怀柔原Ⅰ式仓（图一二，9）。

6. 灶

可分为三型。

A型　圆头灶，一般灶的后端为圆形，前端为方形或圆角方形，整体平面近似三角形，灶

---

① 圆者当称为“囷”，参见禚振西等：《论秦汉时期的仓》，《考古与文物》1982年6期；已发表北京汉墓资料里一般均笼统称为“仓”，本文沿袭这种称谓，不独称“囷”。

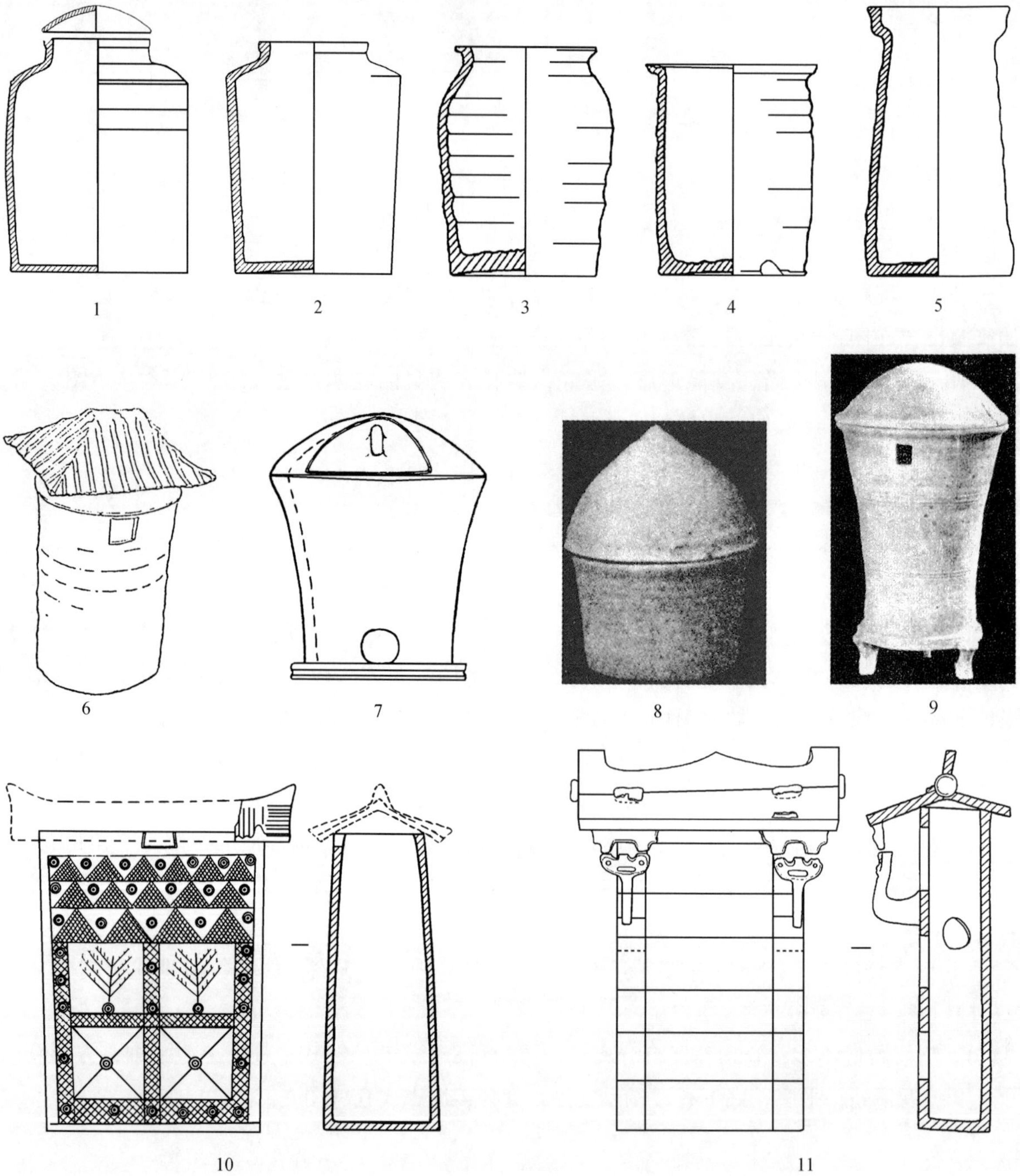

图一二　陶仓

1. Aa 型Ⅰ式（篮 M13∶3）　2. Aa 型Ⅱ式（篮 M12∶7）　3、4. Ab 型（岩 M28∶2、岩 M28∶11）　5. Ac 型（南 M5∶7）　6. Ba 型（怀柔原Ⅱ式仓）　7. Ca 型（杜 M5∶24）　8. Cb 型（平谷原Ⅲ式仓，平 M101）　9. Cc 型（怀柔原Ⅰ式仓）　10、11. Bb 型（杜 M10∶9、岩 M57∶12）

台上开 2～3 个灶眼。可分为三式。

Ⅰ式：方形灶门，门下缘及地，灶面近似前大后小的椭圆，底部较灶面略大，后端开有圆孔作为烟道，如东高村 M2∶7（图一三，1）

Ⅱ式：方形灶门，灶门下缘略高于地面，上缘一般做出窄长条的挡火沿，灶面开出 2～3 个灶眼，如岩 M57∶14（图一三，2）、怀柔原Ⅱ式灶（怀 M43）（图一三，3）。

Ⅲ式：方形灶门，灶门下缘及地，灶面隐做出釜、扳锅等厨房用具或鱼、猪等食物，如怀柔原Ⅰ式灶（怀 M48）（图一三，4）

B 型　长囱灶，灶体后端接较长的管状烟囱，灶台上一般开出 3 个火眼。分二式。

Ⅰ式：灶台面近似椭圆形或圆形，灶体前端为圆角方形，后端为圆形，如岩 M28∶1（图一三，5）。

Ⅱ式：灶体为圆角方形，灶台面亦近似圆角方形，如岩 M48∶3（图一三，8）。

C 型　方体灶，灶的前、后两端均为方形，极少量略近圆角方形，整体平面为长方形或一端略窄近梯形。可分为三式。

Ⅰ式：灶整体为窄长的长方形或一端略窄近梯形，前端开有很小的方形灶门，灶门上方有矮小的挡火沿，灶面一般开有 3 个灶眼，灶面后端中部有一个小的方形斜突，可能象征烟囱，如南正 M26∶8（图一三，6）。

Ⅱ式：灶体长度较Ⅰ式略短，方形灶门，灶门下缘及地或略高于地面，上缘一般做出窄长挡火沿，灶台上开出 2～3 个火眼，后端有方形烟囱，如亦庄博兴路 M2∶20（图一三，9）。

Ⅲ式：整体形制与Ⅱ式近似，灶台面上一般隐做出鱼、勺等物，方形火门开于一端，如三台山 M2∶15（图一三，10）；或于灶台上两壁做出“L”形围屏，如平 M1 出土绿釉陶灶（图一三，7）。

7. 井

可分为四式。

Ⅰ式：斜直壁，中空，剖面近似梯形，如杜 M29∶12（图一四，1）。

Ⅱ式：直筒罐形井。平折沿，直颈或微束颈，圆筒形井身，腹壁近直，中部或微束腰，一般为平底。如怀 M43 陶井、岩 M28∶9、岩 M40∶13（图一四，2～4）。

Ⅲ式：圆形井台，井体近似喇叭形，中空，井台与井体间或有支架连接，如岩 M46∶7（图一四，5）、杜 M5∶11（图一四，6）。

Ⅳ式：井台上方做出井亭，一般亭顶为四阿式或两面坡式，井架支于井台上，为梯形，部分井架上部还做出辘轳，这类井一般配一个小水斗，如三台山 M2∶16、临 M∶14（图一四，7、8）。

8. 熏炉

可分为二型。

A 型　高足式，可以分为二式。

图一三　陶灶

1. A型Ⅰ式（东高村 M2:7）　2、3. A型Ⅱ式（岩 M57:14、怀柔原Ⅱ式灶，怀 M43）　4. A型Ⅲ式（怀柔原Ⅰ式灶，怀 M48）5. B型Ⅰ式（岩 M28:1）　6. C型Ⅰ式（南 M26:8）　7、10. C型Ⅲ式（平 M1 绿釉陶灶、三台山 M2:15）　8. B型Ⅱ式（岩 M48:3）9. C型Ⅱ式（亦庄博兴路 M2:20）

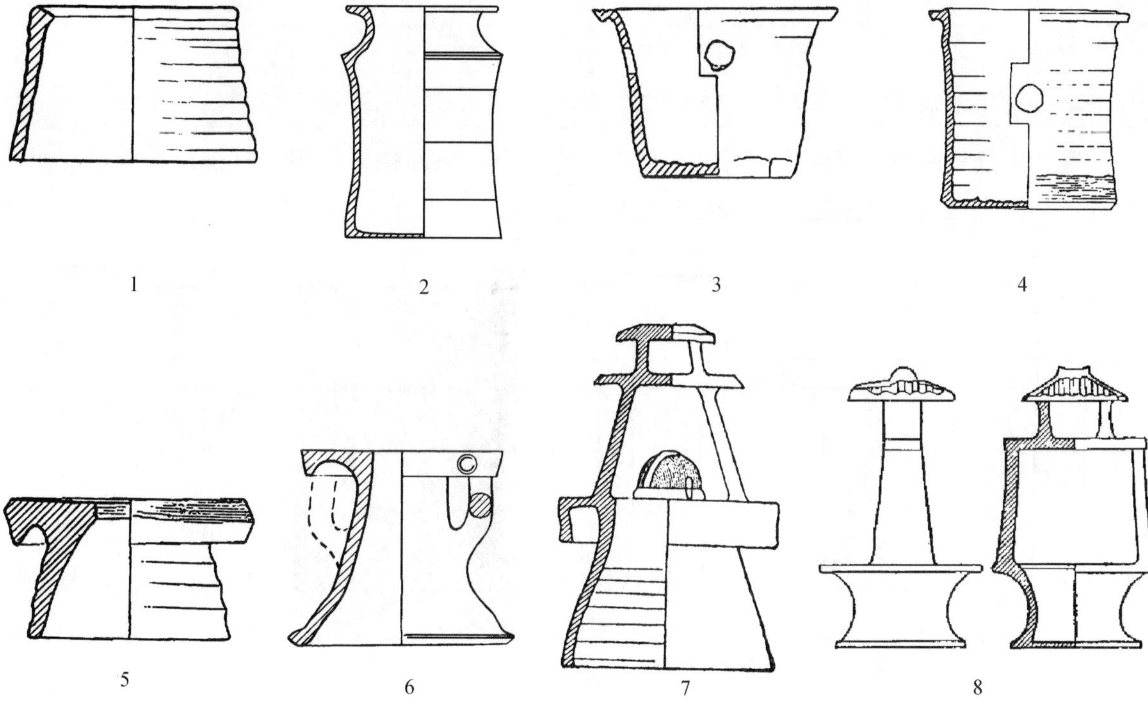

图一四　陶井

1. Ⅰ式（杜 M29:12）　2～4. Ⅱ式（怀 M43 陶井、岩 M28:9、岩 M40:13）　5、6. Ⅲ式（岩 M46:7、杜 M5:11）
7、8. Ⅳ式（三台山 M2:16、临 M:14）

Ⅰ式：博山式盖，扁腹，喇叭形高圈足，如白浮墓地出土陶博山炉（图一五，1）。

Ⅱ式：绿釉陶炉，博山式盖，扁腹，细直柄，如三台山 M1:7（图一五，2）。

B 型　承盘式，熏炉下有承盘，炉体或做成如Ⅰ式，炉柄与承盘相连，如平 M1 釉陶博山炉（图一五，3）。

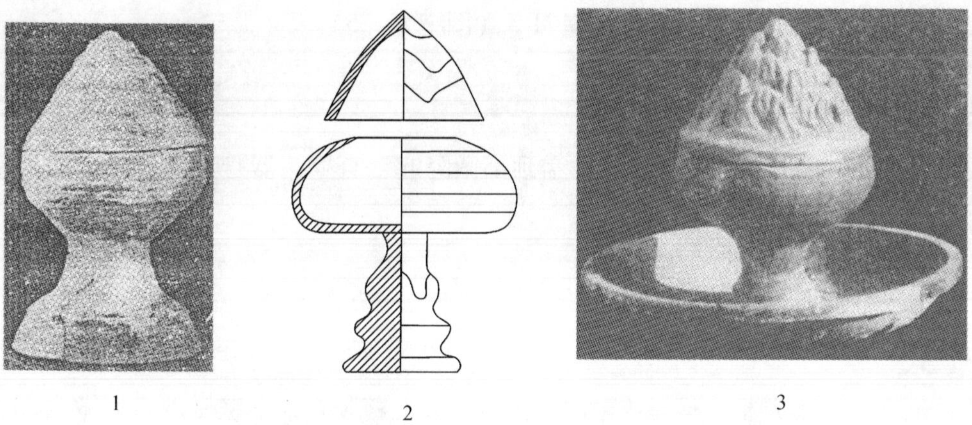

图一五　熏炉

1. A 型Ⅰ式（白浮熏炉）　2. A 型Ⅱ式（三台山 M1:7）　3. B 型（平 M1 绿釉熏炉）

9. 灯

可大致分为三型。

A 型　单盘豆形灯，灯整体如陶豆，只有一个灯盘，细高柄，扁圆形灯座或高圈足，如南正 M11∶13（图一六，1）、三台山 M2∶13（图一六，2）。

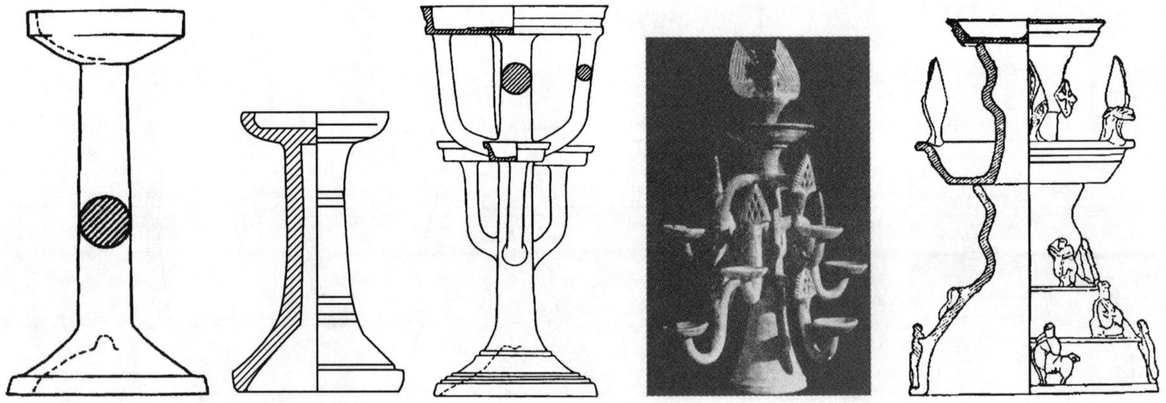

1　2　3　4　5

图一六　陶灯

1、2. A 型（南正 M11∶13、三台山 M2∶13）　3、4. B 型（南正 M7∶26、平 M1 九支灯）　5. C 型（临 M∶4）

B 型　多枝灯，灯体主体部分如 A 型，主灯盘较大，灯体伸出较多辅助灯盘，辅助灯盘数量或多或少，部分多枝灯做工极尽繁复。如南正 M7∶26（图一六，3）、平 M1 九支灯（图一六，4）。

C 型　分节组合灯，灯体一般较高大，由多节组成，下部为灯座，上部有 1～3 节灯体，最上部为主灯盘，各节灯体上还设有辅助性小灯盘，灯座以及各节灯体之间或有榫卯对接，如杜辛庄陶灯（参见本报告彩版二八，4）、临 M∶4（图一六，5）。

10. 奁

所见形制近似，器盖、器身皆圆体，盖顶部微隆起，直壁，器身直壁，平底或底部有三乳钉形矮足。如临 M∶20（图一七，6）。

11. 魁

可分二式。

Ⅰ式：龟（龙）形首柄，柄短或微曲，圆腹，腹上壁竖直，下壁微敛，底微内凹，底饰篮纹，轮制，龟（龙）首模制后安上，如大葆台 M1∶24（图一七，1）。

Ⅱ式：龙形首柄，柄较长，直或上昂，圆形或圆角方形腹部，腹上壁竖直，下壁微敛，平底，如临 M∶25、三台山 M2∶19（图一七，2、3）。

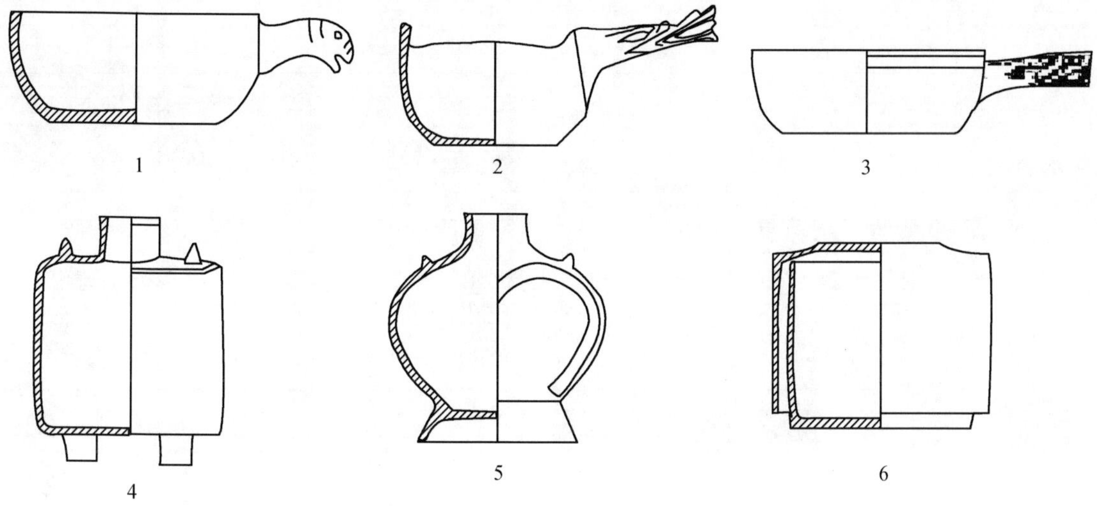

图一七　陶魁、扁壶、陶奁

1. Ⅰ式魁（大葆台 M1∶24）　2、3. Ⅱ式魁（临 M∶25、三台山 M2∶19）　4. A 型扁壶（平 M1 方壶）　5. B 型扁壶（临 M∶19）　6. 陶奁（临 M∶20）

12. 扁壶

分二型。

A 型　方体扁壶，小口，直颈，扁方体，肩上或有二钮，平底，底下扁方足，如平 M1 出土陶壶（图一七，4）。

B 型　尖圆体扁壶，小口，直颈，扁体如心形，肩上或有二钮，矮圈足，如临 M∶19（图一七，5）。

13. 陶楼

形制较多，一般有单层、双层、多层等几类，质地一般为陶质，也有于器体上施彩绘的，还有部分做工精致的绿釉陶楼。如怀 M1、M3 出土陶楼、临 M∶69～71（图一八）。

14. 樽

所见形制均较近似，直口，腹壁竖直或略斜直，平底，底周缘有三矮足，如杜 M9∶2（图一九，1）、杜 M5∶15（图一九，2）。

15. 案

可分为二型。

A 型　方形案，整体为长方形，周缘较案面略突起，一般为平底，部分底部四角有矮足支撑，如亦庄 80 号地 M74∶12（图一九，3）。

1　2　3　4　5　6

图一八　陶楼

1～3. 怀 M1、M3 陶楼　4～6. 临 M:71、69、70

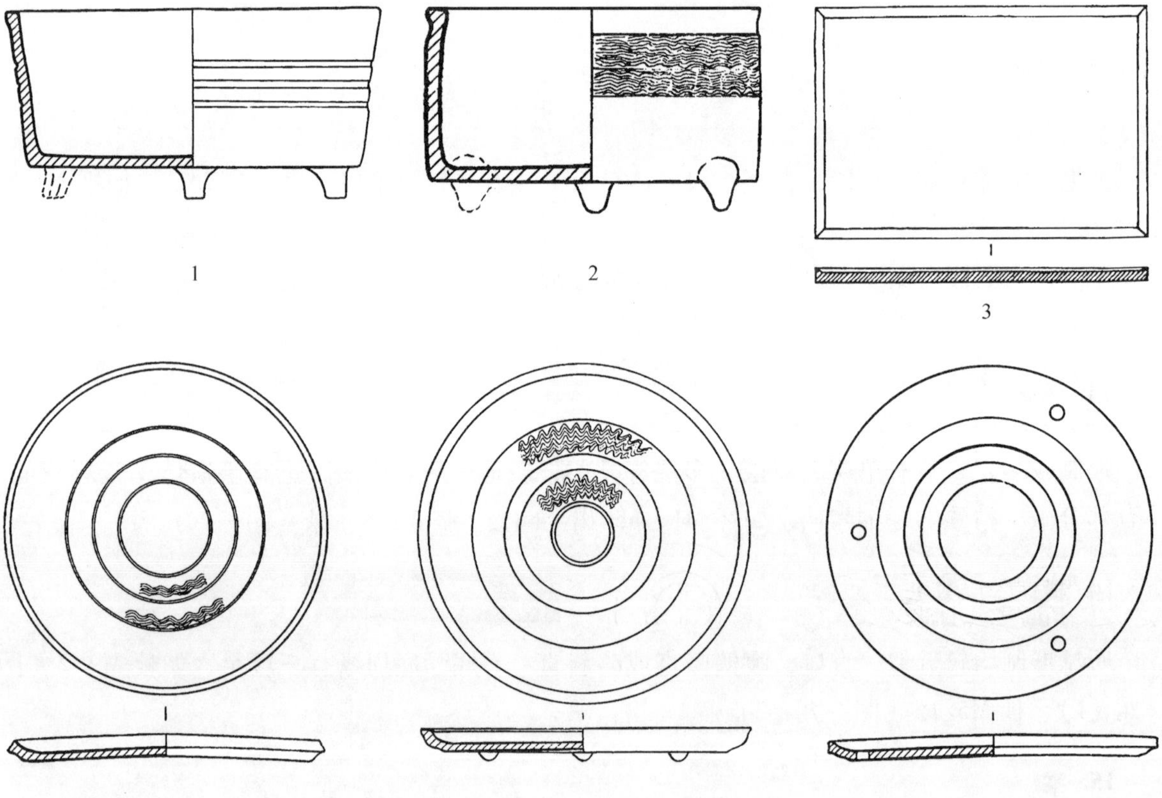

1　2　3　4　5　6

图一九　陶樽、案

1、2. 陶樽（杜 M9:2、杜 M5:15）　3. A 型陶案（亦庄 80 号地 M74:12）　4～6. B 型陶案（杜 M9:4、杜 M5:8、杜 M13:3）

B型　圆形案，整体为圆形，周缘较案面略突起。一般为平底，如杜M9∶4（图一九，4）；部分底部有三矮足支撑，这类矮足或与案体连于一体，杜M5∶8（图一九，5）；或者为活足，与案体上的圆孔对接使用，如杜M13∶3（图一九，6）。

16. 猪圈、厕所

所见形制均较近似，一般为两层，上层为厕所，下层为猪圈，猪圈一侧有斜梯上通厕所。厕所一般为圆形顶或两面坡顶，长方形门，猪圈为长方形，圈内有陶猪模型。如怀M1、平M1出土陶猪圈、厕所（图二〇，1、2）。

另外还有一些器类，因其出土数量较少，暂不划分型式，这些器类包括三足炉与釜、陶碓、陶磨、鐎壶、陶俑、虎子、唾壶等，质地包括陶质、绿釉陶质，部分陶质器体还有彩绘（图二〇）。

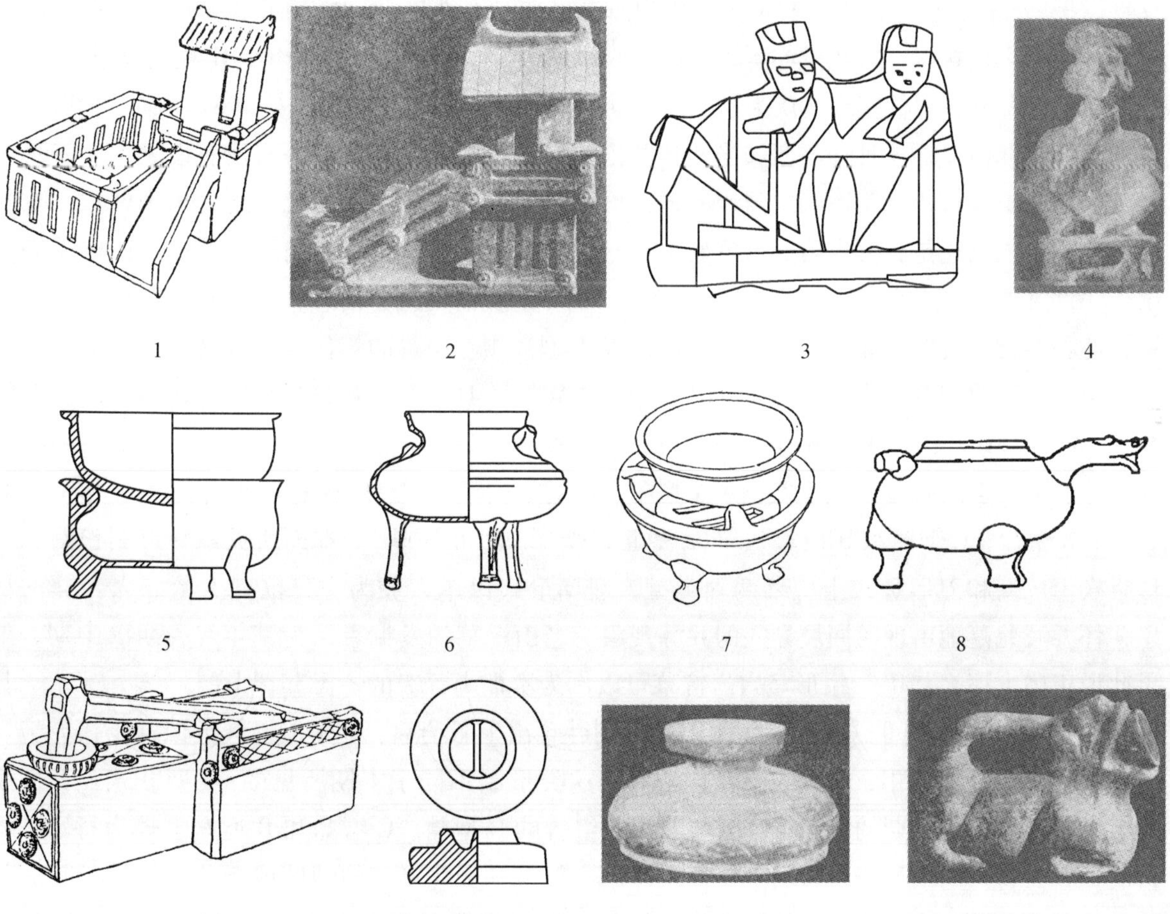

图二〇　陶厕、猪圈及其他器类图

1、2. 猪圈厕所（怀M1、平M1）　3. 踏碓俑（三台山M2∶17）　4. 绿釉厨俑（平M103）　5. 三足炉（临M∶40）　6. 三足鍑（平M1）　7. 釜与炉（怀M31）　8. 鐎壶（临M∶44）　9. 绿釉碓（平M1）　10. 磨（临M∶43）　11. 唾壶（平M1）　12. 绿釉虎子（平M1）

（二）分期与年代

在对上述类陶器的分类、排序的基础上，结合各种型、式器物间的共存关系，可以把北京汉墓分为六期，各期典型墓葬及主要器物组合见表，具体情况如下。

第一期，典型墓葬包括海淀五棵松篮球馆 M3、M16、M19，基本器物组合为 Aa 型Ⅰ式壶、Ba 型Ⅰ式壶、Bc 型Ⅱ式壶、A 型Ⅰ式盒。本期所见墓葬形制包括长方形竖穴土坑墓和刀形竖穴土坑墓两种类型，所见埋葬形式以单人葬为主，也有少量二人合葬现象。

Aa 型Ⅰ式壶与河北易县燕下都东沈村 6 号居住址内清理的 D6T31②M8∶1、2 陶壶形制近似，该墓出土西汉半两钱，年代定于西汉早期①；Ba 型Ⅰ式壶盘口较浅，腹部形态圆鼓，除口部外与 Aa 型Ⅰ式壶均较相似且与之共出，故其年代当与之相近；Bc 型Ⅰ式壶近直口、粗颈、椭长腹，与战国中晚期北京地区燕文化墓葬内出土仿铜陶壶形制近似，这点《北京昌平史家桥汉墓发掘》② 报告已经指出，并定其年代为西汉早期，本文从之；Bc 型Ⅱ式壶形制除腹部略显矮圆外均与之较接近，时代或亦可以进入西汉早期。综上所述，本期的年代定在西汉早期。

另外，A 型高领长腹罐被认为是西汉早期的典型器物，主要的依据是 1961 年在昌平雪山发掘的汉代墓葬内发现这种罐与西汉半两钱共出，但是雪山的汉墓资料一直没有发表，后来其他墓地如昌平史家桥、半截塔、白浮等墓地也均见此类罐出土，却又不见与之共出半两钱，故其断代的主要依据还是有关雪山墓葬资料的叙述③；本文所划分的第二期海淀五棵松篮球馆 M15 出土一件 A 型高领长腹罐，有着较为明确的出土环境及器物组合信息，但也只能证明西汉中期存在此种器类。有鉴于此，本文暂依旧说，将 A 型高领长腹罐的年代定于西汉早、中期。

第二期，典型墓葬包括海淀五棵松篮球馆 M15、M18、平谷杜辛庄 M8、怀柔城北 M55、M61、M63、M101、M102、M105、M107、M112 等墓，基本器物组合为“Aa 型Ⅱ式壶、Ba 型Ⅱ式壶、A 型Ⅰ式鼎和 A 型Ⅰ式盒、A 型罐、B 型Ⅰ式罐”、“Ab 型Ⅰ～Ⅲ式壶、Bb 型Ⅰ～Ⅱ式壶、B 型鼎、C 型鼎和 B 型盒”、“Ba 型Ⅱ式壶、A 型Ⅱ式鼎”。本期所见墓葬形制包括长方形竖穴土坑墓和刀形竖穴土坑墓两种类型，埋葬形式以单人葬为主，也有少量二人合葬的现象，怀柔城北墓地出现了同坟异穴的并葬现象。老山汉墓的发掘者认为其年代为西汉中期，如果此说正确，那么“甲”字形竖穴岩坑墓可以作为本期高等级的一类墓葬形制。

A 型Ⅰ鼎、Aa 型Ⅱ式壶与满城中山靖王刘胜墓出土彩绘鼎、壶形制极其近似，年代亦应与之相近④；Bb 型壶颈粗、腹垂、圈足也较矮，这类形制不同于本期所见的 Ba 型Ⅱ式壶，似乎较后者保留了更多早期的形制特征，与其构成组合的 B 型鼎、C 型鼎和 B 型盒也较为特殊，就目前资料而言，尚仅见于北京昌平、怀柔两地，很少见于北京其他地区或者北京周边地区，河北易县燕下都东沈村 6 号遗址西汉中期墓葬中曾发现类似形制的鼎（D6T28②M6∶11）、盒

① 河北省文物研究所：《燕下都遗址内的两汉墓葬》，《河北省考古文集》，北京燕山出版社，2001 年。

② 喻震：《北京昌平史家桥汉墓发掘》，《考古》1963 年 3 期。

③ 喻震：《北京昌平史家桥汉墓发掘》，《考古》1963 年 3 期，注②。

④ 中国社会科学院考古研究所、河北省文物研究所：《满城汉墓发掘报告》，文物出版社，1980 年。

（D6T26②M2∶16）[①]，又《北京怀柔城北东周两汉墓葬》报告中表明，此类组合与汉武帝五铢钱共出，又其壶的形制与本文所定第三期壶形制差别较大，故暂定其于西汉中期。综上所述，第二期的年代定在西汉中期。

第三期，典型墓葬包括大葆台M1、M2、怀柔城北M110、海淀五棵松篮球馆M13、平谷杜辛庄M14、M21、M29、平谷东高村M2，基本器物组合为“A型Ⅱ～Ⅲ式鼎、Ba型Ⅲ式壶、A型Ⅱ盒、B型Ⅱ式罐、C型Ⅰ式罐”、“Bd型Ⅰ式壶、A型Ⅱ～Ⅲ式盒”、“Bb型Ⅲ式壶、Aa型Ⅰ式仓、C型Ⅰ式罐”、“C型Ⅰ式罐、A型Ⅰ式灶、Ⅰ式井”，Aa型Ⅰ式仓、Ⅰ式井均为新出现器型，数量较少，Ⅰ式魁开始出现，大葆台M1、M2中还出土陶钫、盘、盆、耳杯等饮食类明器。本期所见墓葬形制包括长方形竖穴土坑墓、刀形竖穴土坑墓、长方形单砖壁砖椁墓、“甲”字形竖穴土坑墓，单人葬、二人合葬均为较常见的埋葬形式，仅在平谷杜辛庄发现一座三人合葬的墓葬。

就已发表的资料而言，C型平底壶在北京地区以往的考古发现中很少见到，本文所划分的C型陶壶，仅就亦庄79号地M11所发现的3件陶壶而言；周邻地区中，此类形制的陶壶以山西和河北阳原等地区较为常见。C型壶的形制与河北阳原三汾沟M5∶8、M8∶4形制近似[②]，与《山西朔县秦汉墓发掘简报》所划分的Ⅳa型3式壶形制近似[③]，三者的年代均定于西汉晚期，所以，C型壶的年代可以定在西汉晚期。

大葆台M1为西汉广阳顷王刘建墓、M2为刘建王后墓，《北京大葆台汉墓》考古发掘报告已有详细的论证，兹不赘述，刘建死于汉元帝初元四年（公元前45年），M2下葬的时间在M1之后，所以这两座墓为年代明确的西汉晚期墓。鉴于此，第三期的年代定于西汉晚期。

第四期，典型墓葬包括海淀五棵松篮球馆M12、永定路汉墓、平谷杜辛庄M24，基本器物组合为Ba型Ⅳ式壶、A型Ⅳ式鼎、A型Ⅲ式盒、C型Ⅰ式罐、Aa型Ⅱ式仓。本期较为明确的墓葬数量较少，所见墓葬形制包括长方形竖穴土坑墓、刀形竖穴土坑墓、刀形单室砖室墓，见单人葬、二人合葬等埋葬形式。

另外，据《北京永定路发现东汉墓》[④]的叙述，该墓所出“豆”“浅腹、粗柄、足呈喇叭形”而且“有博山炉式盖”，此“豆”或者就是A型高足熏炉[⑤]。昌平白浮墓地M5、M26均出高足式熏炉，与其共出壶、鼎分别与本文划分的Ba型Ⅳ式壶、A型Ⅲ～Ⅴ式鼎形制近似，白浮M5、M26均可归入本期，由此看来，A型博山式盖熏炉在本期的墓已有较多出现，可以视为基本器物组合中的一个器类。

---

① 河北省文物研究所：《燕下都遗址内的两汉墓葬》，《河北省考古文集》，北京燕山出版社，2001年。

② 河北省文物研究所、张家口地区文化局：《河北阳原三汾沟汉墓发掘报告》，《文物》1990年1期。

③ 平朔考古队：《山西朔县秦汉墓发掘简报》，《文物》1987年6期。

④ 喻震：《北京永定路发现东汉墓》，《考古》1963年3期。

⑤ 20世纪五六十年代北京地区的考古工作者所发表的汉墓发掘报告中，其所称为“豆”者，一般为本文所划定的B型盒，B型盒的年代一般在西汉中期，晚到新莽时期到东汉前期的可能性不大；而永定路汉墓的“豆”，盖为博山炉式盖，又是粗柄、喇叭形圈足，与北京汉墓中常见的高足博山式盖熏炉形制近似，鉴于此，本文推断，永定路汉墓中所谓“豆”者应为本文所划分的A型熏炉。

再者，昌平半截塔 M1、M3、M11[①] 均出 A 型Ⅲ～Ⅴ式鼎、Ba 型Ⅳ式壶、Aa 型仓组合（图二一），以上三墓显然可以归入本期，而半截塔 M1、M11 均出奁、钵、盘、耳杯（原报告称为羽觞）、勺（M11 还出土有灶、井、案等），可见灶、井等建筑类明器，耳杯、盘、案、勺等饮食类明器均承袭上一期传统继续存在，而且可能已经成为较为普遍的随葬器类。

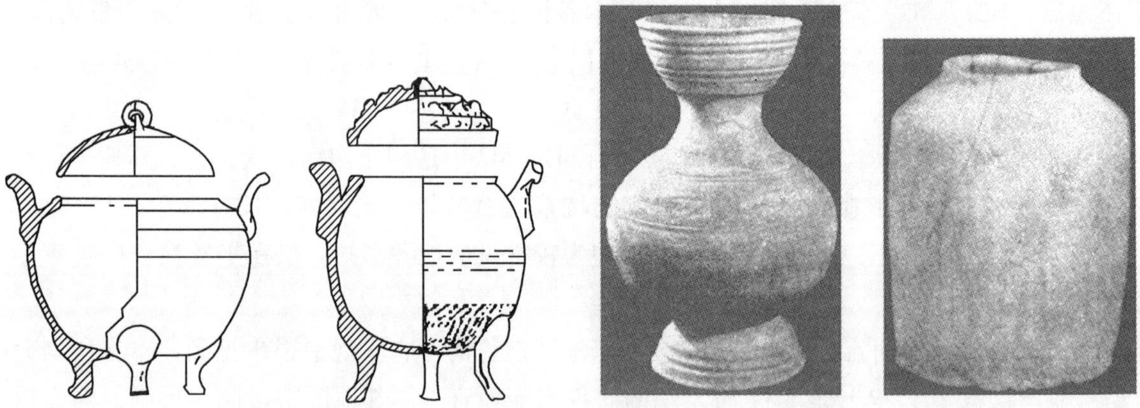
1　2　3　4

图二一　昌平新莽及东汉初期器物组合复原图

1～2. 史家桥原Ⅳ式鼎　3. 半截塔东汉壶　4. 半截塔原Ⅰ式仓

本期鼎、盒、壶的基本器物组合与第三期相比，基本没有变化，只是壶、鼎、盒的形制尤其是壶的形制发生了较大的变化，现在所划分的 Ba 型Ⅲ式壶与 Ba 型Ⅳ式壶之间形态差别显著，恐怕二者之间还有中间过渡形态，但从总体来说，本期各器物形态大致还是紧随第三期而来的，而与第四期器物组合有较大差别，故暂将本期的年代定在紧随西汉之后的新莽时期，下限或可进入东汉初年。

第五期，典型墓葬包括岩上 M28、M34、M38、M39、M40、M48、南正 M15、顺义田各庄 M32 等，基本器物组合为 D、E 型罐、A 型Ⅱ式灶、B 型Ⅰ式灶、Ⅱ式井，有少量 B 型Ⅱ式灶。本文划分为这个时期的墓葬，形制均为刀形单室砖室墓。

本期器物组合较为简单，基本以数量较多的折沿大腹罐、近乎椭圆或不规则圆形的灶以及形制较为简单的直筒罐形井为主要随葬器物，极少见到西汉及王莽时期所常见的鼎、盒、壶类传统器类，这是与西汉时期差别极大的地方；从岩上的几座墓葬来看，所出土的铜钱中以“五铢”钱为主，有少量的“大泉五十”、“货泉”铜钱，其中“五铢”钱文书体均较近似，“五”字字形饱满，交笔屈曲，“铢”字中“金”旁四点较长，“朱”头圆折，中间竖笔高于两侧笔画或与之持平，这类“五铢”铜钱与《洛阳烧沟汉墓》报告中划分的第三型五铢钱形制特征颇为相符，这型“五铢”钱始行于东汉光武帝建武十六年，主要流通于东汉早、中期[②]；另外，

① 北京市文物工作队：《北京昌平半截塔村东周和西汉墓》，《考古》1963 年 3 期。

② 洛阳区考古发掘队：《洛阳烧沟汉墓》，科学出版社，1959 年。

岩上 M28 还出土一件侈口外折沿陶壶，壶颈部较粗，腹部圆鼓，这种风格的陶壶与东汉中、晚期常见盘口壶、假圈足壶差别悬殊；岩上 M40 出土 2 件深腹圜底釜，这类器物常见于北京、河北等地西汉时期的遗址或者瓮棺葬墓，东汉时期所见不多；鉴于以上特征，暂将本期的年代定在东汉早期。

北京教育学院东汉明帝永平元年墓，出土铜弩机、铜戈、环首削刀、铜钱、陶猪、陶鸡、陶磨盘、灯碗等，遗憾的是该墓未公布图像资料；该墓磨盘、灯碗等器物的出土，可以说明陶磨、陶灯等类器物的出现不晚于东汉早期；另外，岩上 M48 出土有陶猪圈、鸟俑、猪俑、羊俑等，南正 M15 出土有高柄灯残件、石砚等类器物，数量不多，均为新出现的器类，东汉中、晚期大量盛行。

第六期，典型墓葬包括岩上 M57、南正 M5、M10、M14、M26、亦庄 80 号地 M74、M75、亦庄博兴路 M2、M6、M7、通州武夷花园 M5、M7、M12、M13、怀柔城北 M48、顺义田各庄 M31 等墓葬，本期出土器物种类开始丰富起来，基本可以概括为四类：第一类是建筑类明器，包括仓、灶、井、猪圈、厕所等，其中包括前文所划分的 Ac 型仓、Bb 型仓、A 型Ⅱ式灶、C 型Ⅰ式灶、Ⅱ～Ⅳ式井等；第二类为饮食类明器，包括壶、耳杯、盘、案、魁、樽等，包括前文所划分的 D 型Ⅰ～Ⅱ式壶、Bd 型Ⅱ式壶、A、B 型案、Ⅱ式魁；第三类为生活用器类明器，种类较少，主要为 A 型灯、奁、E 型罐等；第四类为生产类明器，主要是陶碓、陶磨等，少量陶鸡、狗俑暂时也归入此部分。本期所见墓葬形制包括刀形单室砖室墓、“甲”字形单室砖室墓、前后双室墓、前横室后双室砖室墓等，少量前、后二进布局的双室墓在其主室一侧开辟出规模较小的耳室。

本期随葬品器类丰富，与前一期表现出较为明显的差别。D 型假圈足壶是这个时期较为典型的器物，虽然出土数量不多，但是可以作为判断时代的较为明显的特征。山东地区东汉时期假圈足壶的发展演变，经历了“口部由侈口发展为盘口，又由浅盘口向深盘口变化”的过程，而侈口向盘口的转变，大致在东汉安、顺帝之间的时期①。河北定县北庄东汉中山简王刘焉墓，出土了一件假圈足陶壶，侈口，粗颈近直，假圈足部位较高，河北望都二号汉墓出土一件釉陶假圈足壶，深盘口，细颈较长，腹部扁圆，假圈足部位下部外撇，刘焉墓的下葬年代在东汉和帝永元二年（公元 90 年），望都二号汉墓的下葬年代在东汉灵帝光和五年（公元 182 年），对比两墓出土假圈足壶的形制——虽然两件器质地不同——明显可以看出假圈足壶的演变大致经历了与山东地区同类器物相似的轨迹。这也许为北京地区假圈足壶的年代判断提供了一些佐证。北京地区所见Ⅰ式假圈足壶为侈口，与刘焉墓所见近似，但颈部略细，是为东汉时期陶壶的通常风格，与望都二号汉墓所见假圈足壶比较，也属于较早的形式，所以可以把 D 型Ⅰ式的年代定于东汉中期；D 型Ⅱ式已见盘口，但多数盘口尚浅，而且颈部粗细与Ⅰ式相近，而与东汉晚期深盘口、细颈的假圈足壶有差异，所以 D 型Ⅱ式的年代也暂定在东汉中期。除此之外，本期所见随葬器类虽然可大致分为四类，但各类中器物的类别较第七期相对来说较为贫乏，而且其中许多器物如 A、C 型仓，Ⅱ式井，C 型Ⅰ式灶形制均较简单，与第七期同类器物相比处

① 郑同修、杨爱国：《山东汉代墓葬出土陶器的初步研究》，《考古学报》2003 年 3 期。

于演变的初级阶段。鉴于以上情况，暂将本期年代定于东汉中期，约当东汉和帝至顺帝时。

第七期，典型墓葬包括顺义临河村墓、丰台三台山 M1、M2、怀柔城北 M1、M31、平谷西柏店和唐庄子 M1、M101、南正 M2、M7、M11、M22、亦庄 79 号地 M3、M7、M34、亦庄新凤河路 M1、M4、M7 等墓葬，本期出土器物组合与前一期近似，也可以划分为建筑类明器、饮食类明器、生活用器类明器和生产类明器四类，只是种类较前一期种类更丰富，这四类器物情况如下：第一类建筑类明器，包括楼、猪圈、厕所、仓、灶、井等，其中包括前文所划分的 Bb 型仓、C 型仓、C 型Ⅱ～Ⅲ式灶、Ⅲ～Ⅳ式井，多层的陶楼或釉陶楼是这一时期最为显著的随葬器类；第二类饮食类明器，包括壶、扁壶、樽、案、杯、盘、魁、盆、三足炉与釜等，其中包括前文所划分的 Bb 型Ⅳ式壶，D 型Ⅲ式壶，E 型壶，A、B 型扁壶，Ⅱ式魁，A、B 型案；第三类生活用器类明器，包括灯、奁、熏、虎子、唾壶等，包括前文划分的 C 型盒，奁，A、B、C 型灯，B 型熏炉；第四类生产类明器：碓、磨、表示生产场景的人物俑，一些动物俑如鸡、狗、马俑也暂时归入此部分。本期所见墓葬形制包括“甲”字形单室砖室墓、前后双室砖室墓、前中后三进布局的多室墓、中心主室附带多个耳室的多室墓等，此外还发现少量带有画像石墓门的大型砖室墓。

包含前述四大类随葬明器的器类组合，广泛见于河南、陕西、河北、山东等地东汉晚期的墓葬中，如天津武清东汉鲜于璜墓①、河北望都二号汉墓②、河北阜城桑庄东汉墓③、洛阳烧沟东汉晚期墓④等，兹不赘述，与之比较，第七期的年代可以定于东汉晚期，约当东汉桓帝至献帝时期，部分墓葬下限或可进入魏晋时期。

（三）器物形制演变概述

鼎、壶、盒、仓、灶、井、熏炉、陶魁、案九类器物形制演变较为复杂，兹以时代顺序略述其演变情况如下：

1. 鼎

就已发表的资料而言，西汉早期基本不见陶鼎出土。西汉中期陶鼎发现较多，种类亦较丰富，除一般撇耳灰陶鼎外，怀柔、昌平等地还流行一类活耳鼎，彩绘陶鼎也已出现，鼎的形制也由大口、浅腹向子母小口、深腹演变，而之后的陶鼎基本继承了这一演变趋势。西汉晚期绿釉陶鼎开始出现，只不过目前仅发现于像大葆台广阳王墓这样的大型墓中，一般中小型墓中则基本不见。东汉前期鼎保持着与前一期近似的形制，只是制作开始出现简化形式，如博山式盖由近乎浮雕似的风格简化成近乎平面图案，鼎腹、足的做工也开始变得粗糙。东汉中、晚期鼎发现较少，已经不再是普遍随葬的一类器物了。

---

① 天津市文物管理处考古队：《武清东汉鲜于璜墓》，《考古学报》1982 年 3 期。

② 河北省文化局文物工作队：《望都二号汉墓》，文物出版社，1959 年。

③ 河北省文物研究所：《河北阜城桑庄东汉墓发掘报告》，《文物》1990 年 1 期。

④ 中国科学院考古研究所：《洛阳烧沟汉墓》，科学出版社，1959 年。

2. 壶

北京地区西汉墓葬中，陶壶是出土数量很多、种类也较为丰富的一类器物。西汉早期，少量陶壶似乎还保留着战国中、晚期本地燕文化陶壶椭长腹的风格，而主流的趋势则是壶腹开始变得圆鼓，盘口壶也开始出现。西汉中期彩绘陶壶开始出现，各类壶的腹部形态依然是其演变的重点，显著的一点是其腹部最大径开始上移至肩以下，以至于开始显得有些耸肩，圈足在这一时期也有增高的趋势。西汉晚期釉陶壶发现于广阳王墓，侈口壶发现数量较少，盘口壶普遍流行，这一时期，陶壶的颈部一般变得细长，腹、足部的演变承续了西汉中期的趋势。王莽时期到东汉前期陶壶风格突然出现较大转变，盘口变得极深，腹部扁圆，圈足也变得较高，整个壶身开始表现出明显的口颈、腹、足三段式。东汉中、晚期的陶壶将这一“三段式”特征发展到了极致，只是整体愈来愈变得瘦高。

3. 盒

北京地区西汉以至东汉前期墓葬中，圆体陶盒为器物组合中较为固定的一类器物，西汉时期陶盒的形制变化基本不大，新莽时期墓葬中发现的陶盒已成小口形，估计这一转变发生于西汉晚期某个时间。东汉中期以后，圆盒基本为方盒取代。

4. 仓

西汉晚期，小口直腹罐形仓开始出现，新莽时期到东汉前期是这类仓的兴盛期。东汉中期仓的形制开始向多元化方向发展，既存在形制简单的直筒形仓，又出现了仿现实木结构建筑顶的房楼形仓。东汉晚期形制复杂、模拟现实、形象逼真的房楼形仓、圆体仓囷完全占据了局面。

5. 灶

西汉晚期，陶灶就已经出现，不过发现的数量还比较少。西汉晚期的陶灶，造型简单，为整体平面近似三角形的圆头灶；从不完全的资料来看，东汉中期这种圆头灶还在流行，同时还出现了长囟圆体灶、圆角方体灶，已发现的这类陶灶造型一般不太规则。方体灶的出现，不晚于东汉中期，其最初造型可能较为简单；东汉晚期，方体灶大量盛行，灶台上部一般做出挡火沿、挡火墙，而灶面也会印出鱼、猪头等食物或厨具等仿现实生活场景。

6. 井

西汉晚期，陶井就已经出现于墓葬随葬品中，初期陶井的造型极其简单，呈口小底大的中空圆筒形。最晚从东汉中期开始，井的造型开始复杂化，先后出现井台和仿木结构井亭架等，而井台上还往往装饰有钱文、同心圆纹等纹饰。

7. 熏炉

由于发现数量较少，目前所知，至迟王莽时期到东汉前期，博山盖高足式熏炉开始出现，东汉晚期以至魏晋时期，熏炉足下多有承盘与之相连。

8. 魁

发现数量较少，西汉晚期仅见于大型墓如广阳王墓中，造型尤其是柄部造型简单。东汉晚期魁的数量大增，成为普遍随葬的器类，造型精美，柄部龙首做工细致入微。

9. 案

西汉晚期的广阳顷王及其王后墓中，出土了两件长方形石案，但其中广阳王墓中的那件据发掘者推测可能为六博棋盘。老山汉墓中出土了一件漆案，长方形案体，下有四矮足承托，年代不晚于西汉晚期。但是陶案在墓葬随葬品中的出现，目前所知应该开始于王莽至东汉初期，不过发现数量不多，而且因为资料发表不详，陶案的最初形态也暂时不得而知。东汉中、晚期，随葬陶案的数量发现较多，这一时期的陶案包括圆形和长方形两类，案体下或有足承托；与方形陶案比较，圆形案的随葬较为普遍，而且流行的时间较长。

（四）墓葬特征述要

前文结合墓葬分期结果，已经对各器类不同时期的形制演变作了概述，这仅仅是北京汉代文化特征的一部分，下面从器物组合、墓葬形制以及一般葬俗等方面，进一步归纳总结北京两汉文化的特征。

器物组合方面，西汉早期比较明确的为壶、盒组合，还有一类墓葬仅出高领罐，也被认为是西汉早期的一种现象。西汉中期、王莽新朝以至东汉初，流行鼎、壶、盒的组合，但是从本地的传统来看，笔者相信这类器物组合的年代可以早到西汉早期，只是目前还没有发现或者还没有辨别出来而已。诸侯王一级的大型墓里，西汉中期就已出现耳杯、盘、魁、勺等饮食用具类明器，一般的中小型墓里则直到王莽新朝及东汉初期才开始出现，并在东汉中、晚期盛行。西汉晚期，陶灶、井等建筑类明器开始出现，但数量较少，而且造型简单，与之共存的随葬陶器一般为体型较大的陶罐，而且每座墓中这类陶罐的数量都出土较多，一般在5个左右，东汉早、中期这类陶罐可能被陶仓所取代。东汉早期的随葬品以仓、灶、井等建筑类明器为主，器类组合略显简单，而且这些器物造型均较简单。东汉中期的墓葬里，出现建筑类明器之外的饮食类、生活用器类以及生产类等新的随葬器类，而东汉晚期这四大类明器无论是在器类组合还是各类器物造型方面，均表现的繁复多样，体现了丰富的物质文化。东汉晚期的器类组合开启了本地魏晋墓葬随葬器类组合的先风。

墓葬形制方面，西汉时期及至东汉初期，长方形竖穴土坑墓一直是最为普遍的一种墓葬形制，这承续了本地东周以来的传统，应该是普通平民较常采用的一种墓葬形式。西汉早期，

"刀"形竖穴土坑墓开始出现，西汉中、晚期数量较多，直到王莽时期和东汉初期还有少量发现。西汉晚期至东汉前期，北京地区出现了砖椁墓，这类墓葬构筑较为简单，而且数量较少，属于一种新兴的现象，应该为周边地区传播而来的文化因素，而且很可能是本地区砖室墓流行的先驱。目前资料所见，砖室墓在北京地区出现于王莽时期至东汉初这段时间内，可能由简单的砖椁墓发展而来，随即刀形单室砖室墓成为本地区最为流行的墓葬形式，一直延续使用至曹魏、西晋时期。东汉中、晚期，砖室墓的形制、规模均得到较大发展，前后双室墓、前横室后双室墓、前中后三进布局的多室墓、一个中心主室附带多个耳室的多室墓等形式纷纷出现，蔚为大观。

埋葬形式，西汉时期，各类墓里人骨架头向一般北向，但向西、向东会有些偏差。葬具一般为单棺，部分墓葬具为一棺一椁，诸侯王墓里建筑黄肠题凑椁室不与此列。单人葬、二人合葬是西汉时期较为流行的形式，而东汉时期，由于砖室墓的盛行，合葬应该是最为主要的形式，从三台山 M1、M2 的情况来看，更大规模的合葬已经出现。至迟在西汉中期，同坟异穴的并葬墓就已经出现，而且有资料证明东汉晚期这类并葬现象依然盛行①。

四、结　语

本文回顾了新中国成立以来至今北京地区汉代墓葬的发现及研究状况，在参考前人所做研究的基础上，首先对北京汉墓墓葬形制做了分析，并在对常见出土陶器的类型学研究的基础上，将北京地区汉代墓葬划分为六期，分别对应的年代为西汉早期、西汉中期、西汉晚期、王莽及东汉前期、东汉中期、东汉晚期，并在分期、断代的基础上归纳总结了北京地区汉代丧葬习俗的大致演化脉络。但是，限于资料较少以及资料信息发表的不完备，本文的研究仍然尚嫌单薄，随着新资料的不断发现，期待有关北京汉代墓葬的研究能够进一步深入下去。

---

① 三台山 M1、M2 发掘前地面上还残留椭圆形土冢，东西长、南北短，高约 5 米，土冢推平后，发现东西并列的两座墓葬，据此，这两座墓明显属于同坟异穴并葬墓的范畴，参见北京市文物工作队：《北京东南三台山东汉墓发掘简报》，《北京文物与考古》（第一辑）；顺义田各庄墓地，"其中有 18 座墓，每两座东西向排列相距比较近，在墓地北侧还有一组四座相邻的东西向排列的墓葬"，此处虽然没有述及墓葬地上部分，但从这种排列形式看，属于同坟异穴合葬的可能性非常大，而四座相邻并列的墓葬是否属于并葬的范畴，暂不能肯定，参见李建林：《北京顺义田各庄汉墓发掘简报》，《北京文博》1999 年 4 期。

附录二　汉代窑炉略论

胡传耸

窑业的发展，是古老的中国文明不可或缺的一部分。大约距今1万年前左后，中国的南、北方都出现了陶器，虽然我们还未发现烧制这些陶器的窑炉遗存，但它肯定已经出现了，只是因为最初的窑炉形制或许都是简单的浅烧坑形式①，随着岁月的前进，早已风化无存，这种最简陋、最原始的窑炉所烧制出来的陶器，成为衡量新石器时代人类文明发展的一个重要的标志，也成为万年来甚至迄今有些地方还在利用的必不可少日常生活用具。中国古代的建筑，主要是土木工程，早在西周时期，就已经出现了烧制的瓦，“秦砖汉瓦”，更是中国人津津乐道的古代中国建筑里的优秀作品。水、火、土的完美结合，成就了一个泱泱瓷国，瓷器——“China”，也成了我们这个文明古国的代名词，而众生一片面对精美绝伦的瓷器珍品赞不绝口时，却很少能够想得起那些为历史陈迹所重重掩埋的窑炉——它们，也是中国古代窑业发展的重中之重。

两汉，是中国古代历史上一个辉煌鼎盛的时期，历时四百余年，造就了一个伟大的帝国。窑业的发展，对汉代社会的贡献，功不可没。秦砖汉瓦，在中国古代建筑史上留有美名，而严格意义上的瓷器，也产生于东汉时期，从这些意义上来说，窑业的发展，在两汉时期，表现出它的鲜明的特征。限于笔者所识，本文不能够对两汉窑业的发展作全面的讨论，只是就其中一个重要的部分——窑炉，略作探讨，所讨论的对象，均来自于各地考古发现的窑炉资料。

一、汉代窑炉的发现和研究概况

汉代窑炉的发现，自20世纪50年代既已有之，1955年东北博物馆在辽阳市三道壕村的一处西汉遗址内，发现了一批砖窑②。之后的一年里，陕西西安阎家寺村③、河北武安午汲村④先后发现一些砖瓦窑、陶窑，这是较早发现的一批汉代窑炉，因为时代的原因，目前保留下来的有关这批窑炉的资料信息相当有限。70年代以洛阳东周王城遗址内发现的窑炉数量为多⑤，重庆博物馆等单位在对嘉陵江支流南充河的调查中，也发掘了少数几座砖窑⑥。汉代窑炉较多数

---

① 熊海棠：《东亚窑业技术发展与交流史研究》，南京大学出版社，1995年：23~26页。
② 东北博物馆：《辽阳三道壕西汉村落遗址》，《考古学报》1957年1期。
③ 唐金裕：《西安市北郊汉代砖瓦窑址》，《考古》1964年4期。
④ 河北省文物管理委员会：《河北武安县午汲古城中的窑址》，《考古》1959年7期。
⑤ 洛阳市文物工作队：《洛阳东周王城内的古窑址》，《考古与文物》1983年3期。
⑥ 陈丽琼：《四川武胜匡家坝汉代砖窑试掘记》，《考古与文物》1980年2期。

量的发现始于八十年代，从以往报道的资料来看，这一时期河南洛阳①、新乡②、陕西西安③、咸阳④、贵州沿河县⑤等地均有汉代窑炉发现。九十年代，中国社会科学院考古研究所汉城队先后在汉长安城遗址范围内发掘了数量众多的汉代窑炉⑥，这些窑炉包括砖瓦窑、烘范窑、陶俑窑等，类型较为丰富，为我们认识西汉时期首都长安地区的窑炉面貌，提供了翔实的资料，这一时期见诸报道的汉代窑炉资料，还有湖南常德武陵开发区的一座砖瓦窑⑦。近十年来，河南洛阳东周王城遗址内⑧、宜阳县⑨等地又有新的汉代窑炉发现，另外，北京地区亦多次发现较多汉代窑炉遗存，而且有关这批窑炉的资料陆续得到整理和发表⑩。

仅就上文所述的汉代窑炉的发现统计，至今发现的汉代窑炉资料已达150余座，时代上可以早到秦汉之际，最晚则可以到东汉末年，跨两汉时期四百余年。这些窑炉分布于河南、陕西、北京、辽宁、河北、湖南、四川、贵州等地区，从发现的数量来看，尤其以陕西、河南、北京三个地区为多。除林士民先生提到1986年的调查中东汉晚期宁波一带的瓷窑均见为龙窑

① 洛阳市文物工作队：《洛阳市东郊东汉"对开式"砖瓦窑的清理》，《中原文物》1985年4期；洛阳市第二文物工作队：《洛阳轴承厂汉代砖瓦窑场遗址》，《中原文物》1995年4期；中国社会科学院考古研究所洛阳汉魏城队：《汉魏洛阳城发现的东汉烧煤砖瓦窑遗址》，《考古》1997年2期。

② 新乡市文管会：《新乡北站区前郭柳村汉代窑址发掘》，《考古》1989年5期；贺惠陆：《河南新乡市东干道发现西汉陶窑》，《考古与文物》1994年4期。

③ 中国社会科学院考古研究所汉城工作队：《汉长安城1号窑址发掘简报》，《考古》1991年1期。

④ 时瑞宝：《汉长陵邑清理瓦窑一座》，《考古与文物》1987年1期。

⑤ 贵州省博物馆考古队：《贵州沿河洪渡汉代窑址试掘》，《考古》1993年9期。

⑥ 中国社会科学院考古研究所汉城队：《汉长安城窑址发掘报告》，《考古学报》1994年1期；中国社会科学院考古研究所汉城工作队：《汉长安城23～27号窑址发掘简报》，《考古》1994年11期；中国社会科学院考古研究所汉城工作队：《1992年汉长安城冶铸遗址发掘简报》，《考古》1995年9期；中国社会科学院考古研究所汉城工作队：《汉长安城北宫的勘探及其南面砖瓦窑的发掘》，《考古》1996年10期；中国社会科学院考古研究所汉城工作队：《1996年汉长安城冶铸遗址发掘简报》，《考古》1997年7期；刘振东：《汉长安城新发现六座窑址》，《考古》2002年11期。

⑦ 王永彪等：《湖南常德市东汉砖窑遗址》，《考古》1997年7期。

⑧ 洛阳市文物工作队：《东周王城战国至汉代陶窑遗址发掘简报》，《文物》2004年7期。

⑨ 郑州大学历史学院考古系等：《河南宜阳县甘棠寨村汉代窑址清理简报》，《华夏考古》2006年1期。

⑩ 北京市文物研究所：《北京亦庄考古发掘报告》，科学出版社，2009年：334～337页；北京市文物研究所：《房山南正遗址》，科学出版社，2008年。关于南正遗址Y6（本文中称为06京南Y6）的年代，该报告定为战国晚期至西汉早期的早段，本文与之略有不同，依据如下：首先，根据既已发现的窑炉资料，此类窑床纵长小于横宽、后壁三个烟道汇入一处的窑炉结构，基本不见于战国晚期和西汉前期；其次，Y6填土内出土的陶釜（Y6:5）器体最大径不在口部而在腹中部的风格，与战国晚期同类器略异，而与该遗址发掘的东汉墓葬如M23、M26等墓内出土同类器风格近似。基于以上两点认识，本文保守地认为南正Y6的年代当在西汉中期以后，下限可能进入东汉时期。刘保山等：《平谷区王辛庄镇西杏园村北的汉代窑址》，《北京文博》2006年4期；胡传耸等：《北京平谷杜辛庄汉代窑址发掘简报》，《北京考古》（第二辑），北京燕山出版社，2008年。有关杜辛庄窑炉的详细情况，请参看本报告。北京市文物研究所：《北京市大兴新城北区8号地考古发掘报告》，《文物春秋》2008年4期；北京市文物研究所等：《北京市大兴新城北区8号地考古发掘报告》，《北京考古》（第二辑），北京燕山出版社，2008年；北京市文物研究所等：《奥运村绿化隔离带工程考古发掘报告》，《北京考古》（第二辑），北京燕山出版社，2008年。

外[①]，前文所述的绝大多数窑炉均为半倒焰窑（表一）。

对于汉代窑炉的研究，从其发现伊始就已经开始。李文信先生对辽阳三道壕西汉村落遗址中发现的砖窑的生产过程及生产能力等均进行了初步的复原和估算[②]。孟浩先生对午汲故城内发现的东周至两汉时期的窑炉进行了分期介绍，简单归纳了东周至两汉时期窑炉结构的演变[③]。洛阳东周王城遗址范围内先后发现较多数量东周至两汉时期的窑炉，发掘者们根据这些资料，系统总结了洛阳地区东周、两汉时期窑炉形制结构的演变过程，为窑炉的断代提供了参考的依据[④]。随着西汉长安城遗址范围内窑炉遗存的陆续出土，中国社会科学院考古研究所汉城工作队的考古学者先后发表了他们对于这些窑炉的认识，包括窑炉的功能、性质、技术结构等，刘庆柱等先生还对1990年发掘的西汉官办陶俑窑场的生产做了复原[⑤]。熊海棠先生对古代东亚时期窑业技术发展与交流做了系统的研究，其所著《东亚窑业技术发展与交流史研究》[⑥]是国内迄今为止最为深入而翔实的论述窑业技术发展的专著，其对于半倒焰马蹄形窑炉、中国古代砖瓦窑技术的论述中所提到的很多技术标准——很多来自实验考古学的观点——成为本文研究汉代窑炉技术结构的参照标准。另外，秦大树先生对于磁州窑窑炉及北方地区瓷窑的研究[⑦]——虽然与汉代窑炉关系不大——也使本文受益匪浅。本文对于汉代窑炉结构、技术标准方面的分析，完全得益于实验考古学以及前辈学者们的研究。

在开始具体的论述之前，从表一的统计中可以看到，关于窑炉年代的表述，有“秦汉之际”、“西汉初期”、“西汉前期”等许多时代概念，本文中，除表一、表二沿用了这些概念之外，为叙述方便，本文其余部分将这些概念做了合并，具体如下：

凡表述为“秦汉之际”、“西汉初期”、“西汉前期”、“西汉早期”、“西汉初中期”、“西汉早中期”的，均归入“秦汉之际至西汉早中期”。

凡表述为“西汉中期”、“西汉中晚期”、“西汉中后期”、“西汉中期以后”、“西汉后期”、“西汉晚期”的，均归入“西汉中晚期”。

凡表述为“西汉”的，均沿用“西汉”。

凡表述为“西汉晚期到东汉前期”、“西汉晚期到东汉早期”的，均归入“两汉之际至东汉前期”。

凡表述为“东汉中晚期”、“东汉晚期”、“东汉末年”的，均归入“东汉中晚期”。

凡表述为“东汉”的，均沿用“东汉”。

---

① 林士民：《浙江宁波汉代窑址的勘察》，《考古》1986年9期。

② 东北博物馆：《辽阳三道壕西汉村落遗址》，《考古学报》1957年1期。

③ 河北省文物管理委员会：《河北武安县午汲古城中的窑址》，《考古》1959年7期。

④ 洛阳市文物工作队：《洛阳东周王城内的古窑址》，《考古与文物》1983年3期；洛阳市文物工作队：《东周王城战国至汉代陶窑遗址发掘简报》，《文物》2004年7期。

⑤ 中国社会科学院考古研究所汉城队：《汉长安城窑址发掘报告》，《考古学报》1994年1期。

⑥ 熊海棠：《东亚窑业技术发展与交流史研究》，南京大学出版社，1995年。

⑦ 秦大树：《磁州窑窑炉研究及北方地区瓷窑发展的相关问题》，《考古学研究（四）》，科学出版社，2000年。

表一

时间	地点	窑炉数量	窑炉类型	窑炉性质	时代判断	备注	文内简称
1955年	辽宁辽阳三道壕	7	半倒焰窑	砖窑	西汉中、晚期		
1956年	陕西西安阎家寺	2	半倒焰窑	砖瓦窑	西汉较晚时期		56西安Y
1956年	河北武安午汲村	19	半倒焰窑	陶窑	战国末期到东汉		
1974年	河南洛阳东周王城遗址	21	半倒焰窑	陶窑、砖瓦窑、烘范窑	秦汉之际至西汉时期		74洛阳Y
1979年	四川武胜匡家坝	2	半倒焰窑	砖窑	西汉晚期至东汉初期		79武胜Y
1981年	陕西咸阳怡魏村	1	半倒焰窑	不明	西汉初期		
1985年	河南洛阳老城东北	2	半倒焰窑	砖瓦窑	东汉末年		85洛阳Y
1986年	河南新乡前郭柳村	3	半倒焰窑	陶窑，或兼烧砖瓦	东汉		86新乡Y
1987年	陕西西安六村堡	1	半倒焰窑	陶窑	西汉早中期		87西安Y
1988年	河南洛阳	2	半倒焰窑	砖瓦窑	西汉晚期至东汉早期		88洛阳Y
1988年	河南新乡东干道	1	半倒焰窑	陶窑	西汉早中期		88新乡双膛窑
1989年	河南偃师罗洼村	3	半倒焰窑	砖瓦窑	东汉		89偃师Y
1989年	贵州沿河县洪渡镇	1	半倒焰窑	砖瓦窑	东汉		89洪渡Y
1990年	陕西西安六村堡、相家巷	21	半倒焰窑	陶俑窑	西汉中、晚期	官办窑场	90西安Y
1991年	陕西西安汉长安城西北郊	5	半倒焰窑		西汉初中期		91西安Y
1992年	陕西西安相家巷村	3	半倒焰窑	烘范窑	西汉中晚期	官办冶铸场地	92西安Y
1992年	湖南常德武陵开发区	1	半倒焰窑	砖窑	东汉中晚期		92常德窑
1994年	陕西西安汉长安城北宫遗址南	11	半倒焰窑	砖瓦窑	西汉初、中期		94西安Y
1996年	陕西西安汉长安城西市范围内	1	半倒焰窑	烘范窑	西汉中晚期		96西安Y
1998年	陕西西安六村堡小学新校址内	6	半倒焰窑	陶窑、砖瓦窑	西汉		98西安Y
2000年	河南宜阳县甘棠寨村	1	半倒焰窑	烧造建筑材料的窑炉	西汉中后期		00宜阳Y
2002年	河南洛阳电视台院内	8	半倒焰窑	陶窑	战国晚期至东汉晚期		02洛阳Y
2004年	北京亦庄博兴路	2	半倒焰窑		汉代		04京博Y
2006年	北京房山南正村	7	半倒焰窑	陶窑	战国晚期至西汉时期		06京南Y
2006年	北京平谷西杏园村	2	半倒焰窑	陶窑	东汉		06京西Y
2006年	北京平谷杜辛庄村	12	半倒焰窑	砖窑	东汉中晚期		06京杜Y
2007年	北京大兴新城8号地（高米店村）	8	半倒焰窑	陶窑	西汉中期至东汉晚期		07京新Y
2007年	北京奥运村	2	半倒焰窑	陶窑	汉代		07京奥Y

二、汉代窑炉的分类考察

从前文统计的结果来看，以往考古工作中发现的两汉时期的窑炉，数量已达150余座，这些窑炉分布于陕西、河南、河北、北京、辽宁、湖南、四川、贵州等地区，时代跨秦汉之际到东汉晚期，随着时代的演进，地域的差异，这些窑炉的结构、形态等方面均表现出不同的特征，这些不同的结构、形态特征，往往是不同技术水平的外在体现。为了进一步探讨汉代窑炉的技术发展过程，本文首先对以往所见汉代窑炉的结构形制做一下分类考察。

（一）汉代窑炉的分类

从已发表了详细图像、文字资料的窑炉来看，就窑炉的形制结构而言，两汉时期的窑炉可以大致分为四类，不同的类别内还可以根据局部结构划分为14个细类，具体的情况如下。

1. A类

椭圆形窑炉，这类窑的最大特征就是窑炉的平面形制近似椭圆形。窑炉前部一般有长方形操作间，所见窑例的窑门情况不明，火膛平面近似半圆形，较深，但进深较短，火膛底低于窑门底部，后壁（也是窑床前壁）一般为弧形，窑床一般中间宽而两端窄，后壁多为一个烟道，少量出现三个烟道。根据烟道的数量，可以划分为2个细类。

A1　单烟道窑炉，以74洛阳Y2、Y12及94西安Y33、Y36、Y38、Y40等为代表，年代为秦汉之际至西汉前期。如94西安Y38（图一，1）。

A2　三烟道窑炉，年代为西汉初期。如94西安Y36（图一，2）。

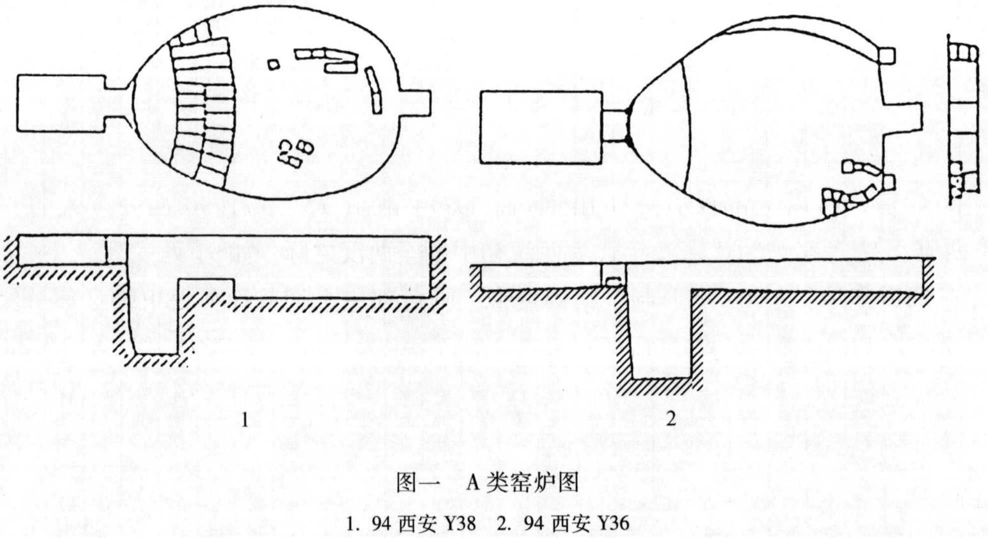

图一　A类窑炉图

1. 94西安Y38　2. 94西安Y36

2. B类

纵长方形窑床类窑炉，这类窑炉的窑床为长方形或略近梯形，形状比较规则，窑床的纵长大于横宽。根据排烟系统的差异，可以划分为5个细类。

B1　单烟道窑炉，仅有一个烟道，位于窑室后壁的中部，年代为西汉前期，以74洛阳Y11为代表（图二，1）。

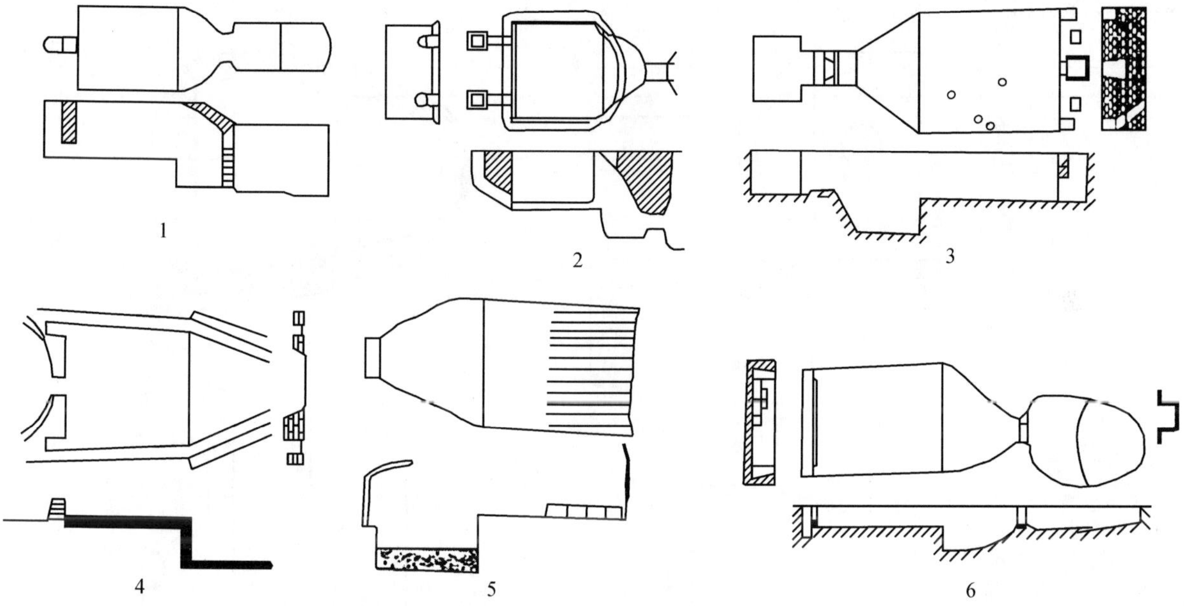

图二　B类窑炉图

1. B1（74洛阳Y11）　2. B2（07京新Y7）　3. B3（91西安Y27）　4、5. B4（87西安Y1、92常德窑）　6. B5（96西安Y42）

B2　双烟道窑炉，窑室后部有两个烟道，一般并列于窑室后壁外靠近中部，以07京新Y7、Y8为代表，年代为西汉中期。如07京新Y7（图二，2）。

B3　集中烟道窑炉，一般有三个烟道，近似等距离分布于窑室的后壁，中间烟道为主烟道，两侧烟道或较中间烟道略小，三个烟道均有独立的进烟口，但两侧烟道上部向中部倾斜，汇入到中间烟道，所以上部仅有一个出烟口。以74洛阳Y3、Y7，90西安Y8、Y11、Y21、Y22，91西安Y27等窑炉为代表，年代为西汉初中期至两汉之际。如91西安Y27（图二，3）。

B4　三烟道窑炉，与B2类形制、结构近似，唯后部三个烟道均独立出烟；部分窑炉由于破坏只残存窑炉基部，烟道上部情况不明，暂时也归入此类，以87西安Y1、91西安Y23、92西安Y28、92常德窑、98西安Y45、07京新Y5为代表，年代多为西汉早、中、晚期，仅92常德窑为东汉时期。如87西安Y1（图二，4）、92常德窑（图二，5）。

B5　带烟室窑炉，窑室后壁下端等距离分布三个进烟口，进烟口后部均通入一个窄长方形烟室，烟室上部形态暂时不明，以92西安Y30、96西安Y42、02洛阳Y1、Y4、Y6为代表，如96西安Y42（图二，6）。

3. C 类

横宽长方形窑床类窑炉，这类窑炉的窑床为长方形或接近方形，窑床的纵长小于横宽或与之接近。根据排烟系统的差异，可以划分为 6 个细类。

C1　单烟道窑炉，窑室后部只有一个烟道，位于窑室后壁接近中间的位置，以 74 洛阳 Y13、86 新乡 Y2、00 宜阳 Y1 等为代表，年代为西汉前期和东汉，如 74 洛阳 Y13（图三，1）、86 新乡 Y2（图三，2）。

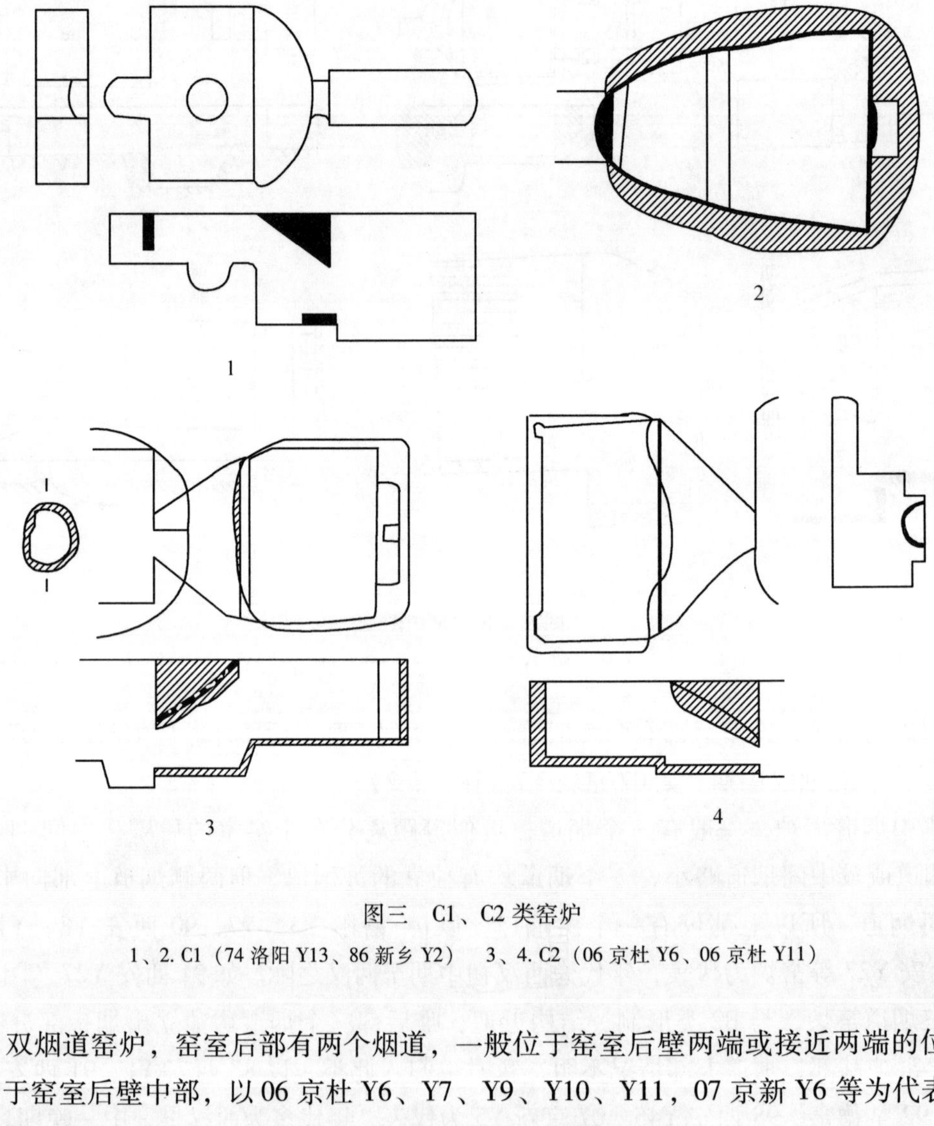

图三　C1、C2 类窑炉

1、2. C1（74 洛阳 Y13、86 新乡 Y2）　3、4. C2（06 京杜 Y6、06 京杜 Y11）

C2　双烟道窑炉，窑室后部有两个烟道，一般位于窑室后壁两端或接近两端的位置，少量并列集中于窑室后壁中部，以 06 京杜 Y6、Y7、Y9、Y10、Y11，07 京新 Y6 等为代表，年代为东汉中晚期，如 06 京杜 Y6（图三，3）、06 京杜 Y11（图三，4）。

C3　集中烟道窑炉，一般有三个烟道，少数为两个烟道，近似等距离分布于窑室的后壁，均有独立的进烟口，中间烟道为主烟道，两侧烟道上部向中间倾斜，汇入中间主烟道，上部只有一个出烟口。以 56 西安 Y2（图四，1）、02 洛阳 Y7（图四，3）、06 京南 Y6（图四，2）等为代表，年代为西汉中期至西汉晚期。

C4　三烟道窑炉，与C2类形制、结构近似，唯后部三个烟道均独立出烟，以86新乡Y3①、89洪渡Y2、79武胜Y2、04京博Y1、Y2、06京杜Y1、Y2、Y4、Y8、Y12、06京西Y1、Y2、07京新Y1、Y2、Y3等为代表，年代为西汉晚期到东汉时期，如89洪渡Y2（图五，1）。

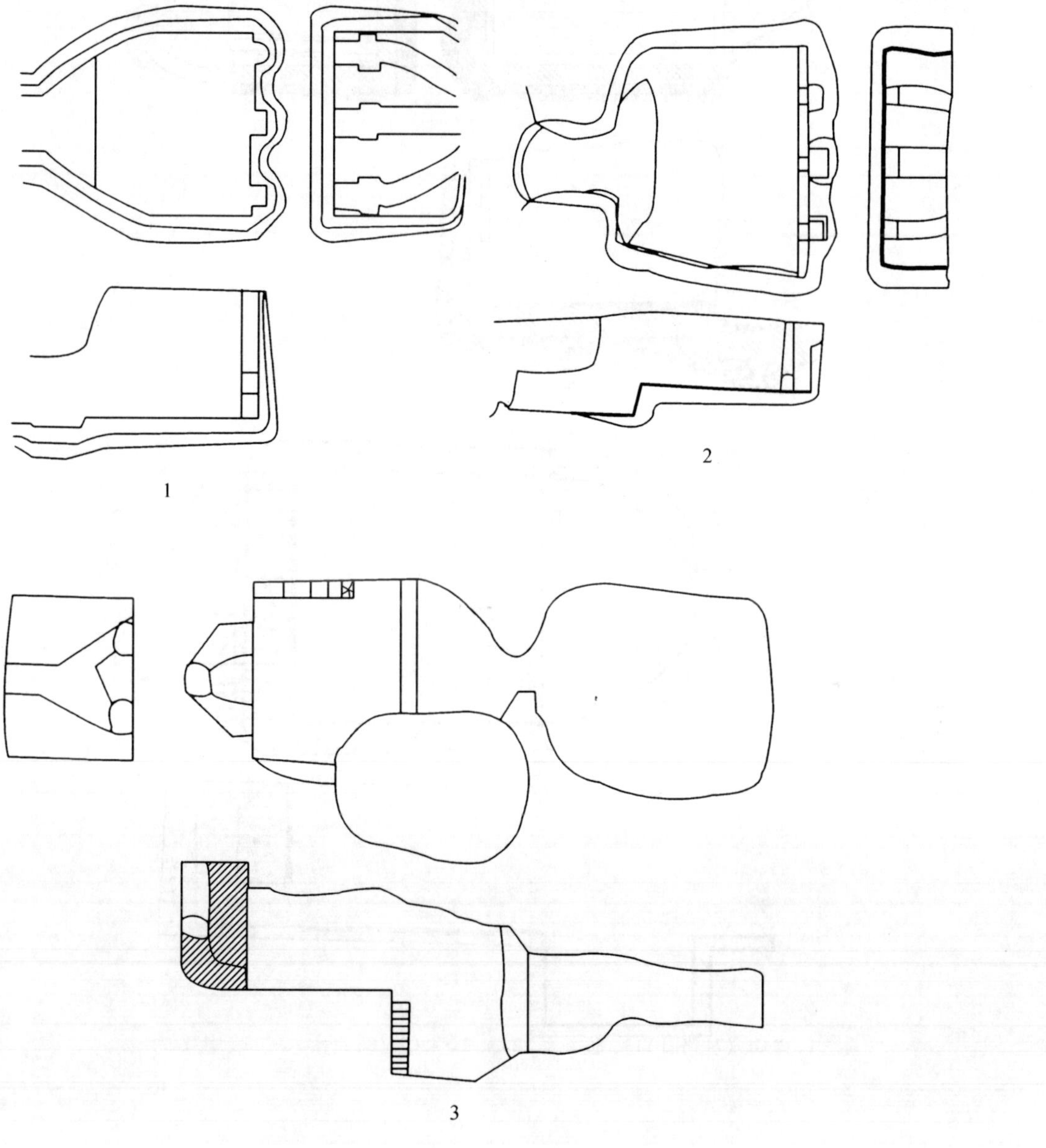

图四　C3类窑炉图

1.56西安Y2　2.06京南Y6　3.02洛阳Y7

① 发掘简报中介绍，该窑炉的两侧烟道向中间倾斜，但上部已破坏，形态不明，故该烟道也有可能为集中烟道窑炉。参见新乡市文管会：《新乡北站区前郭柳村汉代窑址发掘》，《考古》1989年5期。

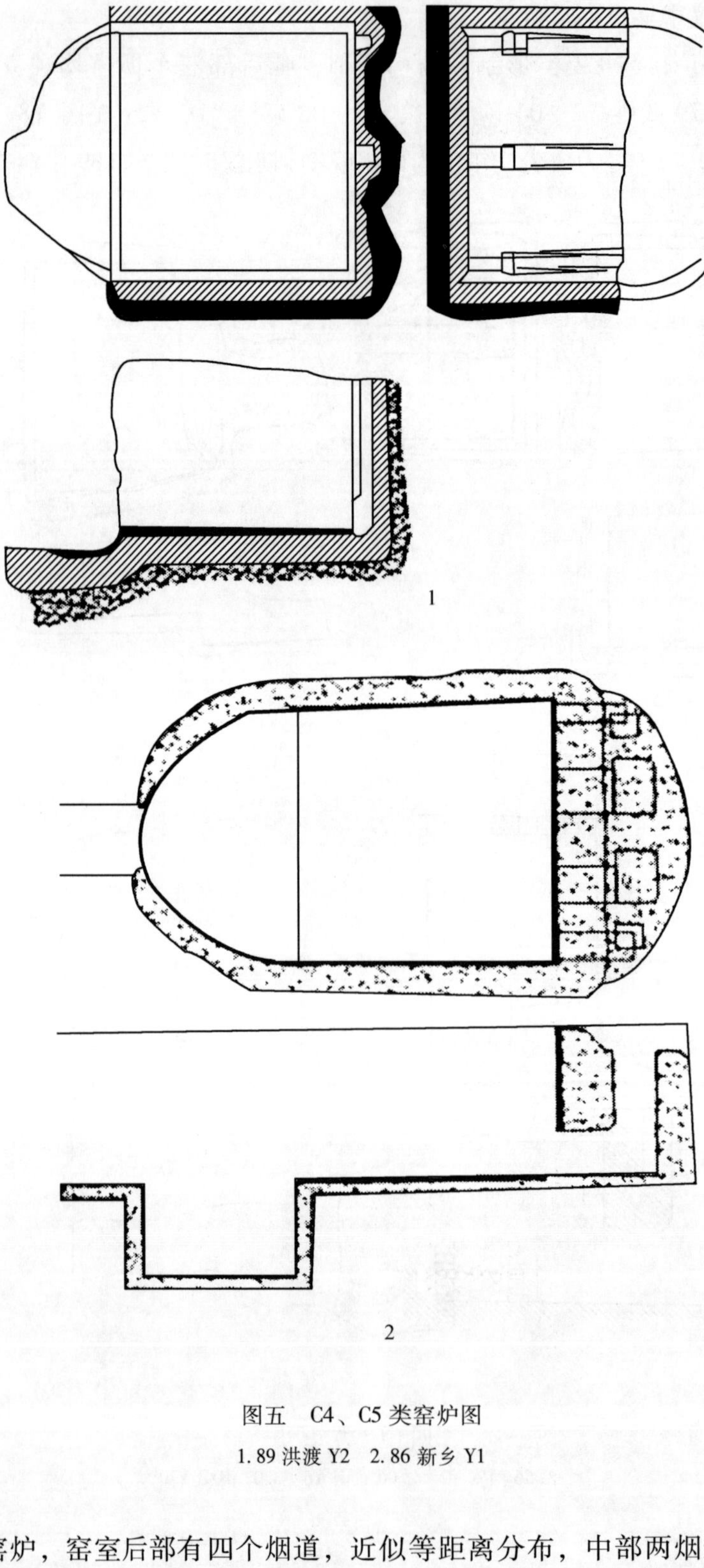

图五　C4、C5 类窑炉图
1. 89 洪渡 Y2　2. 86 新乡 Y1

C5　四烟道窑炉，窑室后部有四个烟道，近似等距离分布，中部两烟道较两侧烟道略粗，均独立出烟，如 86 新乡 Y1（图五，2）、06 京杜 Y3，年代为东汉时期。

C6　带烟室窑炉，窑室后壁下端等距离分布三个进烟口，进烟口后部均通入一个近似长方形的烟室，烟室上部仅一个出烟口，以 85 洛阳 Y1、Y2，88 洛阳 Y2，89 偃师 Y1，07 京新 Y4 等为代表，年代为东汉时期，如 88 洛阳 Y2（图六，1）、89 偃师 Y1（图六，2）。

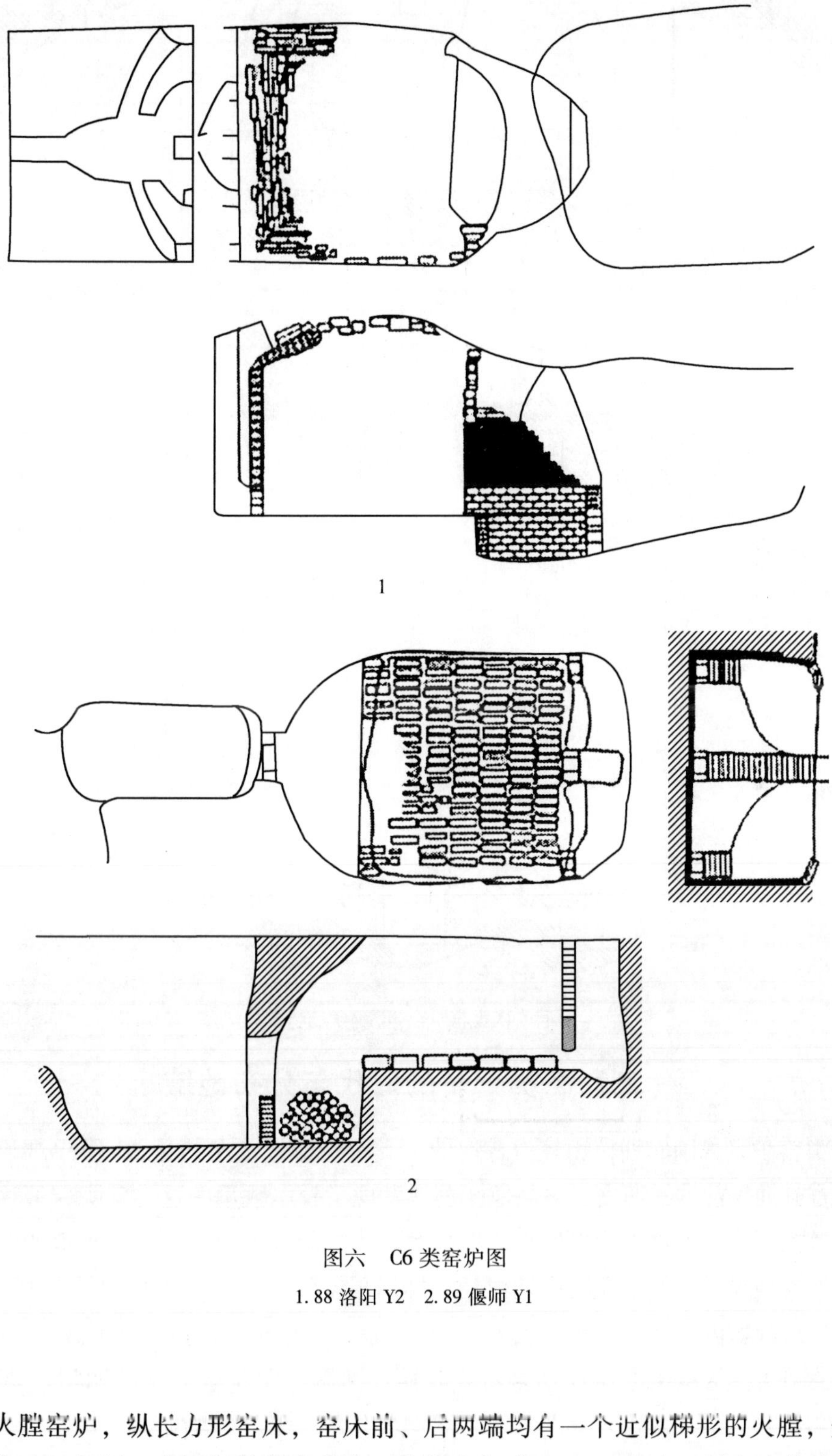

图六　C6 类窑炉图

1. 88 洛阳 Y2　2. 89 偃师 Y1

4. D 类

对称双火膛窑炉，纵长方形窑床，窑床前、后两端均有一个近似梯形的火膛，烟道井辟于窑床两侧的窑壁，每侧三个近似等距离分布，为集中烟道，以 88 新乡双膛窑为代表（图七）。

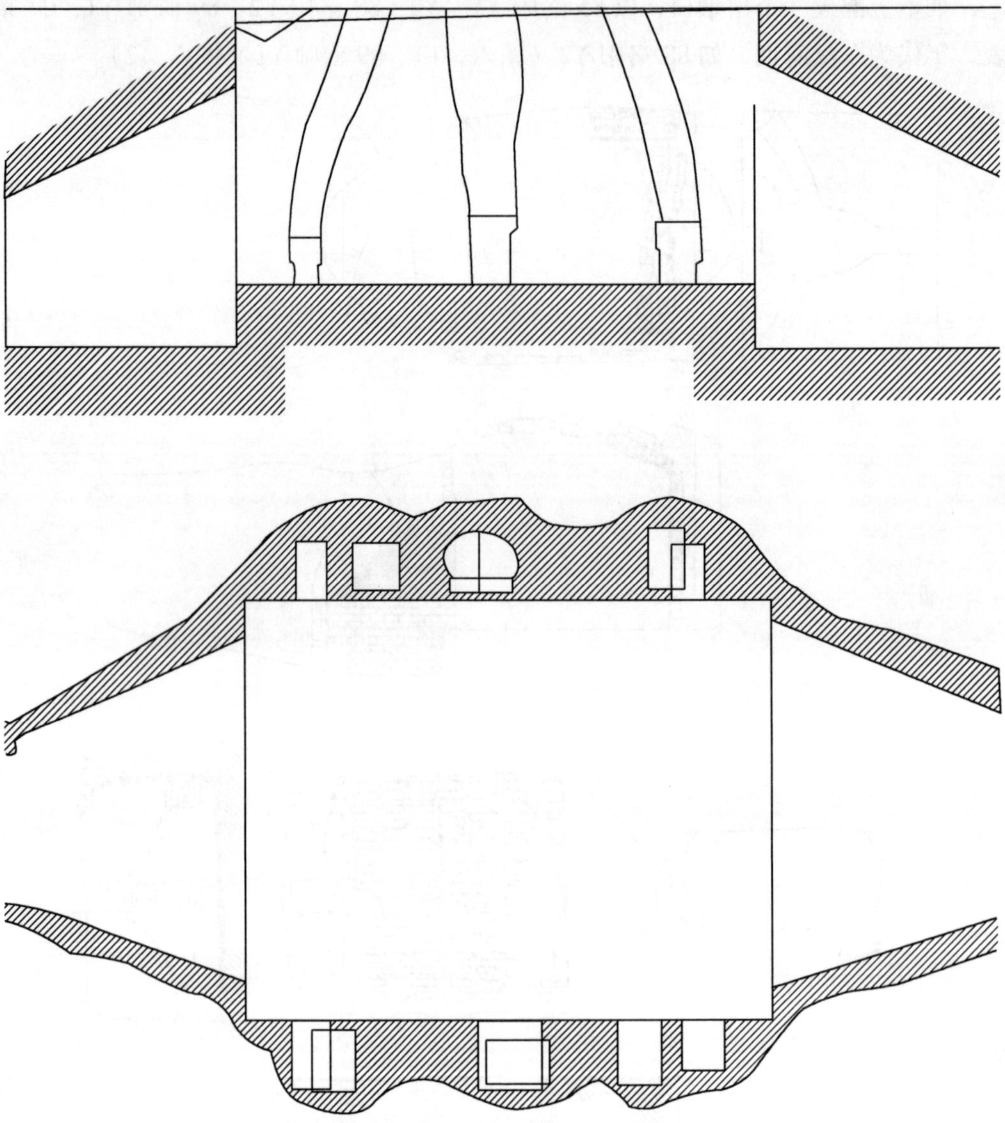

图七　D类窑炉（88新乡双膛窑）

（二）各类窑炉的时代与分布地域

（1）A类窑炉是战国时期使用较为普遍的一类窑炉形式，尤其是A1类单烟道椭圆形窑炉非常流行，直到西汉前期，西安、洛阳地区仍然发现了较多数量的这类窑炉，但这一时期已经出现了三烟道椭圆形窑炉这类改良形式，不过发现的数量较少而已。从已报道的西安和洛阳地区的以往考古发现来看，似乎西汉中期以后，椭圆形窑炉在这两个地区已不复存在。1956年，河北武安县午汲故城内的发掘成果，据发掘者报道，自战国末期到东汉时期，椭圆形或圆形的窑炉一直存在①。从本文的统计结果看，陕西、河南、北京、湖南、四川、贵州等地区发

① 河北省文物管理委员会：《河北武安县午汲古城中的窑址》，《考古》1959年7期。

现的东汉时期的窑炉，绝无一例椭圆形或圆形的窑炉存在，那么已报道的午汲故城内的发掘成果显然与这一情况不同，要对这种差异给出一个合理的解释，则需要进一步的考古工作进行研究。

（2）B类窑炉出现于西汉前期，与A类窑炉共存过一段时间，对于后者来说，B类窑炉属于一类新兴的窑炉形式。单烟道的B1类窑炉显然还没有完全从传统的形式中摆脱出来，多烟道的B2～B4类窑炉形式已经很快占据了主流地位，西汉、洛阳地区既往的考古发现证明，这种趋势相当明显。西安、洛阳地区的这种变化波及了北京地区，前述1956年河北武安午汲故城的发掘成果中也报道西汉时期的方形窑炉资料，1955年辽阳三道壕西汉村落遗址中同样发现了一批窑炉，虽然该遗址的发掘报告未对这批窑炉做过多的说明，从其公布的“村落遗址全图”中还是可以看出至少有4座B类窑炉存在①。为了弥补B类窑炉窑床纵向过长带来的窑内温度不均的缺憾（这种缺憾下文在论述窑床长宽比时将有详解），西安地区的窑工们在窑内设置隔火墙、通火槽等辅助设施，西汉中晚期，西安地区还出现了带有烟室的B5类窑炉，直到东汉时期，洛阳、偃师、北京等地的窑炉中这类设施才有较多出现。从各地区西汉各个时期B类窑炉发现的数量、排烟系统的结构改进形式以及窑炉内部辅助控温设施的设置等方面来看，西汉时期的窑炉技术变革过程中，首都长安地区无疑处于领先的位置。

（3）C类窑炉最先见于西汉早中期的洛阳地区，也是异于传统的一类新兴窑炉形式，从洛阳地区发现的为数尚少的两个例子来看，C类窑炉的初期形式规模均较小，一般可能仅作为烧制日用生活陶器的私营陶窑或冶铸工作中的烘范窑。西汉中晚期C类窑炉数量依然不多。或许直到窑工们充分认识到B类窑炉窑床纵向过长所造成的不足时，C类窑炉才开始为人们所重视，西汉晚期到两汉之际，是B类窑炉向C类窑炉过渡的转折时期，到东汉时期C类窑炉已经完全占据了主流位置，河南、北京、四川、贵州，以往发现的东汉时期窑炉中，C类窑炉比比皆是，B类则少之又少。从西安地区发现的西晋北朝时期的窑炉来看，C类横宽窑床类窑炉在两汉以后的时期还在延续使用②。

（4）D类窑炉仅于河南新乡发现一例，即88新乡双火膛窑炉，年代为西汉早中期。该窑炉的窑床为纵长方形，可能正是为了弥补纵向过长带来的窑内温度不均，窑工们才在窑床的纵向两端各设置了一个火膛，两端燃烧，则可以解决这个问题，从这一角度来说，D类窑炉应该属于B类窑炉的一个变体。

综上所述，A、B、C各类窑炉主要的流行时代不同，存在先后替代的关系，而且从其分布的地域来看，各类窑炉的普遍性也略有不同（表二）。那么，为什么在西汉初期方形窑炉可以迅速地取代使用已久的A类椭圆形窑炉呢？为什么横宽窑床的C类窑炉又最终取代了纵长窑床的B类窑炉而成为主流形式呢？抛开社会、人文的等一般历史因素，从产业发展的角度来看，

① 东北博物馆：《辽阳三道壕西汉村落遗址》，《考古学报》1957年1期。
② 中国社会科学院考古研究所汉长安城工作队：《汉长安城长乐宫二号建筑遗址发掘报告》，《考古学报》2004年1期。

技术革新、提高生产效益应该是前述现象发生的根本动因，下文将结合窑炉的分类对两汉窑炉的技术结构发展过程略作探讨。

表二

<table>
<tr><th>地域
时代</th><th>北京</th><th>河北</th><th>辽宁</th><th>河南</th><th>陕西</th><th>湖南</th><th>四川</th><th>贵州</th></tr>
<tr><td>秦汉之际</td><td></td><td rowspan="16">A、B、C</td><td></td><td>A1</td><td></td><td></td><td></td><td></td></tr>
<tr><td>西汉初期</td><td></td><td></td><td></td><td>A1、A2</td><td></td><td></td><td></td></tr>
<tr><td>西汉前期</td><td></td><td></td><td>A1、B1、C1</td><td></td><td></td><td></td><td></td></tr>
<tr><td>西汉初中期</td><td></td><td></td><td></td><td>B3、B4</td><td></td><td></td><td></td></tr>
<tr><td>西汉早中期</td><td></td><td></td><td>C3、D</td><td>B4</td><td></td><td></td><td></td></tr>
<tr><td>西汉中期</td><td>B2</td><td rowspan="6">B</td><td></td><td></td><td></td><td></td><td></td></tr>
<tr><td>西汉中晚期</td><td>C3</td><td></td><td>B4、B5</td><td></td><td></td><td></td></tr>
<tr><td>西汉中期以后</td><td>C2、C4</td><td></td><td></td><td></td><td></td><td></td></tr>
<tr><td>西汉中后期</td><td></td><td>C1</td><td></td><td></td><td></td><td></td></tr>
<tr><td>西汉晚期</td><td></td><td></td><td>C3</td><td></td><td></td><td></td></tr>
<tr><td>西汉</td><td></td><td></td><td>B3、B4</td><td></td><td></td><td></td></tr>
<tr><td>西晚东前</td><td></td><td></td><td></td><td></td><td></td><td>C4</td><td></td></tr>
<tr><td>西晚东早</td><td></td><td></td><td>C6</td><td></td><td></td><td></td><td></td></tr>
<tr><td>东汉</td><td>C2、C4、C5</td><td></td><td>C1、C5、C6</td><td></td><td>B4</td><td></td><td>C4</td></tr>
<tr><td>东汉晚期</td><td></td><td></td><td>B5</td><td></td><td></td><td></td><td></td></tr>
<tr><td>东汉末年</td><td></td><td></td><td>C6</td><td></td><td></td><td></td><td></td></tr>
</table>

三、各类型窑炉的比较分析

划分A、B、C、D四大类窑炉，主要参考了窑炉的平面形制结构，其中对于B、C两大类窑炉的划分，则进一步参考了窑床的长宽比值这一标准。各大类下划分细类，划分的标准主要是依据各细类窑炉的排烟设施的不同，包括烟道的数量、烟道的形式以及有无烟室等。那么，为什么要参照这些标准来对窑炉进行分类呢？根据实验考古学和前辈考古学者的研究，窑床的长宽比、烟道的数量形式以及烟室的有无等一系列窑炉结构形式，对于控制窑炉内部火焰的运行、热量的流动等具有重要作用，合理的窑炉结构，可以实现窑炉内部温度均匀，提高产品的质量，缩短烧成周期，增加产量。所以，先进的窑炉结构形式，对于窑业的发展，意义重大。本文收集了56座汉代窑炉的数据（表三），这里将结合前文的窑炉分类以及若干技术标准对各类窑炉的技术结构略作比较分析。

（1）窑炉的平面形制结构，是考察窑炉技术传承和变迁过程的最为直观的一个标志。A类窑炉是战国以来相当普遍的一类窑炉形式，它是从圆形或椭圆形的升焰窑起源而来，一直延续使用到西汉前期；B、C类窑炉是西汉初期新兴的一类窑炉形式，它改变了以往时期圆形或椭圆形的窑炉形式，开启了方形窑炉的历史；D类无疑属于方形窑炉的一类变体。

表三

时代	窑炉	火膛进深	火膛最小宽	火膛最大宽	火膛深度	火膛面积	窑床纵长	窑床最小宽	窑床最大宽	窑床面积	窑床长宽比	火膛窑床面积比	类型	地区
秦汉之际至西汉早中期	74 洛阳 Y2	90	55	200	80	11475	250	235	235	58750	1.06	0.2	A1	洛阳
秦汉之际至西汉早中期	94 西安 Y38	60	40	170	98	6300	310	160	262	65410	1.18	0.1	A1	西安
秦汉之际至西汉早中期	94 西安 Y40	100	44	190	110	11700	274	200	262	63294	1.05	0.18	A1	西安
秦汉之际至西汉早中期	74 洛阳 Y12	158	84	218	60	23858	248	218	242	57040	1.02	0.42	A1	洛阳
秦汉之际至西汉早中期	94 西安 Y33	76	56	210	120	10108	260	210	290	65000	0.9	0.16	A1	西安
秦汉之际至西汉早中期	94 西安 Y36	84	40	180	122	9240	280	180	290	65800	0.97	0.14	A2	西安
秦汉之际至西汉早中期	74 洛阳 Y11	100	70	210	70	14000	265	210	210	55650	1.26	0.25	B1	洛阳
秦汉之际至西汉早中期	91 西安 Y27	126	64	234	72	18774	286	234	244	68354	1.17	0.27	B3	西安
秦汉之际至西汉早中期	91 西安 Y23	120	90	238	40	19680	296	238	238	70448	1.24	0.28	B4	西安
秦汉之际至西汉早中期	87 西安 Y1	180	118	260	102	34020	295	260	290	81125	1.02	0.42	B4	西安
秦汉之际至西汉早中期	74 洛阳 Y13	53	32	160	50	5088	97	160	160	15520	0.61	0.33	C1	洛阳
秦汉之际至西汉早中期	02 洛阳 Y7	93	45	170	84	9997.5	176	170	170	29920	1.04	0.33	C3	洛阳
秦汉之际至西汉早中期	88 新乡双膛窑之一	126	88	180	34	16884	288	222	222	63936	1.3	0.26	D	新乡
秦汉之际至西汉早中期	88 新乡双膛窑之二	150	96	96	34	14400	288	222	222	63936	1.3	0.23	D	新乡
西汉中晚期	07 京新 Y8	108	120	180	76	16200	185	170	170	31450	1.09	0.52	B2	北京
西汉中晚期	07 京新 Y7	86	31	143	58	7482	186	174	174	32364	1.07	0.23	B2	北京
西汉中晚期	92 西安 Y28	116	50	137	38	10846	194	130	137	25899	1.42	0.42	B4	西安
西汉中晚期	92 西安 Y30	165	74	200	50	22605	275	200	200	55000	1.38	0.41	B5	西安
西汉中晚期	96 西安 Y42	164	50	222	52	22304	264	216	222	57816	1.19	0.39	B5	西安
西汉中晚期	00 宜阳 Y1	200	80	290	60	37000	300	260	300	84000	1	0.44	C1	洛阳
西汉中晚期	07 京新 Y6	176	72	210	80	24816	200	190	210	40000	0.95	0.62	C2	北京
西汉中晚期	06 京南 Y6	70	100	260	50	12600	260	308	360	86840	0.72	0.15	C3	北京
西汉中晚期	56 西安 Y2	70	70	168	20	8330	210	238	238	49980	0.88	0.17	C3	西安
西汉中晚期	07 京新 Y1	106	108	264	70	19716	200	290	290	58000	0.69	0.34	C4	北京
西汉	90 西安 Y21	190	65	166	33	21945	212	166	171	35722	1.24	0.61	B3	西安
西汉	90 西安 Y22	174	56	170	28	19662	215	170	180	37625	1.19	0.52	B3	西安
西汉	90 西安 Y8	140	62	150	36	14840	216	166	184	37800	1.17	0.39	B3	西安
西汉	90 西安 Y11	160	64	170	38	18720	220	188	196	42240	1.12	0.44	B3	西安
西汉	98 西安 Y45	120	76	248	130	19440	330	280	280	92400	1.18	0.21	B4	西安

续表

时代	窑炉	火膛进深	火膛最小宽	火膛最大宽	火膛深度	火膛面积	窑床纵长	窑床最小宽	窑床最大宽	窑床面积	窑床长宽比	火膛窑床面积比	类型	地区
两汉之际至东汉前期	79 武胜 Y2	160	66	192	32	20640	190	192	200	37240	0. 95	0. 55	C4	四川
两汉之际至东汉前期	88 洛阳 Y2	152	68	220	50	21888	270	270	270	72900	1	0. 3	C6	洛阳
东汉中晚期	02 洛阳 Y1	120	84	200	26	17040	240	200	200	48000	1. 2	0. 36	B5	洛阳
东汉中晚期	06 京杜 Y5	80	40	200	30	9600	198	226	226	44748	0. 88	0. 21	C	北京
东汉中晚期	06 京杜 Y6	116	76	220	44	17168	186	238	238	44268	0. 78	0. 39	C2	北京
东汉中晚期	06 京杜 Y7	140	62	230	40	20440	152	230	230	34960	0. 66	0. 58	C2	北京
东汉中晚期	06 京杜 Y9	170	52	227	22	23715	146	227	227	33142	0. 64	0. 72	C2	北京
东汉中晚期	06 京杜 Y10	85	80	208	26	12240	130	208	208	27040	0. 63	0. 45	C2	北京
东汉中晚期	06 京杜 Y11	128	54	300	14	22656	166	300	300	49800	0. 55	0. 45	C2	北京
东汉中晚期	06 京杜 Y12	102	227	227	33	23154	167	226	226	37742	0. 74	0. 61	C4	北京
东汉中晚期	06 京杜 Y4	140	56	210	30	18620	146	210	210	30660	0. 7	0. 61	C4	北京
东汉中晚期	06 京杜 Y8	122	64	252	36	19276	171	248	248	42408	0. 69	0. 45	C4	北京
东汉中晚期	06 京杜 Y1	102	56	254	36	15810	160	266	266	42560	0. 6	0. 37	C4	北京
东汉中晚期	06 京杜 Y2	100	86	286	34	18600	170	290	290	49300	0. 59	0. 38	C4	北京
东汉中晚期	06 京杜 Y3	74	213	250	44	17131	164	253	279	43624	0. 59	0. 39	C5	北京
东汉中晚期	85 洛阳 Y1	190	60	250	40	29450	280	290	290	81200	0. 97	0. 36	C6	洛阳
东汉中晚期	85 洛阳 Y2	175	60	202	61	22925	273	290	290	79170	0. 94	0. 29	C6	洛阳
东汉	92 常德窑	174	72	230	100	26274	260	230	230	59800	1. 13	0. 44	B4	湖南
东汉	86 新乡 Y2	72	60	140	70	7200	140	140	178	22260	0. 79	0. 32	C1	新乡
东汉	89 洪渡 Y2	110	65	232	20	16335	218	216	216	47088	1. 01	0. 35	C4	贵州
东汉	06 京西 Y2	86	186	186	26	15996	138	182	182	25116	0. 76	0. 64	C4	北京
东汉	07 京新 Y3	140	32	280	60	21840	231	310	310	71610	0. 75	0. 3	C4	北京
东汉	07 京奥 Y1	128	20	148	20	10752	154	206	210	32032	0. 73	0. 34	C4	北京
东汉	06 京西 Y1	94	204	204	28	19176	140	196	200	27720	0. 7	0. 69	C4	北京
东汉	07 京新 Y2	144	82	280	60	26064	210	298	305	63315	0. 69	0. 41	C4	北京
东汉	86 新乡 Y1	134	60	244	90	20368	270	244	254	67230	1. 06	0. 3	C5	新乡
东汉	86 新乡 Y3	120	64	200	60	15840	200	200	200	40000	1	0. 4	C5	新乡
东汉	89 偃师 Y1	92	56	258	90	14444	244	270	270	65880	0. 9	0. 22	C6	偃师

（2）窑床的长宽比值，与对窑炉内前、后部的温度控制技术有关。窑床的长宽比值越大，也就是相同窑床横宽的情况下，窑床纵长越长，越容易造成窑炉内前、后部温度不均匀，反之，这一比值越小，窑炉内前、后部温度越均匀，根据秦大树先生的研究，“窑床的纵长变短有利于窑床上的器物受热均匀，热效率提高”①。A 类窑炉的窑床长宽比值为 0.9 ~ 1.18，B 类窑炉的窑床长宽比值为 1.07（1.02②）~1.42，C 类窑炉的窑床长宽比值为 0.55 ~ 1.06，D 类窑炉的窑床长宽比值为 1.3。四类窑炉中，C 类窑炉的窑床长宽比值最低，其次为 A 类，B 类两类窑炉的窑床长宽比值最高，所以在这三类窑炉中，C 类窑炉形式更容易使烧窑过程中窑室内前、后部温度变得更加均匀，而 B 类窑炉在这方面显然相形见绌——或许正是这种原因，才导致了 D 类窑炉的出现，可以看出，D 类窑炉的比值较之 B 类的窑床长宽比值，已属于较高的，但聪明之处在于，D 类窑炉的窑床前、后两端对称设置了两个火膛，两端燃烧，火焰均向窑室中部流动，自然解决了两端温度不均的问题。

（3）排烟设施，排烟系统是火焰或者说热量从窑炉内部流出的最终途径，它决定了火焰或热量在窑炉内的运行方式、停留时间等，排烟系统的发展，在窑炉技术的变革过程中起着重要的作用。排烟设施包括的内容较多，本文即参考了烟道的数量、位置、形式、有无烟室等诸多因素，对各大类窑炉进行了细分。A1、B1、C1 等三类窑炉，均为单烟道窑炉，烟道基本位于窑室后壁中部，这类窑炉的“缺点是火焰受一个吸火孔的抽引，皆集中于窑的中路，而不能顾及窑后面的两侧，所以单孔窑的宽度就受到限制”③。B2 ~ B4、C2 ~ C5 等 7 类窑炉均为带有 2 ~5 条烟道的多烟道窑炉，这样就可以分散火路，避免单烟道窑炉的弊端，而且“吸火孔越多，火路越分散，窑内的温度也就越均匀”④，需要说明的是，B3、C3 两类窑炉为集中烟道形式，多是三个烟道集中汇入中间烟道一起出烟，这种集中烟道可能与后来所见的烟室结构起着近似的作用，B5、C6 两类窑炉后部出现了烟室，取代了多烟道的形式，据熊海棠先生的研究，“排烟系统增加了烟室部分，对调节窑内气压、火焰强度与气氛、缩短烧造周期关系极大”⑤，烟室，无疑属于先进的温度控制技术形式。

四、两汉时期窑炉技术的发展过程

在对各类窑炉的技术结构做了横向比较分析之后，拟结合各类型窑炉的存续情况以及前文的统计数据，对两汉时期窑炉技术的发展过程略作分析，下文的分析主要从窑床面积、窑床长

① 秦大树：《磁州窑窑炉研究及北方地区瓷窑发展的相关问题》，《考古学研究（四）》，科学出版社，2000 年：288 页。

② 该值为 87 西安 Y1 的窑床长宽比值，与 B 类窑炉的窑床长宽比值差别略大，本文仍然把它归入 B 类的原因是，该窑炉的窑床平面近梯形，最小宽度较最大宽度小 30 厘米，这使得窑床的平面形制看起来明显偏于纵长方形，而许多此类纵长窑床的窑床长宽比值存在类似偏低的问题。

③ 熊海堂：《东亚窑业技术发展与交流史研究》，南京大学出版社，1995 年：26 页。

④ 熊海棠：《东亚窑业技术发展与交流史研究》，南京大学出版社，1995 年：26 页。

⑤ 熊海棠：《东亚窑业技术发展与交流史研究》，南京大学出版社，1995 年：126 页。

宽比值、火膛窑床面积比值以及排烟设施等四个技术标准进行（表四）。

表四

时代	窑床面积均值	窑床长宽比均值	火膛窑床面积比均值
秦汉之际至西汉早中期	58870. 21	1. 08	0. 26
西汉中晚期	52134. 9	1. 04	0. 37
西汉	49157. 4	1. 18	0. 43
两汉之际至东汉前期	55070	0. 98	0. 43
东汉中晚期	45908. 13	0. 74	0. 44
东汉	47459. 18	0. 87	0. 4

（1）窑床面积①。窑床上部是放置烧制产品的地方，窑床面积的大小，直接影响装烧量的大小，鉴于绝大多数窑炉的上部遭到破坏而高度不明，我们不再考虑窑室高度对于装烧量的影响，所以通过考查窑炉的面积，至少可以有限地了解一些关于装烧量的情况。本文统计了不同时期各窑炉的窑床面积平均值（图八），秦汉之际至西汉早中期、西汉中晚期、西汉、两汉之际至东汉前期、东汉中晚期、东汉 6 个时期的窑床面积均值分别为 58870、52135、49157、55070、45908、47459，从这些数值中可以看出，从西汉时期到东汉时期，窑炉的窑床面积平均值在下降，如果窑炉的高度没有随着这一趋势增高的话，那么这就应该意味着单体窑炉的装烧量在下降（参见图八）。但是，并不是所有类型的窑炉装烧量都在下降，比如 C6 类窑炉从两汉之际至东汉中晚期，窑床的面积一直维持在 65880 ~ 81200 平方厘米，这或许是与这类窑炉的排烟系统中出现了烟室有关——先进的温度控制技术支撑了较大的装烧量。

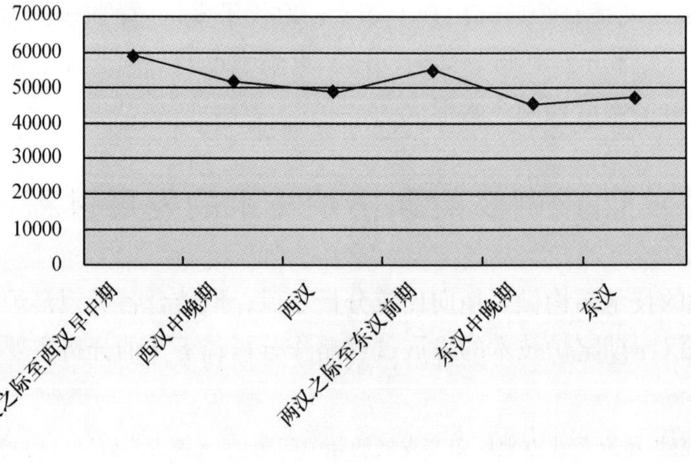

图八　窑床面积均值

① 本文对于窑床面积的计算，采用“窑床纵长×（窑床最小宽＋窑床最大宽）/2”的方式，这种算法对于平面近方形、梯形的窑床基本适用，但对于平面不规则或近椭圆形的窑床来说，就会造成误差，与实际面积相比，往往略小。

（2）窑床长宽比值。对于该值的意义，前文已经说明，不再赘述。从前文的分析得知，从西汉至东汉时期，B类窑炉逐渐为C类窑炉取代，也就是说，窑炉的平面结构逐渐向横宽方向发展，那么随着时代的演进，窑床的长宽比值自然应该有下降的趋势。本文统计了不同时期各窑炉的窑床长宽比平均值（图九），秦汉之际至西汉早中期、西汉中晚期、西汉、两汉之际至东汉前期、东汉中晚期、东汉6个时期的窑床长宽比均值分别为1.08、1.04、1.18、0.98、0.74、0.87，从这些数值可以看，从西汉时期到东汉时期，窑炉的窑床长宽比均值在下降（参见图九），也就是说窑炉的纵长在缩短，窑炉在朝着横宽的方向发展，那么窑炉内前、后部温度会趋于均匀，窑床上器物受热均匀，热效率也会提高，这应该意味着温度控制技术的提高。

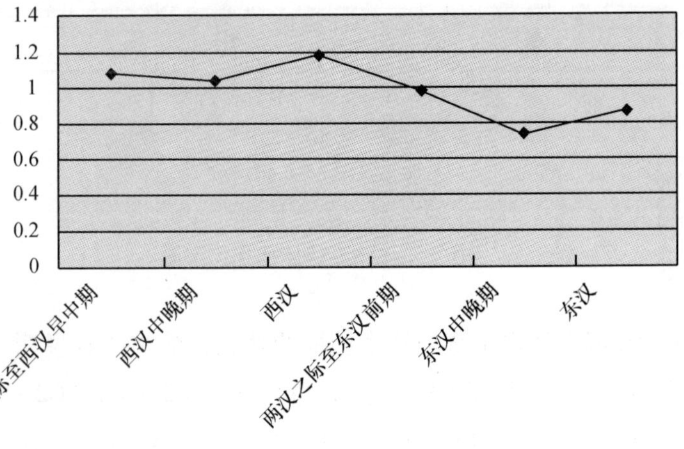

图九　窑床长宽比均值

（3）火膛窑床面积比值[①]。火膛是放置燃料的地方，火膛的体积决定了放置燃料的多少，燃料的多少决定了火力的大小以及窑炉内部的升温速度，相同的窑床面积可能意味着相同的装烧量，那么火膛体积越大，就可能意味着更短的烧成周期，反之则可能意味着更短的烧成周期。火膛面积是计算火膛体积的一个基本参数，那么火膛与窑床面积的比值也会反映烧成周期的一些情况，只是排除了火膛深度与窑室高度之后会造成一些误差。本文统计了不同时期各窑炉的火膛窑床面积比平均值（图一〇），秦汉之际至西汉早中期、西汉中晚期、西汉、两汉之际至东汉前期、东汉中晚期、东汉6个时期的火膛窑床面积比均值分别为0.26、0.37、0.43、0.43、0.44、0.40，从这些数值可以看出，从西汉时期到东汉时期，火膛面积相对于窑床面积越来越大（参见图一〇），而且这就使得火膛在窑炉整体面积中所占的比例越来越大，那么每次烧成周期也会越来越短。

① 本文对于火膛面积的计算，采用"火膛进深×（火膛最小宽+火膛最大宽）/2"的方式，这种算法对于平面近梯形的火膛基本适用，但对于边缘为弧形或不规则的形制的火膛来说，就会造成误差，与实际面积相比，往往略小。

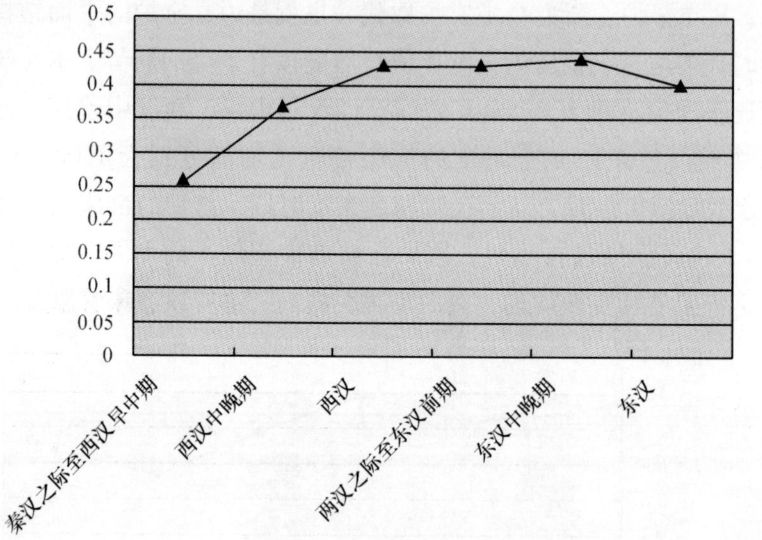

图一〇　火膛窑床面积比均值

（4）排烟设施。排烟设施之于窑炉技术结构的意义，前文已有说明，不再赘述。本文统计了不同时期单烟道窑炉（A1、B1、C1）、多烟道窑炉（B2 ~ B4、C2 ~ C5）以及带烟室窑炉（B5、C6）的发现数量，希望借此可以了解一下两汉时期窑炉排烟设施的大致情况。从本文的对细类归属明确的 55 座窑炉看到（表五），秦汉之际至西汉早中期的 12 座窑炉中，单烟道窑炉 7 座，占该时期窑炉总数量的 58%；多烟道窑炉合计 5 座，占总量的 42%。西汉中晚期的 10 座窑炉中，单烟道窑炉仅 1 座，占 10%；多烟道窑炉合计 7 座，占总量的 70%；带烟室窑炉 2 座，占总量的 20%。另外 5 座西汉时期的窑炉中，均为多烟道窑炉。两汉之际至东汉前期的 2 座窑炉中，包括多烟道窑炉和带烟室窑炉各 1 座，各占 50%。东汉中晚期的 13 座窑炉中，多烟道窑炉合计 10 座，占总量的 77%；带烟室窑炉 3 座，占总量的 23%。另外 11 座东汉时期的窑炉中，单烟道窑炉 1 座，占总量的 9%；多烟道窑炉合计 9 座，占总量的 82%；带烟室窑炉 1 座，占总量的 9%。从这些统计数字来看，至迟从西汉中晚期开始，多烟道类窑炉开始占据了主流位置，多烟道分散火路带来的控温效果，显然已经为当时的窑工所注意，并迅速地将这一技术应用于实际的生产过程中。烟室的设置萌芽于西汉时期，最初的形式可能源于集中烟道形式，或者源于如 87 西安 Y1 那样的大烟囱形式，东汉时期则已经形成固定的形式，较多地应用于生产过程中，熊海棠先生在他的研究中曾将烟室的设置作为东汉时期窑炉“改革最突出的地方”①。

① 熊海棠：《东亚窑业技术发展与交流史研究》，南京大学出版社，1995 年：126 页。

表五

	A1	A2	B1	B2	B3	B4	B5	C	C1	C2	C3	C4	C5	C6	D	合计
秦汉之际至西汉早中期	5	1	1		1	2			1		1				1	13
西汉中晚期				2		1	2		1	1	2	1				10
西汉					4	1										5
两汉之际至东汉前期												1		1		2
东汉中晚期							1	1		5		4	1	2		14
东汉						1			1			6	2	1		11
合计	5	1	1	2	5	5	3	1	3	6	3	12	3	4	1	55

综上所述，整个两汉时期，窑炉的技术结构一直处于不停的发展过程中。西汉伊始，窑工们迅速改进了了窑炉的排烟系统，摆脱了东周以来单烟道窑炉的旧有形式，发展了多烟道排烟系统，并在西汉晚期创造出更利于控温的烟室结构。与此同时，开始改造传统的椭圆形窑炉，开创了带有方形窑床的马蹄形窑炉的历史，窑工们建造了大量的纵长窑床类窑炉，用于烧制砖瓦等建筑类材料，政府官办的窑场里也采用了这种新颖的窑炉形式，横宽窑床类的窑炉可能很难引起重视，一般体积很小而且作为烘范用窑。但是，纵长窑床类窑炉带来的窑炉内部温度不均匀可能在一段时间之后开始引人注目，尽管建造了各种隔火墙或者通火槽一类的设施，窑床纵向长度过长仍然给试图控制窑内温度均匀的工作带来了一些困难，于是窑工们开始着手重新设计窑床的平面结构，至少在西汉较晚的时期，一种新的窑炉形式被开发出来，这类窑炉的窑床纵长与横宽接近或小于横宽——这种新形式不知是否受到西汉前期那些小规模横宽窑床类窑炉的启发——总之，这类横宽窑床类窑炉在之后的时期里成为主流形式。高超的温度控制技术，会改善产品的质量，而且提高产品的成品率，这无疑将大大促进窑业的发展。但是，产量，同样是不可忽视的一个因素，在改进窑床平面结构的过程中，窑床的面积似乎受到一些影响而缩小，这无疑会减少单次装烧产品的数量，自然会影响产量，不过，东汉时期，窑工们扩大了火膛在窑炉内部所占的面积，从而缩短了单次烧造的烧成周期，或许会弥补窑炉装烧量减少所带来的损失。

五、结　　语

上文讨论了两汉时期窑炉的类型、技术结构以及发展演变的大致过程，结合窑炉平面形制和排烟系统将所发现的两汉时期窑炉大致划分为四大类 14 个细类，并对各类窑炉的时代和分布地域进行了归纳总结，这些归纳和总结出来的结论，可以为以后的考古工作提供了一些参照。两汉时期窑炉技术的发展演变是本文探讨的一个重点，根据实验考古学和前辈学者的研究，本文从窑床面积、窑床长宽比、火膛窑床面积比以及排烟系统的变革等几个技术指标入手，对两汉时期的窑炉控温技术、装烧量和烧成周期进行了分析，希望可以使窑业技术的发展史更加明晰。

但是，有关汉代窑炉技术和窑业的发展，还有很多问题需要思考。比如，西汉前期，西安、洛阳地区所见窑炉，一部分承袭了战国以来的椭圆形窑炉形式，另外则新创了纵长窑床类窑炉形式，而以往考古发现的秦代窑炉①，多数为横宽窑床的窑炉形式，排烟系统也以多烟道形式为方，而且少数窑炉的排烟系统中还出现了烟室——这种窑炉技术结构与后来东汉时期的情况反而近似。这样就有一个问题凸显出来，为什么西汉前期的窑炉技术取道于战国时期却没有承袭近在眼前的秦代窑炉技术？其中的原因我们不得而知。再如，两汉时期窑炉技术的发展在不同区域之间是否存在不均衡性？本文没有花一些时间讨论各区域窑炉技术的发展过程，另外，西安地区东汉时期的窑炉遗存很少发现，那么在西汉时期引领技术发展潮流的这一地区，到了东汉时期情况又如何呢？随着政治中心的转移，先进的技术是否也转移到洛阳地区了呢？北京地区只见到很少数量的纵长窑床类窑炉形式，自西汉中晚期就已发现较多数量的横宽窑床类窑炉，那么，在窑炉结构整体向横宽方向转变的过程中，今北京地区扮演变了什么样的角色呢？再如，本文收集的窑炉资料限于陕西、河南、河北、北京、辽宁、湖南、四川和贵州八个省区，那么除此之外的山西、山东等华北地区以及广大的西北地区、华南地区，窑炉技术的发展情况又如何呢？还有，窑炉技术的发展，仅是窑业发展的一小部分，如果要相当清楚地研究它的发展过程，必须对与窑业发展相关的政治、经济、文化交流等社会动因做较为深入的了解，这是本文远远没能做到的，还需要有更大的努力。

最后，本文的统计相当有限，进行统计分析的窑炉数量仅占已发现窑炉数量的三分之一左右，部分数据还是根据发掘简报或报告公布的插图、比例尺测量换算得来，存在误差自不待言。对于这些，笔者表示歉意并恳请读者批评指正。

① 参见秦俑考古队：《秦代陶窑遗址调查清理简报》，《考古与文物》1985年5期。

附　　表

附表一　平谷杜辛庄西汉墓葬统计表

（单位：米）

墓葬	方向	形制结构	葬具	葬式	墓道	墓口	墓底	随葬品	备注
					长×宽－深	长×宽－深	长×宽－深		
M1	2°	椭圆形	瓮棺	不明		0.93×0.58－0.55	0.93×0.58－0.29	无	
M8	280°	甲字形竖穴土坑墓	一椁二棺合葬	不明	2.99×（0.9～1.32）－1.5	3.9×（2.7～2.76）－0.8	3.9×（2.7～2.76）－1.5	铜钱30枚，陶罐1、鼎2、壶2件、铜盆1件	
M11	283°	甲字形竖穴土坑墓	一椁二棺合葬	仰身直肢	2.3×（0.8～1）－1.4	4×2.2－0.8	4×2.2－1.4	铜钱18枚，陶盒1、罐2、器盖2件	
M14	10°	长方形竖穴土坑墓	①一椁二棺合葬 ②一椁一棺单葬	仰身直肢		（3.04～3.3）×4.12－0.8	（3.04～3.3）×4.12－2	铜钱9枚，陶罐2、壶4、盒3、器盖3、器座2，铁器1件	
M15	205°	刀形竖穴土坑墓	一椁	不明	1.28×（0.8～0.9）－1.5	3.18×1.9－0.3	3.18×1.9－0.94	陶罐1件	
M21	5°	长方形竖穴土坑墓	二棺合葬	仰身直肢		3.4×（2.05～2.3）－0.5	3.4×（2.05～2.3）－0.2	铜钱4枚，陶仓1、壶1、罐1件	
M23	10°	长方形竖穴土坑墓	一棺单葬	仰身直肢		2.5×（0.95～1）－0.5	2.5×（0.95～1）－0.3	铜钱8枚	
M24	195°	刀形土坑墓	一椁二棺合葬	仰身直肢	1×1.08－0.8	4.3×（2.6～2.78）－0.8	4.3×（2.6～2.78）－0.8	铜钱38、带钩1件，陶罐2、仓1件	
M29	10°	长方形竖穴土坑墓	一椁一棺单葬	不明		3.1×1.9－0.5	3.1×1.9－1.6	铜钱7、带钩1、印1件，铁剑1件，陶壶2、盒2、器盖2、器座1、罐2、井1件	被M17、M18打破

附表二　平谷杜辛庄东汉墓葬统计表

（单位：米）

墓葬	方向	形制结构	葬具	葬式	墓道	墓口	墓底	随葬品	备注
					长×宽－深	长×宽－深	长×宽－深		
M2	185°	刀形单室砖室墓	不明	不明	2.66×0.8－1.26	3.5×（1.6～1.64）－0.3	3.5×（1.6～1.64）－1.2	铜钱3枚，陶猪圈1、厕所1、灶1、樽1、耳杯5、盘1、罐2、釜2、井1件	
M3	200°	甲字形单室砖室墓	不明	不明	2.86×（0.8～0.96）－1	4.08×1.66－0.4	4.08×1.66－1	无	
M4	185°	刀形单室砖室墓	不明	不明	2.85×（0.78～0.85）－1.46	5.34×（2.05～2.12）－1	5.34×（2.05～2.12）－1.57	无	
M5	183°	刀形单室砖室墓	木棺	不明	4.27×（0.9～0.98）－（0.1～1.37）	5.33×2.27－1	5.33×2.27－1.43	铜钱8枚，陶耳杯11、案2、盘2、盆1、樽1、罐6、扁壶1、灶1、甑1、鸟首小盘1、釜5、猪圈1、仓3、井1、架1、鸟俑1、灯4件	
M9	95°	刀形单室砖室墓	不明	不明	3.1×1－1.9	3.8×（1.24～1.46）－0.4	3.8×（1.24～1.46）－1.3	铜钱8枚，陶盘1、耳杯6、案1、樽1、灶1、釜4、小陶盆3、甑1、罐1、井1、厕所1、猪圈1、仓1件	
M10	185°	刀形单室砖室墓	不明	不明	4.7×（0.85～0.9）－（0.3～1.5）	4.4×1.85－0.8	4.4×1.85－0.85	铜钱1枚，陶耳杯2、案1、樽1、灶1、小陶盆1、灯3、仓1件	
M12	185°	刀形单室砖室墓	不明	不明	5.15×（0.8～1.5）－1.7	（4.5～4.6）×（1.8～1.9）－0.8	（4.5～4.6）×（1.8～1.9）－1.7	铜钱1枚，陶方盒盖2、方盒2、壶1、釜1、小陶盆1、盘1、耳杯2件	
M13	185°	前横室双后室砖室墓	不明	不明	4.85×（0.63～1）－（0.8～1.75）	前室5.6×2.35－0.8、东后室3.1×1.6－0.8、西后室2.8×1.5－0.8	前室5.6×2.35－（0.8～1.65）、东后室3.1×1.6－1.75、西后室2.8×1.5－1.1	铜钱4枚，铜环1件，陶案3、耳杯4、盘2、方盒1、井1、扁壶1、罐1、鸡俑1、灯2、奁1件	

附表三 平谷杜辛庄明代墓葬统计表

（单位：米）

墓葬	方向	形制结构	葬具	葬式	性别	年龄	墓口	墓底	随葬品	备注
							长×宽－深	长×宽－深		
M6	355°	长方形竖穴土坑墓	双棺合葬	仰身直肢	不明	不明	（2.2～2.46）×1.82－0.6	（2.2～2.46）×1.82－0.88	铁片1件，铜钱4枚	
M7	355°	长方形竖穴土坑墓	双棺合葬	仰身直肢	不明	不明	2.64×1.7－0.6	2.64×1.7－1.3	铜钱6枚	
M16	13°	长方形竖穴土坑墓	单棺	仰身直肢	不明	不明	2.46×（0.76～0.84）－0.8	2.46×（0.76～0.84）－0.8	无	
M17	14°	长方形竖穴土坑墓	无	二次葬	不明	不明	2.1×（0.74～0.84）－0.8	2.1×（0.74～0.84）－0.5	铜钱10枚	打破M29
M18	3°	长方形竖穴土坑墓	单棺	仰身直肢	不明	不明	2.3×0.9－0.8	2.3×0.9－0.8	无	叠压在M29之上
M19	15°	长方形竖穴土坑墓	双棺合葬	仰身直肢	不明	不明	2.6×2－0.8	2.6×2－1	铜钱2件，釉陶罐1件	
M20	17°	长方形竖穴土坑墓	单棺	仰身直肢	不明	不明	2.4×0.92－0.8	2.4×0.92－1	无	
M22	10°	长方形竖穴土坑墓	单棺	不明	不明	不明	2.2×0.7－0.5	2.2×0.7－0.55	无	
M25	0°	长方形竖穴土坑墓	单棺	仰身直肢	不明	不明	2.3×1.08－0.8	2.3×1.08－0.7	釉陶罐1件	
M26	355°	长方形竖穴土坑墓	单棺	仰身直肢	不明	不明	2.52×0.86－0.8	2.52×0.86－0.8	铜钱8枚	
M27	5°	长方形竖穴土坑墓	单棺	不明	不明	不明	2.5×0.84－0.8	2.5×0.84－0.78	铜钱3枚	
M28	5°	长方形竖穴土坑墓	双棺合葬	仰身直肢	不明	不明	（2.7～2.88）×2.22－0.6	（2.7～2.88）×2.22－0.7	铜钱30枚，釉陶罐2件，方砖1块，铁器1件	

附表四　平谷杜辛庄汉代砖窑统计表

（单位：米）

窑	形制结构	窑门			火膛			窑床		窑室残高	烟道	备注
		高	宽	进深	宽	进深	深	纵长	横宽			
Y1	半倒焰马蹄形窑	0. 34	0. 56	0. 14	2. 54	1. 02	0. 36	1. 6	2. 66	1. 08	3	
Y2	半倒焰马蹄形窑	0. 36	0. 5	0. 14	2. 86	1	0. 34	1. 7	2. 9	1. 04	3	
Y3	半倒焰马蹄形窑	0. 5	0. 54	0. 16	2. 5	0. 74 ~ 1	0. 44	1. 64	2. 53 ~ 2. 79	0. 88	4	
Y4	半倒焰马蹄形窑	0. 58	0. 54	0. 2	0. 56 ~ 2. 1	1. 4	0. 3	1. 46	2. 1	1	3	
Y5	半倒焰马蹄形窑	0. 6	0. 4	0. 36	2	0. 8	0. 3	1. 94 ~ 2	2. 46 ~ 2. 62	0. 55	破坏	
Y6	半倒焰马蹄形窑	0. 6	0. 76	0. 24	2. 2	1. 16	0. 44	1. 86	2. 38	1. 08	2	
Y7	半倒焰马蹄形窑	0. 3	0. 6	—	0. 62 ~ 2. 3	1. 4	0. 4	1. 52	2. 3	1. 08	2	未完全清理
Y8	半倒焰马蹄形窑	0. 4	0. 64	0. 24	2. 52	1. 22	0. 36	1. 6 ~ 1. 71	2. 48	0. 83 ~ 1. 18	3	
Y9	半倒焰马蹄形窑	0. 3	0. 55 ~ 0. 58	—	2. 27	1. 7	0. 22	1. 46	2. 27	0. 8	2	窑门变形
Y10	半倒焰马蹄形窑	0. 28	0. 8	—	2. 08	0. 85	0. 26	1. 3	2. 08	0. 8	2	窑门变形
Y11	半倒焰马蹄形窑	0. 38	0. 52	0. 12	0. 54 ~ 3	1. 28	0. 14	1. 66	3	1. 1	2	
Y12	半倒焰马蹄形窑	—	—	—	2. 27	1. 02	0. 33	1. 52 ~ 1. 67	2. 26	0. 88 ~ 1. 2	3	操作间、窑门破坏

后　　记

本书是北京市平谷区杜辛庄遗址的考古发掘报告，是北京市文物研究所在城市建设考古工作中的又一丰硕成果，是全所同志辛勤劳动、通力合作的结晶。

杜辛庄遗址的勘探、发掘、整理以及本报告的编写、出版工作，一直得到北京市文物研究所领导和同事们的关心、帮助，考古研究室郭京宁先生的信任与支持使本书的编写得以顺利进行，基建考古室的刘风亮先生为田野发掘的先期工作付出了辛勤劳动，本所琉璃河工作基地魏永鑫主任为报告的整理工作提供了良好的环境，田野发掘和报告整理工作得到了平谷区文物管理所龚顺保所长、田小林、李建川、徐艳明诸位先生的大力协助。

本书由胡传耸执笔。

本书的出版得到科学出版社宋小军、曹明明两位编辑的大力帮助，谨致谢忱！

胡传耸

二〇〇九年四月

1. 发掘前地表及周边环境（南—北）

2. 发掘前地表及周边环境（西—东）

杜辛庄遗址及其周围环境

1. 发掘前地表及周边环境（东北—西南）

2. 平谷北山前缘地带（东—西）

杜辛庄遗址及其周围环境

1. 西区墓地布局

2. 雪后发掘现场

杜辛庄遗址发掘现场

彩版四

1. M8

2. M8铜盆出土情况

杜辛庄遗址西汉墓葬

1. M11

2. M14

杜辛庄遗址西汉墓葬

1. M15

2. M21

杜辛庄遗址西汉墓葬

1. M24

2. M29椁室内情况

杜辛庄遗址西汉墓葬

彩版八

1. M2

2. M3

3. M4、M5并列布局

1. M4

2. M5

杜辛庄遗址东汉墓葬

1. M5陶案出土情况

2. M9

杜辛庄遗址东汉墓葬

1. M10

2. M12

杜辛庄遗址东汉墓葬

1. M13全景（南—北）

2. M13全景（西—东）

杜辛庄遗址东汉墓葬

1. Y1、Y2并列布局

2. Y3、Y4并列布局

东汉时期砖窑布局

1. Y9、Y10并列布局

2. Y8～Y11并列布局

东汉时期砖窑布局

1. Y1

2. Y2

3. Y3

4. Y6

东汉时期砖窑

彩版一六

1. Y4

2. Y5

3. Y9

4. Y10

东汉时期砖窑

1. Y7

2. Y8

东汉时期砖窑

1. Y11

2. Y12窑室

东汉时期砖窑

1. 鼎（M8：6）

2. 盒（M14：7）

3. 盒（M14：6）

4. 盒（M14：15）

5. 博山式盖（M8：4）

6. 博山式盖 （M11：5）

西汉墓葬出土陶器

彩版二〇

1. 铜印印面（M29：13）

2. 铜印印背（M29：13）

3. 铜带钩（M24：1）

4. 铜带钩（M29：2）

5. 陶壶（M21：2）

西汉墓葬出土器物

1. 井（M29：12）

2. 井（M9：8）

3. 井（M5：11）

4. 井（M13：13）

5. 仓（M5：24）

6. 仓（M5：34）

汉代墓葬出土陶器

1. 灶（M2：3）

2. 灶（M5：25）

3. 灶（M9：6）

4. 灶（M10：10）

东汉墓葬出土陶灶

1. 厕所正面（M2：4）

2. 厕所侧面（M2：4）

3. 厕所正面（M9：9）

4. 厕所侧面（M9：9）

5. 猪圈（M5：30）

6. 猪圈（M9：10）

东汉墓葬出土陶器

彩版二四

1. 耳杯（M5：7）

2. 耳杯（M5：9）

3. 耳杯（M5：10）

4. 耳杯（M5：12）

5. 耳杯（M5：13）

6. 耳杯（M5：16）

东汉墓葬出土陶耳杯

1. 案（M2：7）

2. 案（M5：4）

3. 案（M5：8）

4. 案（M9：4）

5. 案（M13：4）

6. 案（M13：5）

东汉墓葬出土陶案

彩版二六

1. 扁壶（M5：19）

2. 樽（M5：15）

3. 樽（M9：2）

4. 扁壶（M13：6）

5. 樽（M10：5）

6. 罐（M2：10）

东汉墓葬出土陶器

1. 罐（M5：14）

2. 罐（M5：18）

3. 罐（M5：35）

4. 罐（M5：41）

5. 罐（M5：43）

6. 灯（M5：28）

东汉墓葬出土陶器

1. 灯（M5：29）

2. 灯（M5：46）

3. 灯（M10：6）

4. 复原的陶灯（自上而下第1～3节为M5：28、46、29，第4节为M10：7）

东汉墓葬出土陶灯

1. M8椁室

2. M8陶壶出土情况

杜辛庄遗址西汉墓葬

图版二

1. M11头箱内器物出土情况

2. M11北棺出土铜钱及裹钱丝织品

1. M14东椁器物出土情况

2. M21器物出土情况

图版四

1. M23

2. M29椁室东南角器物出土情况

杜辛庄遗址西汉墓葬

1. M29

2. M29铁剑出土情况

3. M29铜带钩、铜印出土情况

1. M2东壁内五字砖

2. M2墓室后部人骨、器物出土情况

1. M4墓门后视

2. M5墓门后视

杜辛庄遗址东汉墓葬

图版八

1. M5墓门前视

2. M5墓室内部情况

图版九

1. M5墓室前部器物出土情况

2. M5墓室中部人骨、铜钱等出土情况

1. M5墓室后部陶案、耳杯等出土情况

2. M9陶樽、案、盘、耳杯出土情况

1. M9灶、井、罐出土情况

2. M9猪圈、厕所、残仓体出土情况

1. M13前室全景

2. M13西后室

1. M13前室东部棺床

2. M13前室西部棺床

图版一四

1. M13西后室甬道（南—北）

2. M13陶扁壶出土情况

1. M13陶案、耳杯出土情况

2. M13陶灯、井出土情况

图版一六

1. Y1窑室及后部烟道

2. Y1火膛北壁

东汉砖窑窑炉结构

1. Y1窑床上存砖

2. Y3窑门

东汉砖窑窑炉结构

图版一八

1. Y3火膛

2. Y3火膛顶、窑室南壁与残存窑顶基部

东汉砖窑窑炉结构

1. Y3火膛北壁与窑室北壁相交处

2. Y3窑床前壁

东汉砖窑窑炉结构

1. Y3窑室及烟道

2. Y4火膛

东汉砖窑窑炉结构

1. Y4窑床前壁

2. Y4窑室及烟道

东汉砖窑窑炉结构

1. Y5火膛

2. Y6火膛

东汉砖窑窑炉结构

1. Y6窑室

2. Y7火膛

东汉砖窑窑炉结构

图版二四

1. Y7窑室及烟道

2. Y8火膛

东汉砖窑窑炉结构

图版二五

1. Y8火膛东壁工具痕迹

2. Y8烟道

东汉砖窑窑炉结构

图版二六

1. Y9火膛

2. Y9窑室及烟道

东汉砖窑窑炉结构

1. Y10火膛

2. Y10火膛东壁

东汉砖窑窑炉结构

图版二八

1. Y10窑床前壁

2. Y11火膛

东汉砖窑窑炉结构

1. Y11火膛西壁

2. Y11窑床

东汉砖窑窑炉结构

1. Y11窑床前壁及后部烟道

2. Y12火膛

东汉砖窑窑炉结构

1. Y12火膛西壁

2. Y12烟道

东汉砖窑窑炉结构

图版三二

1. M6

2. M7

3. M7西棺人骨头下板瓦及铜钱

4. M7东棺人骨头下板瓦及铜钱

5. M16

6. M17

杜辛庄遗址明代墓葬

1. M19东棺外陶罐出土情况

2. M19

3. M26板瓦及铜钱出土情况

4. M25

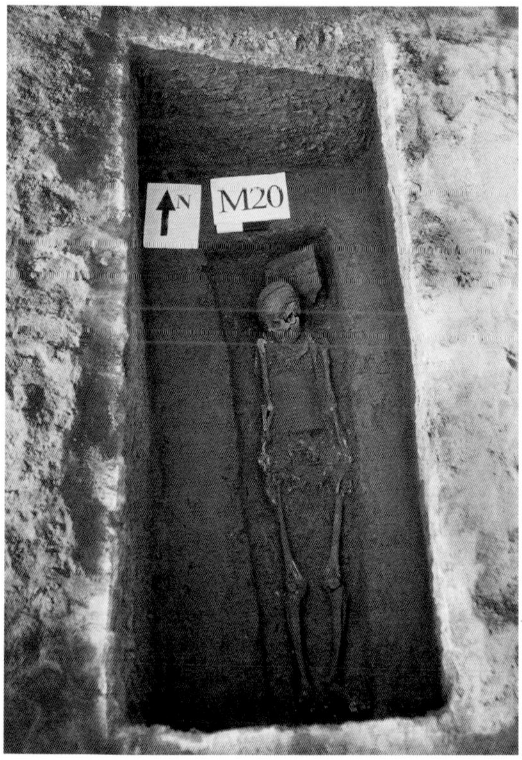

5. M20

6. M26

杜辛庄遗址明代墓葬

图版三四

1. M27

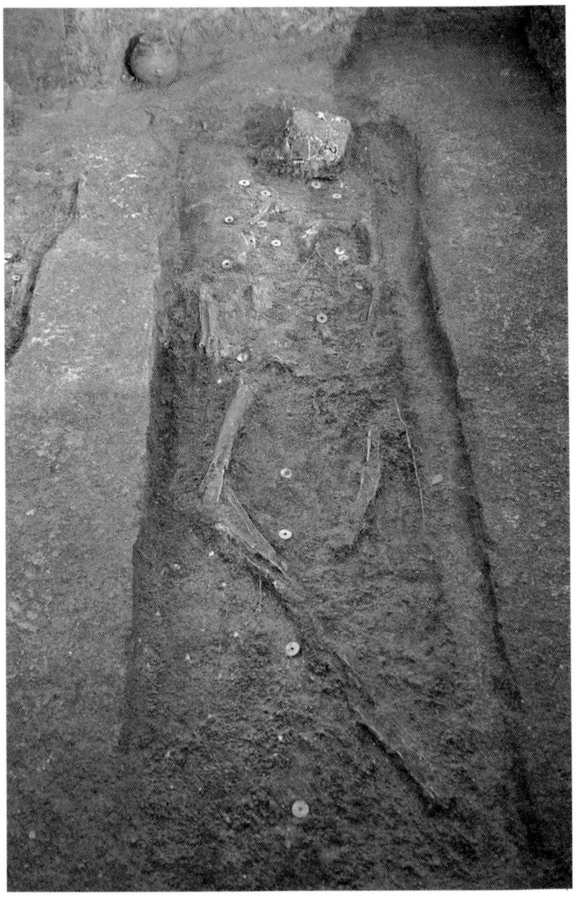

2. M28东棺铜钱分布情况

3. M28

4. M28西棺外部器物出土情况

1. 壶（M14：4）

2. 壶（M14：5）

3. 壶（M29：7）

4. 壶（M29：8）

西汉墓葬出土陶壶

图版三六

1. 器盖（M8：7）

2. 器盖（M29：9）

3. 博山式盖（M14：8）

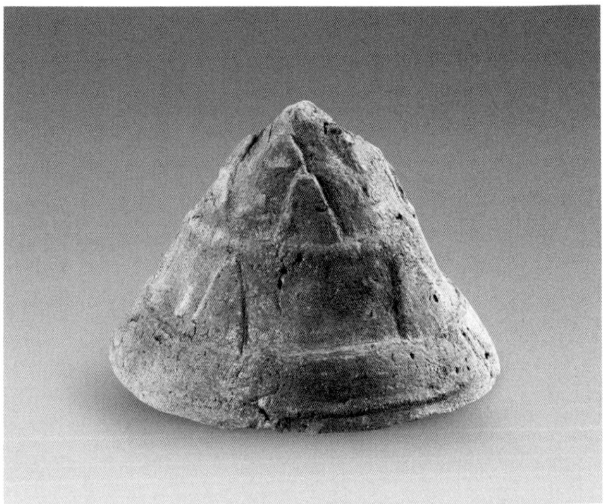

4. 博山式盖（M14：9）

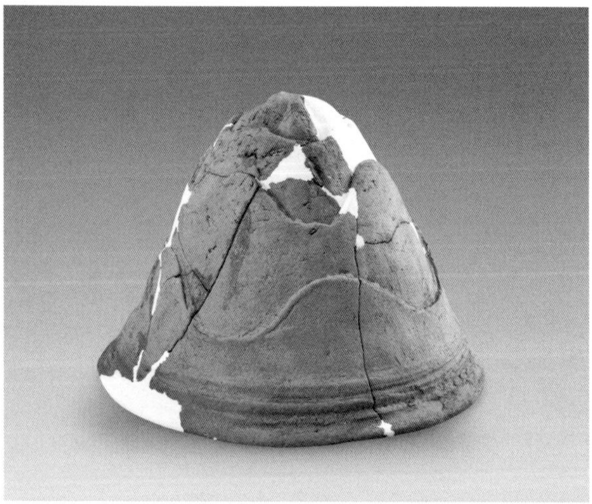

5. 博山式盖（M14：17）

6. 博山式盖（M29：10）

西汉墓葬出土陶器盖

1. 罐（M11∶3）

2. 罐（M11∶4）

3. 罐（M14∶16）

4. 罐（M21∶1）

西汉墓葬出土陶罐

图版三八

1. 罐（M8：2）

2. 仓（M24：3）

3. 盒（M29：5）

4. 盒（M29：6）

西汉墓葬出土陶器

1. 器盖（M11：6）

2. 器座（M14：10）

3. 罐（M29：14）

4. 器座（M14：11）

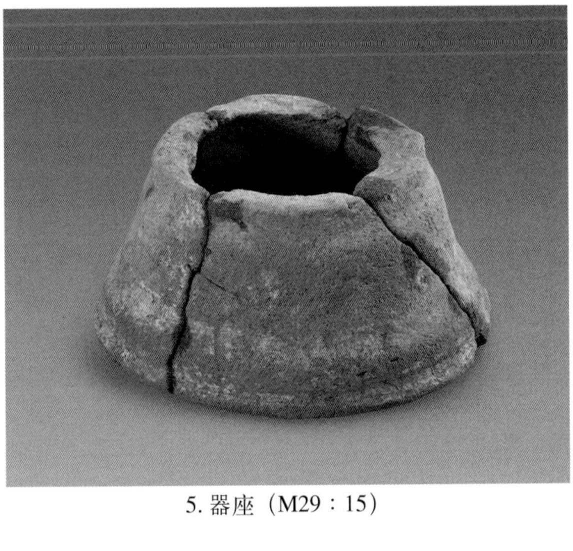

5. 器座（M29：15）

西汉墓葬出土陶器

图版四〇

1. 耳杯（M5：37）

2. 耳杯（M5：38）

3. 耳杯（M5：45）

4. 耳杯（M9：3）

5. 耳杯（M9：12）

6. 耳杯（M10：2）

东汉墓葬出土陶耳杯

1. 耳杯（M10：3）

2. 耳杯（M12：9）

3. 耳杯（M12：10）

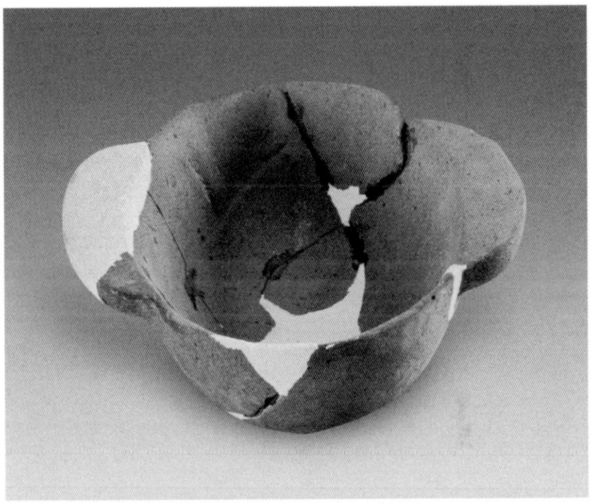

4. 耳杯（M13：10）

5. 耳杯（M13：17）

6. 耳杯（M13：18）

东汉墓葬出土陶耳杯

图版四二

1. 耳杯（M13：19）

2. 釜（M5：20）

3. 釜（M5：23）

4. 釜（M9：7）

5. 釜（M12：11）

东汉墓葬出土陶器

1. 小陶盆（M2：9）

2. 甑（M5：42）

3. 小陶盆（M9：21）

4. 小陶盆（M10・11）

5. 小陶盆（M12：7）

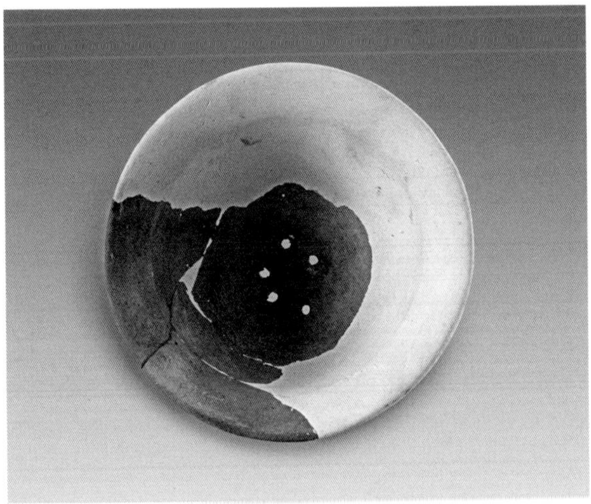

6. 甑（M9：17）

东汉墓葬出土陶器

图版四四

1. 盘（M12：8）

2. 盆（M5：33）

3. 案（M10：4）

4. 案（M13：3）

东汉墓葬出土陶器

1. 盘（M2填土内出土）

2. 盘（M5：3）

3. 盘（M5：6）

4. 盘（M9：1）

5. 盘（M13：7）

6. 盘（M13：8）

东汉墓葬出土陶盘

图版四六

1. 方盒（M12：2）

2. 方盒盖（M12：6）

3. 方盒（M12：4）

4. 方盒（M13：11）

5. 方盒盖（M12：5）

东汉墓葬出土陶方盒

1. 猪圈（M2：2）

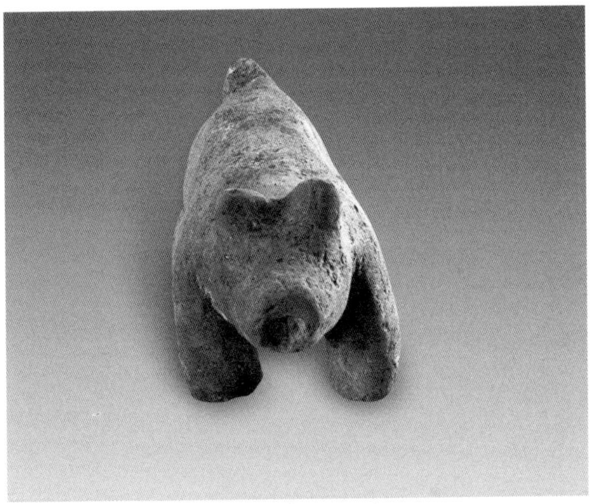

2. 猪俑（M5：31）

3. 架（M5：36）

4. 鸟俑（M5：39）

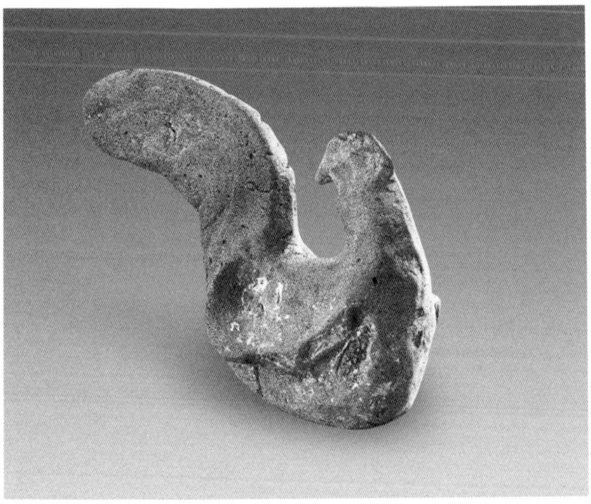

5. 鸡俑（M13：12）

6. 鸟首小盘（M5：44）

东汉墓葬出土陶器

图版四八

1. 壶（M12：3）

2. 罐（M2：8）

3. 罐（M9：5）

4. 仓顶（M9：13）

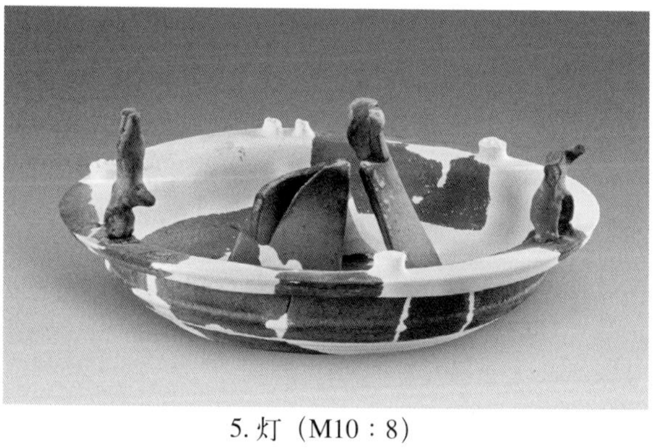

5. 灯（M10：8）

6. 灯（M13：15）

东汉墓葬出土陶器

1. 灯（M5：22）

2. 灯（M10：7）

3. 仓（M5：40）

4. 仓（M10：9）

东汉墓葬出土陶器

图版五〇

1. 釉陶罐（M19：2）

2. 釉陶罐（M25：1）

3. 釉陶罐（M28：3）

4. 釉陶罐（M28：4）

明代墓葬出土釉陶罐

内 容 简 介

本书为北京市平谷区杜辛庄遗址的考古发掘报告。该遗址于2006年底至2007年初进行了考古发掘，揭露面积1980平方米，清理了西汉、东汉、明代等不同时期墓葬、砖窑等遗迹单位41个，出土陶器、铜器、铁器等各类遗物160余件。数量丰富，时代特征鲜明，区域特点突出。正文后附有关于北京地区汉代墓葬、汉代窑炉的研究文章，有助于对遗址内涵的理解。

杜辛庄遗址发现的汉代遗存，为北京地区汉代考古学的研究提供了新的资料；汉代砖窑的发现，进一步揭示了中国古代窑业发展的内涵，为研究汉代平谷社会经济史提供了新资料。明代墓葬的发现在一定程度上丰富了北京地区明清考古学研究的内容。

本文可供从事考古学、历史学等研究方向的学者及高校相关专业的师生阅读、参考。

图书在版编目（CIP）数据

平谷杜辛庄遗址／北京市文物研究所编著．—北京：科学出版社，2009
（北京文物与考古系列丛书）
ISBN 978-7-03-024745-2

Ⅰ．平…　Ⅱ．北…　Ⅲ．文化遗址－发掘报告－平谷区－汉代
Ⅳ．K878.05

中国版本图书馆CIP数据核字（2009）第094875号

责任编辑：宋小军　李　茜　曹明明／责任校对：李奕萱
责任印制：赵德静／封面设计：北京美光制版有限公司

科学出版社 出版
北京东黄城根北街16号
邮政编码：100717
http://www.sciencep.com

中国科学院印刷厂 印刷

科学出版社发行　各地新华书店经销

*

2009年6月第　一　版　开本：889×1194　1/16
2009年6月第一次印刷　印张：12　插页：39
印数：1—1 500　　字数：350 000

定价：188.00元

（如有印装质量问题，我社负责调换〈科印〉）

北京文物与考古系列丛书

平谷杜辛庄遗址

北京市文物研究所　编著

科 学 出 版 社

北 京